冬枯れの光景

部落解放運動への黙示的考察 上

谷元昭信
Tanimoto Akinobu

解放出版社

装丁●森本良成
カバー装画●伊藤 満

はじめに　〈冬枯れの光景〉によせて

◉「冬枯れの光景」は愛おしいほどに美しい

「冬枯れ」ということばは、色も臭いもなく寒風にさらされる黄土色以外に何もない寂寥《せきりょう》感ただよう風景を連想させる。だが、美しいのである。限りない魅力を秘めた美しさがある。実りの饗宴《きょうえん》の時期も過ぎ去り、華やかで鮮やかな色彩も失せ、一切の虚飾が剥ぎ取られた単色の光景が広がる。

肉眼に映るこの単色の光景は、一見寂漠とした荒涼感が漂うように見えているが、春に向けての再びの輝きの命と息吹のすべてを静かに包み込んでいるのだ。心眼がそれを感じ取るとき、冬枯れの光景はどうしようもなく愛《いと》おしいほどに美しい。

私の常なる心象風景としての「冬枯れの光景」は、生まれ育った故郷への捨て去りがたい郷愁の念と、自らの生涯をかけて没頭した部落解放運動への深い愛着の念に重なり合っていく。

◉部落解放運動への思い

現在の部落解放運動の状況をみるとき、あたかも「冬枯れの光景」の観を呈しているかのようである。

水平社時代の苦難に満ちた闘い、戦後の国策樹立を求めた闘い、同対審答申・「特別措置法」時代の破竹の勢いをみせた闘い、多くの歴史的成果を結実させながらも、運動的にも組織的にも困難な状況に立ち至っている今日の闘い。それは「冬枯れの光景」である。

だが、九〇年余にわたる長い闘いの歴史のなかで、多くの人たちの血と汗と涙によって耕されてきた部落解放運動の土壌は、再生への力強い種子を豊富に内蔵しており、芽吹きの時季を辛抱強く待っている肥沃な土壌である。それが「冬枯れの光景」である。

◉人間の血を涸らさぬ運動の継承

部落解放運動は、「人間の血を涸《か》らさぬ」運動である。それが九〇年余の運動を継続させてきた力の源泉である。考えてみると、自分自身がこの長い部落解放運動の歴史の半分以上にわたって、第一線に身を置いて歴史を刻んできたことになる。

その自覚と責任において、自分が歩んできた部落解放運動の道程を振り返り、その「苦さと甘さ」も含めた教訓を同時代の人たちと共有し、若い世代に継承していくことは、自らの任務であるように思われる。ただ、「真理は全体である」ということばがあるように、私の経験や知見は限定的であり、限界があることも承知している。それゆえに、大上段に構えた「提言」などではなく、一人の人間として沈思黙考を重ねた本稿が部落解放運動のこれからのあり方にかかわった議論に何らかの一助になればという思いである。それが、「黙示的考察」の所以《ゆえん》である。恥を忍んで一筆を啓上した次第である。

ヘルマン・ヘッセは言う。

「世界で一番単純な理想に対して献身する用意のある者の方が、あらゆる主義や理想のことを賢明に語ることは心得ていても、何もののためにも最小の断念さえなし得ない者よりも、私にははるかに好ましい」（田中裕『ヘルマン・ヘッセ 人生の深き味わい』ベストセラーズ、一九九七年）

谷元昭信

冬枯れの光景——部落解放運動への黙示的考察（上）●目次

第二部　部落解放運動の歴史と現状への考察〔部落解放運動論〕

【下巻目次】

第一部　部落差別の実相と現況への考察

〔部落差別実態認識論〕

第一章　自己史にみる部落差別の実相

一　美しい自然と醜い差別の狭間で

1　冬枯れの景色

◉心象風景としての冬枯れの景色

私が三一歳のときの一九八三年一月三一日に父が五四歳で亡くなって以降、私は生まれ育った故郷を折にふれて思い出すようになった。それは、いつも決まって稲の切り株が田んぼに残っている冬枯れの景色のなかで、夕暮れ時のわが家に立ち上る炊煙を、鼻の奥にツンとくる熱いものを感じながら見つめている自分の幼少の姿である。

母か姉がすでに家に帰っている。それを確かめて私は家に向かって走る。そのような光景を、時にふれ折にふれ思い出している。それは、望郷の念と憧憬の念とが入り交じった郷愁であろうか。それとも、部落解放運動と重なり合う私の心象風景なのであろうか。

◉心地よく鄙びた故郷の光景

私は、一九五一年三月一二日に、岡山県北西部に位置する被差別部落で生まれた。三つの小《こ》字《あざ》からなる一〇〇戸足らずの部落であった。総じて、〝中曽部落《なかそ》〟と呼ばれていた。農村部落にあっては比較的大きな集落である。国鉄「刑部駅《おさかべ》」（当時）の南から川を挟んで真向かいの東側に展開する村落であり、ほとんどが兼業農家である。

私の生まれた大佐町《おおさちょう》（現在は合併して新見市《にいみ》）は、人口五〇〇〇人ほどの小さな町（戦後の最大人口は一九五五年の七二〇〇人規模）であった。吉備《きび》高原の北の一端に連なる標高五〇〇メートル前後の千町《せんちょう》ヶ原《がはら》と呼ばれる田地と山に囲まれた盆地である。

町の真ん中を南北に高梁川《たかはし》の上流になる清い小阪部川《おさかべ》が流れ、西に一〇〇〇メートル級の形のいい死火山（休火山）の大佐山が他の低い山を圧するように鎮座している。四季折々の表情を鮮やかに変えていく心地よく鄙《ひな》びた静かな田舎《いなか》である。

いまは中国自動車道ができ、高速バスの「大佐サービスエリアバス停」を利用すると便利になったが、昔は京阪神《けいはんしん》方面に出かけるには、国鉄姫新《きしん》線で一日一往復の急行（ディーゼル車）しかなかった。

◉自然のなかに溶け込んで

私はこの地で、田んぼや山や川を〝風の又三郎〟のように自由自在に駆け回っていた。春は、わらびやぜんまいの山菜取りや田んぼの畦《あぜ》でセリを摘み、しゃじなっぽ（イタドリ）を食べ、花見をする。夏は、朝霧が深くたちこめ、深緑のなかで川に遊び、鰻《うなぎ》などの魚を捕り、早朝の山に分け入りクワガタやカブトムシを探し、夜は乱舞する蛍を追いかけ、キュウリやなすび、トウモロコシをかじる。秋は、紅葉のなかでアケビや栗《くり》を採り、自生する山芋を掘り、柿を食い、吊《つる》し柿や干し柿を作る。冬には、自前の竹スキーや橇《そり》で遊び、かまくらを作る。

小刀と塩があれば、年中腹を空《す》かすこともなく機嫌よく遊べたのである。自然の恵みを躯《からだ》いっぱいに受け、自然のなかに溶け込んでいた。この美しく楽しい四季をもつ故郷の風景のなかで、なぜ私はいつも「冬枯れの景色」を思い出すのだろうか。

2　出稼ぎのなかで終えた父の人生

◉年四回帰宅の父の温かさ

私の父は、私が物心つくころには、ほとんど家にいなかった。二反百姓で農業だけでは食えず、一生を出稼ぎのなかで終えた。

戦後の復興期には、家屋建材用の木材を切り出す伐採人夫として山を渡り歩いた。幼心に、父親というものは、年四回だけ家に帰ってくるものだと思っていた。冬の正月、春の田植え時、夏の盆、秋の稲の刈り入れ時である。私は、土産《みやげ》を持って帰ってくる父を待ちわび、入り口の土間に立った父に上がり口の座敷から勢いよく飛びついたものである。両手を広げてしっかりと受け止めてくれる力強い父に、言いようのない安心感を私はいだいていた。

私の部落のおとなたちは、多くの者がそうであったため、そのような生活が当たり前だと思っていた。いつもは家にいない父のことを「まじめな働き者だから」という母の説明を真に受け、むしろ、他の部落のおとなたちが毎日家におることが不思議で、「このおっさんたちは、怠け者」と思っていたぐらいである。

◉子どもの成長だけを喜びに

私が小学校の高学年になったころから、山の仕事もなくなってきた父は、大阪に出稼ぎに行くようになり、建設現場の土方、水道の配管工などの臨時労働者として働いてきた。

私が中学生になり、農繁期でも父に代わって力仕事ができるようになると、父は大阪の吹田《すいた》市にある「鎌倉ハム」という会社に入り、臨時工からやがて正社員として働くようになった。この仕事が、父の亡くなるまでの仕事になった。

父は、どちらかというと無学・無口で、まじめな働き者だった。タバコは吸ったが、酒も飲まず、唯一の楽しみといえばパチンコぐらいであった。二歳上の姉と、私と、五歳下の弟の三人の子どもの成長だけを喜びにして生きていた。

若いころ、村相撲で活躍していた父は、帰ってくるたびに私や弟を相手に相撲をして楽しんでいた。私が中学二年のときに父を投げ飛ばして負かせると、うれしそうに笑いながら「油断しただけじゃあ」と負け惜しみを言ったものだが、それ以降は相撲をしようとは言わなくなった。私のなかでは、はにかんで笑う父の顔がいつも浮かぶ。

◉古ぼけた会社寮で終えた人生

やがて、私も大学の関係で大阪で暮らすようになり、そのまま部落解放運動に身を投じ、西成《にしなり》に居を構えた。母も私の子どもができると、共働きの私たちの子どもの世話をするために田舎から出てきて同居してくれた。父は孫の顔を見るのが楽しみで、私の家にちょくちょくやってきた。そんな父に私が「会社寮を出て、一緒に住んだらどうや」と言うと、父は「長年住み慣れている寮のほうが気楽でええ」と答えた。長年の習性と私の家族への遠慮だったのだろう。

その父は、一九八三年一月三一日に、五四歳の早すぎる生涯を閉じた。私が三一歳のときであった。二九日の夜に会社の寮で脳溢血《いっけつ》で倒れ、二日間意識不明のままで逝《い》った。私は、父の遺体を岡山の実家に車で搬送しながら、「家に連れて帰ってやるからな。もうこんな大阪に働きにこなくていいからな」と、何度も何度も涙を拭いながらつぶやきつづけていた。同時に、私の気持ちのなかに「大阪」に対する漠然とした嫌悪感と抵抗感のような潜在意識があったことに驚いた。

葬儀後、母と一緒に、父の会社寮に遺品を受け取りに行ったが、古ぼけた薄暗い寮の部屋のなかには家具らしい家具もなく、少しの衣類と店から持って帰ってきていたらしい一握りほどのパチンコ玉が布袋に入れて押し入れに置かれていた。その布袋を握りしめ、「お父ちゃんらしいなあ」と言いながら、母が涙を流している。この寒々とした部屋で、二〇年近くも父は一人で生活をしていたのかと思うと、胸が締め付けられる想いであった。

これから、少しは楽をさせてやることができるかなという矢先に、父は五四歳で出稼ぎ人生のままに幕を閉じた。貧乏との闘いに苦労だけをさせた人生であったと、無念の思いがこみ上げてくる。

3　小学校一年時の苦い記憶

◉頭角を現してきたガキ大将

私には、いまでも忘れることのできない苦い思い出がある。刑部小学校（一学年二クラスで全校五〇〇人程度）に、私が入学して間もなくのことであったと思う。何が原因だったのかは忘れてしまったが、同級生の友達とけんかになったのである。

私は、体は小さかったが、このころからメキメキとガキ大将の頭角を現しはじめていた。けんか相手の友達は、体も大きく負けん気の強い子であった。彼は、在日コリアンであり、家は町でホルモン屋をしていたが、祖母は私の部落に住んでいた。私の部落には、当時、七、八軒の在日コリアンの人たちが住んでいた。戦後、山口や広島からやってきたという。

◉在日コリアンの友達に投げかけた悪罵

二人は、身構えたままにらみ合っていた。そのとき、私の口から「チョウセンのくせに大きな顔をするな。文句があったら、チョウセンに帰れ！」という罵声を、友達に浴びせたのである。私の罵声に、彼の顔がゆがみ、唇を噛《か》みしめながら私を睨《にら》みつけた。慌てて飛んできた担任の先生が仲裁に入り、けんか両成敗で二人が怒られ、つかみ合いにはならなかったが、私はいまでもあのときの友人の形相を忘れることができない。

私は、その夜、母にこっぴどく叱られた。母は、熱心な西本願寺の門徒であり、毎朝毎晩、仏前でお経をあげていたが、私たち姉弟三人はその横に座らされて、「仏様の前で嘘《うそ》を言うと罰があたる」と言われながら、自省させられていた。私は、その日の友達とのけんかのことを言わなければならなかった。私から話を根ほり葉ほり聞いた母は、いままでに見たこともない深刻な顔をして説教を始めた。

「けんかをしてはいけんとは言わん。しかし、人を差別することは人間として最低の行いで、絶対にしちゃあいけんことじゃ。言われた友達の気持ちになって考えてみい、どんな気がする？」

◉被差別のなかの差別

私は、母の口から何度も何度も「差別は許せん。人間として最低の行為」ということを聞かされ、大変なことを友達に言ってしまったという思いに駆られた。

しかし、母から「ちゃんと友達に謝っておけ」と言われたにもかかわらず、そのままになってしまった。そのことが、いまも自分の心の棘《とげ》として残っている。彼は、中学卒業と同時に、家族で広島のほうに引っ越していってしまった。

私は、なぜ小学校一年生の段階で、朝鮮人に対する差別意識をもったのだろうか。私の親からではないことは確かだ。記憶の断片をたどっていくと、私の部落のおとなたちの話からと、私が見聞きしたことから形作られた意識であると思う。

私の部落で生活していた在日コリアンの人を見ながら、洗濯のときはこん棒でたたいて汚れを落とすとか、物を運ぶときに頭に載せるとか、おとななのに日本語がちゃんとしゃべれないとかの様子が、どこか違っているという異質感をいだいていた。そして、彼らのうち数人がグループを組んで山のなかで濁酒《どぶろく》を密造していて、駐在（警察）に追いかけられたとか、朝鮮人同士でけんかになったとき、刃物を振り回し血を見る事件になったとかの話を、私の部落のおとなたちが「だから、朝鮮人は何をするかわからん。怖いやつらじゃ」というかたちで話しているのを何度か聞いた。

私のなかで、朝鮮人への異質感が忌避意識・差別意識に変わっていく過程である。同時に、被差別のなかの差別という悲しい現実でもあった。

4　不可解な友達の母のことば

◉「中曽（部落名）の子ではないみたい……」

私は、ガキ大将ではあったが、母から厳しくしつけられていたため、どちらかというと礼儀正しかったし、学校の勉強も比較的よくできるほうだった。私は、小学校高学年になったころには、活発に動き回っており、部落外の友達の家にもよく遊びに行った。

遊び終わって、家の人にあいさつを終えて帰ろうとすると、何人かの友達の母親から同じような言い方をされたことを思い出す。

「谷元君は、中曽の子じゃあないみたいなあ。勉強はようできるし、礼儀正しいしなあ」

私は、このことばの意味がよく理解できなかった。勉強や礼儀のことでは、ほめてもらっているように思うのだが、どうも「中曽の子じゃあないみたい」という意味がわからない。私は正真正銘の「中曽の子」なのに、「そうじゃないみたい」と言う。「中曽の子」ってどんな子なのか、頭のなかが混乱していた。

◉返答に窮する賢い母

母にこのことの意味を尋ねても、言を左右して、すっきりとした答えが返ってこない。学校の勉強やいろいろな質問にも明快に答えてくれていた私の自慢の母が、ことばを濁している。

私の母は、当時の部落内では珍しく勝山《かつやま》高等女学校に通っており、在籍中は首席をとるぐらいがんばっていた。家が貧乏のために女学校などに行けるような財政的余裕はなかったが、母とは一〇歳以上も年の離れた兄二人が戦死したために軍人恩給が支給されており、それを祖父が母のための学費に充ててくれたのだという。

そして、それは兄二人の遺言でもあった。ちなみに二人の兄は、陸軍に所属していた長兄の友市がニューギニア・マダンで一九四四（昭和一九）年二月一日に二七歳で戦死し、海軍に所属していた次兄の万市がソロモン群島海域で一九四二（昭和一七）年一二月二七日に二三歳で戦死している。次兄の万市が戦地に行くときに、「万が一のことがあったら、自分の軍人恩給で勉強がよくできるエツコ（母の名）を女学校に行かせてやってくれ」と父親に頼んだのだという。母親（私の祖母）を幼いときに亡くしていた母は、父親（私の祖父）と二人暮らしの生活をしていた。

しかし、竹細工をしながら時々肉やホルモンの行商をして生計を立てていた父親が亡くなったために、あと一年足らずを残して学業を断念せざるをえなかったのだと、悔しさを噛みしめながら母は言う。一人暮らしになった母は、同じムラの一歳年上の父と結婚し、二〇歳で姉を産み、二二歳で私、二七歳で弟を産んだ。

私は、農作業などの手伝いをしながら、母からいろいろなことを教えられた。インドのガンジーや野口英世《のぐちひでよ》などの差別や貧乏と闘った伝記、中国や日本をはじめとした世界の故事、漢詩や短歌・俳句、天体や星にまつわるギリシャ神話、話は尽きず、母は何でも知っているように

故郷の村の氏神・三宝荒神社

思えた。読み書きができない人が私の部落には多くいたが、その人たちの手紙やさまざまな文書を読んであげたり、代筆をしてあげたりもしていた。私からみると、何でもできる母であった。

この母にもわからないことがあるのだと思いながらも、どうも腑《ふ》に落ちない態度が不思議であった。こういうときには、母は決まってこう言った。

「勉強でも、スポーツでも、けんかでも、何でも人に負けんようにがんばらにゃいけん……」

◉不可解ななかでわきあがる違和感

このころから、漠然と、私の部落はよその部落と何か違うのかなあという気持ちが芽生えはじめていた。葬儀のときの「焼き場」（火葬場）が、私の部落だけが使う場所としてあるし、三宝荒神《さんぼうこうじん》という私の部落の氏神である荒神さんの祠《ほこら》のなかには「牛」を形取った焼き物が何体も祀《まつ》ってある。夏の盆踊りも私の部落だけで二日間踊り、独自の「じょんがら節」という音頭《おんど》をもっている。

他の部落にはないものが、自分の部落にだけはあるというのが自慢のような気がしていたのだが、どうも違うような気がする。何かが違う、明らかに違う。しかし、日常生活のなかでは、そんなことはいつも意識しているわけではなく、無頓着に過ごしていた。

5　初めて味わった貧乏の辛さ

◉貧しいことへの無頓着

私の家は貧乏であったが、正直、貧乏が辛《つら》いと思ったことはなかった。私の部落には似たような家が多くあったということもあるが、貧乏ということをほとんど意識しなかったといったほうが正確かもしれない。

考えてみると、小学生のころは、教科書を買ってもらったのは一年生のときぐらいで、あとは姉の「お古」を使っていた。姉も村の上級生の「お古」をもらっていた。服などもそうであったし、食事なども粗末であった。ただ、母は学校で必要なものはほとんど無理をしてでも必ず工面してくれた。

母は毎日、野良仕事や日銭稼ぎのあれこれの仕事に出ており、姉が小学校の高学年のころからほとんどの家事を手伝っていた。私は、学校から帰ると、同じ部落内にある父方の祖父母の家に預けられている幼少の弟を迎えに行くのが日課であった。

ある日、弟を迎えに行っていると、弟が一人でトボトボと歩いて帰ってくるのに出くわした。弟は、私の姿を見るなり、飛び込むようにして私にしがみつき、泣きじゃくりはじめた。聞くと、年上の従兄弟《いとこ》たちに「早く家に帰れ」といじめられたのだと言う。私は、「泣くな」と言いながら、弟をオンブしてやって家に帰った。

その日の晩ご飯を食べていたとき、弟が母に半べそ気味に訴える。「お母ちゃん、ボクはもうおばあちゃんの家に行きたくない。これからは、一人でもいいから家におるけえ、弁当を作っといてくれえ」。そして、真剣な顔をして、「お母ちゃん、ボクにもおばあちゃんを産んでくれえ」と頼む。四～五歳ごろの弟の名言である。

姉が高校一年生のとき、弁当のおかずが煮豆だけしか入ってなくて、恥ずかしくてみんなと一緒に食べられないから、何かもう一品でも入れてほしいと母に言っていたのを思い出す。そういう状態ではあったが、私は貧乏を辛いとも恥ずかしいとも思わなかった。

◉小学校五年生から始めた牛乳配達

母に勧められて、高校進学の資金を貯《た》めるということで、小学校五年生から、私は牛乳配達のアルバイトをした。中学三年生まで五年間やったのだが、冬、早朝の雪道を重たい牛乳瓶の箱を自転車に載せて配達するのは大変だった。しかし、辛いとは思わなかった。田植えや稲刈り、施肥や麦踏みなど農作業の手伝いもよくしたし、中学生の夏休みには土方のアルバイトもした。それが当たり前だと思っていた。

母からよく言われていた。「うちは貧乏じゃけえ、子どもに財産はよう残してやらん。せえじゃけど、子どもに教育だけはつけさせる。そのためには、お父ちゃんも、三回の食事を一回にしてでも、一生懸命働いて高校や大学に行かしちゃるけえ。お母ちゃんも、女学校さえ卒業できていたらという悔しい気持ちがあるけえなあ。あんたらはがんばらにゃいけんで。貧乏してても、心に錦を持っていたらええんじゃ」

両親の懸命の姿を見て、自分らもがんばるのは当たり前だという意識が自然に育っていたのだと思う。「親の背を見て、子は育つ」というが、そのとおりだと思う。勉強でも仕事でもがんばるという意識が、貧乏の辛さを乗り越えていたのだと思う。

◉やりたいことができない貧乏の辛さ

しかし、私も、貧乏の辛さを味わったことが二回ある。ひとつは、大佐中学校に入学したとき、私は野球部に入りたかったが、断念したことである。野球部に入るためには、自分でユニフォームやグローブを買わなければならなかった。これは当時で何千円もする高価な物であり、とても母に買ってくれとは言えなかった。この悔しさは、ほかのクラブをやることで紛らわすことができた。もともとスポーツが大好きなうえに、農作業などで鍛えられた体力には自信があったために、卓球、器械体操、陸上、水泳、相撲と、何かの大会があるごとに引っぱり出されて、よく練習をした。いずれも金のかからないものばかりである。

もうひとつは、やはり中学二年生のとき、友達の眼鏡《めがね》を悪ふざけをしていて割ってしまったことである。その前に、その友達が私のつけペン用のインキ瓶を誤ってこぼしたとき、一〇〇円足らずの物であったと思うが、母に勉強のためと言って無理に買ってもらったこともあって、友達が弁償してくれていた。その経緯からいえば、当然、私は弁償しなければならなかった。しかし、謝りのことばは出ても、母の困惑顔が浮かんできて、何千円もする眼鏡を弁償するとは言えないのである。学校に文句を言ってきた友達の父親に、私の担任の先生が平謝りをして事なきを得たが、結局この話は母には言えなかった。私は恥ずかしさに満ち満ちた辛さを経験した。

今日まで、私が貧乏であることを辛いと思ったのは、この二回だけである。

二　同居する卑屈と虚栄のなかでの人間への模索

1　担任の先生に教えられた「出自の秘密」

◉出自の秘密を単純に受け止めた中学校二年生

私が、被差別部落の出身だと知ったのは、中学二年生のときだった。同和教育などなかった時代である。

あるとき、担任の先生が「谷元、今日わしは宿直じゃけえ、泊まりにこい」と言う。当時は、先生が交代で宿直当番をしていたころで、家に帰って母にその旨を伝えると、「泊まってこい」

とあっさり言う。私も、先生の暇つぶしの遊び相手ぐらいの軽い気持ちで、泊まりに行った。私の家は、中学校から徒歩で四~五分のすぐ近くにあった。

「おお、きたか」と先生が宿直室で迎えてくれるが、どうもいつもと雰囲気が違う。先生が、緊張気味なのである。

「今日は、ちょっと、谷元のことで話しておきたいことがあったんじゃ。落ち着いてよう聞いとってくれえよ」

私は、宿直室の畳の上で、先生と胡座《あぐら》姿で対座していた。先生が、一言一言、慎重にことばを選ぶように、私の顔を見ながら話しはじめる。

「君も、江戸時代に士農工商の身分制度があったのは習って知っているじゃろうが。ところが、本当の身分制度は、その下に〝穢多《えた》・非人《ひにん》〟という身分があったんじゃ。学校では教えんかったけど、この〝穢多・非人〟という身分は、まあ、最下層の身分で、人間として扱われなかった、差別された身分じゃったんじゃ」

私は、英語の先生が歴史の話をして、何が言いたいのだろうという気持ちで聞いていた。

「実はなあ……」、先生が言いづらそうに一呼吸入れて続ける。「実は……、君のところの部落が、その昔の〝穢多〟身分の部落じゃったんじゃ」。先生は、一気に言い、私の顔をジッと見つめてきた。

当の私は、〈ふ~ん、江戸時代の昔は、うちの部落は〝穢多〟身分の部落じゃったんかあ。そういえば、母は、うちの家は昔、平家の落人《おちゅうど》じゃとか言って、本家筋には家系図もあるとか言っていたから、いろいろ歴史はあるもんじゃなあ〉というぐらいにしか受け止めていなかった。おそらく、平然としていたであろう私の様子を見ながら、先生は話を続けた。

◉「差別はもうない」

「せえじゃけどなあ、昔はそういう身分差別があったけど、明治時代になって四民平等になっとるし、いまは民主主義の世の中じゃけえ、人間はみな同じなんじゃ。いまはもう、そんな差別はのうなっとる。のうなっとるんじゃが、時々古い考えをもった人間が間違った差別をすることがあるぐらいじゃ。そんな人間もおることはおるけど、君さえしっかりしとったら問題じゃあないけえのう。しっかり勉強して力をつけにゃあいけんど」

そう言ったのである。

私は、先生のことばを反芻《はんすう》していた。

〈うちの部落は、江戸時代には〝穢多〟部落であり、差別されていた。しかし、四民平等になった明治以降、今日の民主主義の時代には差別はもうない。時々古い考えの人間が差別をすることがあっても、自分さえしっかりしておればよい〉

先生が「わかったか」と聞くので、私は「はい」と答え、先生が敷いてくれた布団にもぐり込み、すぐに眠りについた。

◉担任の先生に頼んだ母の心配

翌日、学校を終えて帰宅すると、母が心配そうに、先生とどんな話をしたのかと尋ねてくる。私が概要を説明すると、「それでようわかったんか」と母は尋ねる。私は「うん」と答えると、母は安堵《あんど》したような表情を浮かべた。

後日知ったことだが、これは母が私の担任に、部落問題についてちゃんと説明をしてやってくれと個人的に頼んだとのことであった。いまになって思えば不十分な部落問題についての説明ではあったが、私にそれを真剣に教えてくれた担任の先生に感謝している。

2　見えてきた差別――無関心と無知では真実は見えない

◉違和感は差別がもたらしたものだった

私は、被差別部落の出身だと聞かされても、現実感もなく、当初はさほどに何とも思わなかったが、何となく「差別」ということが気にかかっていた。

先生は「いまは差別はない」と言っていたが、そう言われてみると、どうも違うような気がする。私がいままで、うちの部落はほかの部落と何か違うと漠然と感じてきたものは、被差別部落ということが理由ではないのかと思いはじめた。そう思って、疑問に感じてきたことを思い返してみると、だんだんと「差別」というものが見えてきはじめた。

◉物事の本質は、見ようとする姿勢と見抜く力がなければ見えない

どんなことであれ、物事の本質というのは、それを見ようとする姿勢や関心、同時にそれを見抜く力というのがなければ、見えないものだとつくづく思う。

ふと、金子みすゞの「星とたんぽぽ」の詩の一節を思い浮かべる。

「……昼のお星はめにみえぬ。見えぬけれどもあるんだよ、見えぬものでもあるんだよ。」

「無関心と無知が差別を生み出す」というのは、事実である。このことは、差別をする人たちは当然のことであるが、差別をされる当事者にも当てはまる事実である。

◉部落の子は礼儀知らずで勉強ができない？――不当な一般化という差別

私が小学生のころ、友達の母親のことばにいだいた不可解な思いは、このことだったのだと思った。「中曽の子」とは、被差別部落の子という意味だったのだ。では、「中曽の子じゃないみたい」というのはどういうことなのか。話の流れからすると、「中曽の子」は、勉強ができず、礼儀知らずということになる。それが当たり前のように思われているらしい。しかし、勉強ができず礼儀知らずの子は、ほかの部落にもいる。その子たちは、「○○部落の子」とは言われず、「あそこの家の子」とか「誰々」と個別の家とか個人で言われる。それなのに、「中曽の子」であるというだけでそのように思われるのは、おかしいことだと思った。いわゆる差別的偏見による不当な一般化という事態である。

◉回避される通学路——部落は怖い？

また、小学校のときは、部落単位で集団登校をしていた。私の部落内の道を通れば学校までの距離が最短になるほかの部落の子たちが、わざわざ遠回りになる道を使って通学していたのはなぜだろうと思っていたのだが、私の部落を避けるためだったのだ。「中曽は怖いから近づくな」という親の言いつけでそうしていたという友達のことばを聞いた。これも差別だと思った。

◉中曽と一緒に扱うのか！

私が「部落」のことについて先生から聞かされて間もなくのことだったと思うが、大佐町の一大事業として、町内に有線電話を敷設することになった。部落ごとに局線が決められたが、そのとき、町行政は、ほかの部落に属する家で、その集落から一軒だけ遠く離れて私の部落に隣接していた家を、工事費や利便性を考慮して、私の部落の局線に組み込んだのである。

その家は激怒して、「中曽みたいなところと一緒に扱うんか！」と町役場に怒鳴り込みに行った。役場は、この抗議に屈服して、ただちに工事のやり換えを行った。これは、明らかな差別事件であった。私が、これが差別なのかと実感した最初であった。

しかし、当時、部落解放運動の組織もなく、私の部落のおとなたちは、「抗議に行った人間も、それに屈服した役場も、わしらを差別しとる」と言って怒ってはいたが、部落内での出会う人ごとの立ち話程度に終わってしまった。

私の母は、この事件に対して「昔のうちの村の男衆じゃったら、竹槍《たけやり》でも持って抗議しようたのに」と言って悔しがった。

◉「回り氏子」の謎

そう言いながら、町内にあるどこの神社も、昔は私の部落を氏子にしなかったことに抗議して、各神社に竹槍を持って押しかけ、「回り氏子」にさせた歴史があることを教えてくれた。このとき初めて、母が私に「部落」のことについて語った。

大佐町には、大佐神社、湯興神社など何百年の歴史をもつ神社が何社かあるが、私の部落は、「穢《けが》れる」ということで、どこの神社からも長い間「氏子」にしてもらえなかったという。そのため、秋祭りのときも御輿《みこし》もかつぐことができず、祭りの埒外《らちがい》に置かれてきた。

このことに、母の祖父の時代の村人が竹槍を持って抗議したのだという。明治末期のことであろうか。その結果、固定した神社の氏子ではなく、「今年は大佐神社、来年は湯興神社」というように、単年度ごとに替わっていく四神社の氏子として認められたのである。それが「回り氏子」である。

要するに、どこの神社も自分のところの氏子にするのは嫌だが、差別に対する力の抗議に屈服して、譲歩したということであろう。

◉斃牛馬解体の伝統

さらに、母は続ける。「穢れる」と言われるのは、江戸時代に斃牛馬《へいぎゅうば》の処理をさせられており、世間には「四つ足の動物の殺生《せっしょう》」を忌み嫌う風習があったからだ、と言う。だから「穢多」とか「四つ」とかと言って差別されていたと言う。

その牛馬の解体場所が、いまは田んぼになっているが私の家のすぐ南のところに、母が若いころまであったのだと言う。そのころまで、町内で斃牛馬が出れば解体しており、その肉や内臓を祖父などが売りさばいていたらしく、けっこういいお金になったようだ。

しかし、それが昔からの「差別された作業」（江戸時代の身分的職業）であることから、これをやめようということで解体場が撤去され、斃牛馬の処理もしないということになったとのことだ。

当時のやむにやまれぬ処置であったのだろうが、いまの私には、解体業への対応にかかわって、食肉産業に対する職業差別が存在していることを思うとき、複雑な思いが去来する。

◉ひそひそ話で語られる結婚問題

母の話を聞きながら、「焼き場」や「三宝荒神」「盆踊り」の謎が解けてきた。私の部落は、こういうかたちで差別され排除されているのだ。

そういえば、結婚のときも、部落のおとなたちが「前には、あそこの部落から嫁をもらったから、今度はうちの部落から嫁をあそこへやらにゃいけん」というような話をよくしていた。私の部落の姻戚関係をみると、県内や鳥取、広島など、あっちこっちの遠くのほうにまでまたがってはいるが、同じ部落が多い。ここも被差別部落なのだろう。

「うちの部落は、どこの部落でもというわけにはいかんけえ、結婚話のときには苦労する」と言っていた長老のつぶやきが、私の耳に残っている。また、「やっぱりなあ」ということばをともなう破談のヒソヒソ話もよく耳にした。

●母の涙のなかで食べた「牛肉」（焼死牛）のうまさ

私が中学三年生のとき、伯父《おじ》（私の父の兄）が新聞紙に包んだ牛肉を持ってきてくれた。母と伯父とが押し問答をしている。「そんな肉はいらん」と言う母に、「そういうことを言わずに、とっときゃあええがな」と言って、無理やりに包みを置いていった。母が言うには、山で放牧していた牛が山火事が起こって焼死したらしく、よその部落の人が、それをやるから取りにこいとうちの部落に言ってきたので、何人かの人間が解体をしに行ったという。その分け前を、伯父が持ってきたということだ。

母は、「こんなことをしているから、差別されるんじゃ！」とその肉を座敷にたたきつけた。しかし、「こんな肉」と涙を流しながらも、それを料理して私たち子どもに食べさせたのである。めったに手に入らない牛肉を、育ち盛りの私たちにそれでも食べさせたかったのだろう。母の涙の味で食べた牛肉を、いまでも忘れることができない。「やっぱり、牛肉はうめえなあ」と無邪気に言う弟のことばに、母は歪《ゆが》んだ笑顔をつくっていた。

◉折々に募る差別への反発と不安

自らが被差別部落出身だということを教えられ、「いまはもう差別はない」という担任の先生のことばとは裏腹に、私には差別の実相というものがだんだん見えてきだした。

見えてくるにしたがって、私の気持ちのなかに「暗いわだかまり」が沈殿しはじめた。訳のわからない差別への不安感であった。同時に、どうしたらいいのかわからないが、とにかく「差別なんかに負けるか」という意地のような反骨の気持ちも強くもっていた。

3　姉の進学問題

◉担任の先生が引き出した姉の能力

私の姉は、勉強がよくできた。目立たないおとなしい性格であったが、しっかりした努力家であった。小学校に入学してからすぐは、私と弟の面倒や炊事などの家事をやっていたために、学業のほうはそれほど芳しいものではなかった。

しかし、小学校四年生のときからメキメキと成績が上がりはじめた。担任の先生がうまく姉の力を引き出してくれたようだ。それからは、姉は中学校でも常にトップ争いをし、進学校である勝山高校に入ってからもトップクラスの成績であった。

◉進学をはじめから断念していた姉

しかし、姉は家の経済事情を知っていたために、就職をするつもりであった。進路希望もそのようにしていた。姉が高校三年生になってすぐに、母が学校に呼ばれ、担任の先生から「これだけ優秀な子を、ぜひとも大学に進学させてやってほしい。大学では、お金がたくさん出る日本育英会の特別奨学金という制度もある」と言われたという。

だが、私の進学もすぐに控えているので、入学金などの蓄えが足りないからあきらめるように、母が姉を説得している。ここには、姉は女だから大学まで行く必要はないが、私は長男だから大学までは行かせたいという両親のジェンダー的思考があった。

◉無性に腹立たしい思い――見え隠れする部落差別と女性差別

私も同じ高校の一年生になっていたが、この話をそばで聞きながら、涙を流して「わかっている」と言う姉の姿を見ていると、やりきれなかった。どれだけ姉は口惜しい思いをしているのだろう。父も母も身を粉にして働き、姉も家事をしながら一生懸命勉強をがんばってきたのに、貧乏だというだけで自分の夢をあきらめなければならない。何かがおかしい。なんでこうなるのか、私は無性に腹が立った。

私は思わず言っていた。

「ぼくは、防衛大学に行く。防衛大学は、学費や寮費はいらんし、普通の大学と同じ勉強ができて、いろんな資格もとれるらしい。せえじゃけえ、ぼくの進学資金をお姉ちゃんのために使うちゃってくれえ」

母と姉は、喜んだ。私は、防衛大学がどんな大学なのか、実情はよく知らなかった。母が父にも連絡をとったら、「順子（姉の名前）が行きたいようるんなら、無理してでも行かしちゃりゃあええがな。昭信のときの金は、それまでにまた何とかなるじゃろう」と言ってくれたらしい。姉の大学進学への進路切り替えが決まった。

◉教師になる夢を実現した姉

それからの姉は、小学校四年生のときの担任の先生への憧れや母が教師になりたかったという話の影響なのか、教師になりたいということで、岡山大学教育学部に入った。

私の部落では、部落から初めて国立大学に入ったということで大変な評判であったし、大佐町内でも国立大学に行く人は稀《まれ》なのに、「中曽の子」が入ったということでも大きな評判になっていた。

姉は、大学で「部落問題研究会」のサークル活動をしながら、大学を優秀な成績で卒業して、小学校の教師になった。最初は大阪に赴任し、広島の被差別部落の人と結婚して広島に転勤したが、どんな子にも目配り気配りができる優しくて厳しい先生だということだ。結局、姉は四〇代はじめに教頭、半ばには校長になって一〇年間ほど務めたあと、五五歳で早期退職をした。嫁ぎ先の家が大きな農家でもあり、いまは好きなことをやりながら、四人の孫たちとの逢瀬《おうせ》を楽しみにして安穏に過ごしている。

◉夢を断念した多くの人たちに思いを馳せて

姉や私が大学に進学するときには、同和対策などの奨学金制度はなかった。この制度があったなら、どんなに心配なく勉強できたことかとよく思う。同時に、姉のような思いをいだきながら、全国でどれだけ多くの人が進学を断念し、夢を捨てたのだろうかとも思うのである。

私も大阪市立大学法学部に入学したが、大学生活は、入学当初の三カ月間は家から一万円ほどの仕送りをしてもらっただけで、それ以降は、姉と同じように日本育英会の特別奨学金と家庭教師や小学校の宿直、あるいは肉体労働などのアルバイトで自活した。

五歳年下の私の弟は、私のあとを追うように同じ高校・大学に進学したが、このころには同和対策の奨学金制度も整い、経済的には大いに助かり、親の負担も軽くなって、率直にありがたかったという思いがある。

4　進学校の「ワル」

◉硬派のけんか師

実は、小学校一年生当時から頭角を現しはじめていた私の「ガキ大将」ぶりは、ずっと続いており、中学校、高校でもその才能を遺憾なく発揮していた。いわゆる「不良」ではないが、硬派のけんか師であった。自分ではそのような意識はなかったが、まわりからはそのように見られていた。たしかに、腕っ節は強かったし、売られたけんかは必ず買った。小さいころからの「けんかでも負けるな」という母の教えを守る気概であったから、後ろを見せるわけにはいかなかった。ただそれだけのことだった。それが態度に表れて生意気に見られたうえに、見た目には色白で華《きゃ》奢《しゃ》に見えたので、よくけんかを売られたのかもしれない。

◉大佐からきたワル

私が勝山高校に入学したときに、新入生（普通科四クラス、商業科三クラス）が全員、体育館に集められ、高校生活のあり方について学校から生活指導の説明を受けた。そのとき、生活指導担当の先生が、「今年の一年生のなかには、大佐のほうからきたワルがおるらしい。高校は、中学校と違って、けんかや喫煙など悪いことをすれば停学・退学という処分をする。そのことをみんな心するように！」と言った。

〝大佐からきたワル〟と言うが、大佐中学校から勝山高校へは十数人きている。みんな進学校にくるぐらいのおとなしい「いい子」ばかりである。そうすると、どうも自分のことを言われているようだ。しかし、私は、もともとけんかが好きなわけではないし、自分からしかける気もない。だが、いずれにしても気をつけねばなるまい。

◉入学早々の上級生から「薫陶」

ところが、いくら気をつけても、災難は向こうからやってくる。旧制中学校の硬派の伝統を受け継いで、上級生が新入生に「薫陶」を入れにくるのである。

入学直後に、その洗礼を受ける。「ワル」そうな上級生五、六人がやってきて、新入生の男子だけをクラスごとに教室から呼び出し、全員廊下に並ばせて、「上級生にはどこで会ってもあいさつをせえ！」とか「上級生には絶対口答えするな！」と説教をたれるのである。ボス格の一人が「わかったか」と言ったあと、返事が小さいと言って、目の前の新入生に平手打ちを喰《く》らわしている。

「何じゃあ、こいつら！」と思っていたら、その思いが顔に出ていたのか、私のところへその上級生がやってきた。「お前は、わかっとるんか！」と言いながら、胸ぐらをつかんでくる。上級生がぜんぶ私のまわりに集まってくる。私は、黙ったまま相手の手をふりほどき、無意識に殴り合いの構えをとる。ほかの上級生が数人で私を羽交い締めにしてくる。その瞬間、ボス格の上級生が私の足を蹴ってきた。私は、数人の上級生を引きずりながら、ボス格の上級生に向かっていこうとする。「もうやめとけ！」と数人の上級生が叫んでいる。

私の気迫に気圧《けお》されたのか、ボス格の上級生も「これからあ、気をつけえよ！」と捨てぜりふをはいて引き上げていった。一応、事なきを得たが、この件以後、私は上級生に目を付けられ、〝有名〟になっていった。インネンをつけられ、けんかになったことは何回かあったが、私が気迫勝ちをしていた。

◉差別・選別構造のねじれが生んだ無処分の「優等生」

私が、本格的な殴り合いのけんかをした最後は、高校二年生になったばかりのときであった。三年生の「ワル」二人に呼び出された。「こっちにこい」と言う二人に、「けんかするんなら、どこでもえかろうが！」と言った途端に、私の拳が一八〇センチ以上ある大きいほうの顔面に二発、炸裂《さくれつ》した。鼻血が吹き出し、壁に吹っ飛ぶと、そのまま背を壁にもたれかけるようにしてズルズルとへたり込んでしまった。気絶している。振り向きざま、もう一人の腹部に膝で蹴りを入れ、背をかがめたところへ両手を握りしめた拳を打ち下ろす。こちらもうずくまってしまった。勝負ありである。

間の悪いことに、その現場に一人の先生が通りかかった。しかし、何も言わずに通り去った。私は、停学か悪くすれば退学かなと思っていたが、結局、音沙汰なしであった。私への処分はどこかで握りつぶされたのである。

考えられる理由は、私の成績がトップグループであったために、「進学校の体面を保つ」ということで不問にしたのではないかと思われる。喫煙とか何とかですぐに処分をしていた学校としては異例であった。

私は、これまでに処分された人間に悪いような気がしていた。「デキの悪いやつは切り捨てる」という進学校の差別・選別構造の歪んだエアポケットのような部分で「救われた」ことに、後味の悪さを感じていた。

◉けんか相手がいないために無事卒業できた高校生活

このけんか以降、私にけんかを売ってくる相手はいなくなった。いわゆる〝番長〟的な存在になってしまった。私のまわりには、ワル的な連中も含めていろいろな人間が集まっていた。私のその面での〝勇名〟は姫新線沿線の高校にも知れ渡っていた。

後年、五歳下の弟から、「自分が勝山高校に入学したときは、兄貴の武勇伝が行き届いていて、その弟というだけでいじめられることもなかった」という話を聞いた。しかし、私は、いろんな先生からまじめでしっかり者の姉と比較されて、「ほんとうに、あの谷元順子さんの弟か」とよく言われ、半分うれしく、半分気分が悪い思いをしたものである。

5　嫌悪感をもった「民主（同和）教育」と屈折する思い

◉自分の境遇に絶望感をいだいた「民主教育」

私の高校では、「民主教育」ということで、部落問題についての学習が年何回か行われていた。全校生徒が集められ、講演会をしたり、クラスのホームルームの時間に担任の先生が話をするのである。

この講演会のときに、岡映《おかあきら》さん（当時、部落解放同盟岡山県連合会委員長・中央本部副委員長）の話を聞いたことがあるが、内容についてはほとんど記憶がない。部落差別をなくすために、部落解放運動があるということぐらいだった。

私は、この時間が大嫌いだった。嫌悪感さえ覚えていた。担任の先生から部落の悲惨な差別の歴史が語られ、結婚差別や就職差別などがいまもあるが、差別はいけないことなので、差別しないようにしようということだけであった。

私は、話を聞くたびに、自分が置かれている境遇がいかに絶望的で惨めなものかという思いにとらわれた。どうしたらこの差別から逃れることができるのか、その展望が何も見えなかった。「差別をしないようにしよう」などということは、だれでもわかっているはずだ。にもかかわらず、現実には差別がある。

●「暗いわだかまり」と「やり場のない怒り」

しかも、中学生のころは、部落差別の問題は狭い地域にある問題だという気がしていたのに、全国どこへ行っても突き当たる問題のようだ。これをどうしたらいいのか。部落解放運動があると言っていたが、見たこともない遠い存在だった。「差別なんかに負けるか」と思っていたが、その気持ちはどんどん自分の内側に押し込められていった。

自分自身が差別につぶされることはないという強がりにも似た自信はあったものの、自分の存在が惨めで後ろめたくさえ感じられた。だんだん無口になっていく自分の姿があった。中学生のときからいだきはじめていた「暗いわだかまり」は、高校生になってから「やり場のない怒り」をともなってきていた。

◉級友から出された「四本指」に怒りで体が震える

私が高校二年生のとき、私自身が直接差別されたわけではないが、私の目の前で友達による露骨な差別言動に出くわした。学校帰り、「ワル」的な四、五人で話をしていると、「どこのだれがけんかが強いか」という話になった。いろいろな名前が取り沙汰され、友達の一人が「久世町《くせちょう》の××（個人名）は強いらしいでぇ」と言うと、久世からきていた友達が「ああ、あれか。あいつは相手にせんほうがええで。あれらの連れは何をするかわからんけえのう。あれのところは、○○（部落名）いうて、これじゃがなあ」と言って、私に向かって指を四本出して見せたのである。

私は、一瞬たじろいで息を飲んだ。次の瞬間、怒鳴りつけていた。「それが、何の関係があるんならあ！　とぼけたことを言うな！」。私の剣幕に驚いて、その友達は体を硬直させていた。しばらくの時間、無言のままの気まずい空気が漂う。「気に障ることを言うたんじゃったら、こらえてくれえ」と言うその友達に、「もう、ええ。これからそぎゃんことを言うな！」と怒気を含めて私が言う。

話はそれで途切れたが、私の体のなかで訳のわからない「震え」が続いている。怒り、恐れ、かで心底からくる「震え」であった。背中に冷たい汗が流れるのがわかった。
不安などが混ざり合った言いようのない「震え」であった。体の外に現れるのではなく、体のな

◉固くした心の殻のなかに広がる理不尽な卑屈感

私は、このことがあってから、友達といえども一線を画すようになっていったように思う。部落差別があることによって、友達関係、人間関係が崩れていく「やりきれない崩壊感覚」を感じていた。同時に、部落差別にかかわって自分の心の動揺を見せないために、「心の殻」を固くしていったような気がする。このような思いも「民主教育」への反発に拍車をかけていたのかもしれない。

高校三年生になる春休みのとき、私は、勝山町の友達の家に遊びに行った。たまたま居合わせた友達の父親が話に加わってきた。

「ほう、谷元君は大佐町か。大佐のほうへはよう行くけえ、わしゃああのへんのことはよう知っとるんで。ほんで、どこのほうならあ」

私は、慌てていた。

「あの～、永富《ながとみ》のほうです」

私は、〝大字〟の地名で答えている。

「ああ、永富か。永富に、谷元という家があったかのう?」

友達の父親は、〝小字〟の永富のことを言っている。

「いや、永富と言っても大字ですから、うちの家はもっと南のほうです」

〝小字の永富の南〟といえば〝中曽〟（部落名）しかないのに、私の口から、小字である〝中曽〟のことばが出ない。

友達の父親は、四苦八苦している私の様子を見て、「ああ、そうか」と言って話を打ち切った。私が中曽部落であることがわかったのであろう。それっきり、その場をはずれた。

◉たった一人の決断

私は、友達の家から帰りながら、卑屈感に襲われていた。なぜ自分の生まれ育った部落の名前を言えなかったのか、なぜ慌てたのか。考えれば考えるほど、意味もなく卑屈になっている自分が嫌になった。それに、友達の父親の態度からその友達とも疎遠になりはしないかという不安感もあった。

それらの卑屈感や不安感を打ち消すように、私は、「これからは堂々と自分の部落名を言おう」と心に誓った。そのことで友達が去るなら、そのような友達はいらないと決めた。何の支えもない「たった一人の決断」であった。寂しい気もしたが、卑屈になって背中をかがめて歩くよりは、人間らしく背筋を伸ばして歩きたいと思った。

高校時代のこれらの経験は、私を確実に変化させはじめていた。これから、どのような生き方をしていけばいいのか、自分なりの真剣な模索が始まった。

6　大学進学への迷い

◉大学闘争の投影と母からの自立

私の迷いは、大学へ進学するべきかどうかということから始まった。一九六〇年代後半当時、大学闘争がもっとも激しく闘われた時期であり、社会問題が鋭く問われ、既成の権威や価値観が否定され、自分の生き方が試されていた。

このような時代状況を反映して、私自身も「大学に行って何になるのか。所詮、大学出ということで自分を権威づけてもらうだけではないのか。そんな大学だから解体論が出ているのであろう。それなら、自分で社会に出て、力をつけるほうがいいのではないか」。浅薄ではあるが、そんなことを考えていた。

そして、それは母への反発でもあり、母からの自立への思いと重なり合うものであった。私は、高校生になったころから、先回りをして「私の人生」の青写真を準備していく母に、どことなく反発・反感を覚えるようになっていた。

私は、母が自分の夢を描くためのキャンバスではない。私というキャンバスには私が自分の夢を描くのだという思いが強くなってきていた。大学に行くことに何の疑問ももたずにきたが、よく考えると、私が行きたいのではなく、母が行かせたいのではないのか。いったん社会に出て、ほんとうに自分が大学に行きたいと思い、行く価値があると判断すれば、それから大学に行き直してもいいのではないのか。このことも、大学進学への迷いとなった。

◉不遜な思いと、裏社会への開き直りの思いと……

もうひとつ、どうせ就職差別なんかがあるんだったら、どういうかたちで自分の身に降りかかってくるのか見極めてみたいという不遜な気持ちもあった。それなら、大学を出てからよりも少しでも早いほうがよいのではないか。そのことでまともな就職ができないのなら、「裏社会」ででも生きてやるという気持ちが頭をかすめていた。

これは、私の「ワル」の一面から出てきた心情であり、差別がある社会への単純な反発であったのだろう。現実に私の村にもヤクザになっていた人間が何人かいたし、全国的にそういう事例に事欠かないのも事実だ。もちろん、そのような事実は、差別の結果によってもたらされたものではあるが、差別に負けた姿であることは言《げん》をまたない。

◉錯綜する思いのなかで傾斜する「進学せず」への思い

これらの思いが錯綜《さくそう》して、大学に行くべきかどうか迷いに迷っていた。迷っていたというのは、自分のなかでは「進学せず」という気持ちが固まりかけていたのに、高校三年の夏休みのときに、私の家に遊びにきた岡山大学の姉の先輩で部落研活動をやっていた森上さんという同県内の津山《つやま》市周辺にある部落出身の人から話を聞いたからである。彼は、「大学解体を言う人もいるが、大学では部落問題を解決していくために必要なこともたくさん学ぶことができる」と言って、いろいろな話をしてくれた。この話が、私の心にひっかかっていた。大学というところは、私が思っていたような「象牙の塔」の側面だけではないのかもしれないと思い直していた。しかし、私の受験勉強は、迷いのなかで秋口ぐらいからほとんど中断状態であった。

◉受験失敗と母の「謀略」

私は、入学願書の提出期限がやってくる直前になって、母に「受験をしない」ことを告げた。母は、驚き、うろたえ、泣きながら、「そのために、お父ちゃんもお母ちゃんもがんばってきたんじゃけえ、受験だけでもしてくれ」と言う。「それに、こんな時期になって、就職するにしてもどこにも行けれんじゃろうが」

結局、就職準備もしていない私の甘さもつかれ、母に根負けして受験だけすることにした。岡山大学法学部を受験するが、ものの見事に失敗した。東大や東工大の入学試験が中止になった影響や受験勉強中断という事情からすれば、当然すぎる結果であった。

宙ぶらりん状態になった私は、「とりあえず、予備校にでも行って、大学に行くか、就職するか、もう一年考えたらええが」と言う母の勧めというか〝謀略〟に乗って、岡山市内の姉の下宿先に居候しながら、岡山予備校に籍を置いた。しかし、四月から六月までの三カ月間、私はほとんど予備校に行かず、岡山大学の闘争現場を見に行ったり、近くの津島公園をブラブラしたり、近所の小学生の子どもたちと遊んだりしながら、自分の将来へ思いをめぐらせていた。

◉弁護士になるために大学に行く！

その結果、大学に行くために勉強するのではなく、弁護士になるために大学に行くことにした。弁護士であれば、資格さえもっておれば、差別も関係なく一人でも仕事はできるし、差別に苦しんだり、弱い立場にある人を手助けすることができると考えたのである。

これは、中学生のころ、テレビで見た「弱きを助ける正義の味方」の弁護士を主役にしたアメリカの連続ドラマの格好よさに惹《ひ》かれた影響でもあった。

三 「解放の希望」と「差別の悲劇」に思いを馳せて

1 人生の偶然と自尊感情の芽生え

◉大阪市立大学受験を決意させた「毎日新聞」の小さな記事

長い迷いの末に、弁護士になるという目的を設定し直して、私は七月からふたたび受験勉強を開始した。八月ごろには、予備校の指導もあり、京都大学の法学部を受験しようとひそかに決めた。
猛勉強をしていた九月のある日に、私はたまたま見ていた「毎日新聞」の小さな一段記事に釘《くぎ》付けになった。〈大阪市立大学で部落問題論開講　全国で初めて〉とある。来年（一九七〇年）から、正式な単位講義として大学で部落問題についての授業が行われるという。私は、胸が高鳴るのを感じ、叫びながら走り回りたい気持ちだった。

私が中学・高校といだいてきた卑屈感や不安感をともなう「暗いわだかまり」や「やり場のない怒り」を解き放ってくれるかもしれないという期待が、入道雲のようにわきあがってきていた。その思いのなかで、私はただちに志望校を京都大学から大阪市立大学に切り替えた。もちろん法学部である。

〈私は、大阪市立大学に行って、部落問題を勉強して、弁護士になるのだ〉

そう思うと、いままで長い間もやもやとしていたものが、一気に霧散していくような気がしてきた。私は、「毎日新聞」の「小さな記事」に感謝した。そして、ひょっとしたら見過ごしていたかもしれないことを思うと、人の人生に与える「偶然」の大切さというものを思わずにはおれなかった。結局、その年は、同志社大学法学部、大阪市立大学法学部、大阪外国語大学中国語学科を受験して、すべて合格ということになった。

◉「うちのムラの宝じゃけえ」——誇らしく思えた自分の存在

私は、幸いにして、大阪市立大学法学部に入学することができた。私のときも、姉と同様に、部落内でも町内でも評判になっていた。合格が決まってから、部落のなかを歩いていると、「よかったなあ」と会う人ごとに喜んでくれる。

そんななかで、「イトばあさん」という一人のおばあさんが、「昭坊（私のニックネーム）！」と呼びながら駆け寄ってきた。イトばあさんは私の手をしわくちゃの手でしっかりと握りしめて、泣きながら言う。

「昭坊、ようやってくれたなあ。あんたは、うちの部落の宝じゃあ。昭坊も順ちゃんも、あんたらあ、ほんにうちのムラの宝じゃけえなあ。わしらあ、読み書きもできず、ばかにされて辛い思いもしてきた。〝中曽の者は……〟と言われてきたが、中曽にもこんな子がおるんじゃあ言うて、よその部落を連れて歩きたいぐらいじゃ」

私は、イトばあさんの思いのなかに、私の部落が置かれてきた屈辱の歴史を見るようで、胸が熱くなっていた。そして、私が大学に行くことを「ムラの宝」と言って、自分のことのように喜んでくれることに、自分の存在が誇らしくさえ思われた。私は、私のためにだけではなく、ムラのためにも大学で勉強し、弁護士になるのだという強い思いに駆られた。

2　人間の光のなかへ！

◉すばらしき仲間たちとの出会い

一九七〇年四月、私は大阪市立大学法学部に入学した。入学式よりも前に、中川治さんのオルグを受け、「部落問題研究会」というサークルに入会した。実は、部落研に入る前に、大学ではボクシング部にでも入ろうかと思い、探したがなかったので、社会科学研究会（社研）のオリエンテーションがやられている場に顔を出してみた。そこに社研OBで部落解放研究所に勤めていた友永健三さんがきておられ、社研活動の説明をしておられた。説明後、私は「理論の研究をするのはいいが、実践はしないのか」と友永さんに質問すると、「理論と実践を学びたいなら部落研に行ったらどうか」と勧められた。ここで、私は多くのすばらしい先輩や仲間たちにめぐり合うことができた。

大学の「部落問題論」の講義には、原田伴彦《はらだともひこ》教授や村越末男《むらこしすえお》教授など、日本の第一級の多くの部落問題研究者があたっていた。「部落研」活動では、先輩である大賀正行さん（部落解放研究所研究部長）や友永健三さん（同事務局長）、加藤昌彦さん（解放出版社編集長）などが学習会指導にきていたたし、福山真劫さん（五年）、渡辺俊雄さん（四年）、笹島美代さん（四年）、加藤敏明さん（三年）、田中源憲さん（三年）、田仲章子さん（三年）、前川実さん（二年）、中川治さん（二年）、桜井正明さん（二年）、荒木三郎さん（二年）、中分文子さん（二年）、坂上優子さん（二年）など、

大阪市立大学部落問題研究会創立50周年（2010年、市大）

数々の先輩がいた。さらに、すでに卒業していたが、塩谷隆広さん（解放新聞社大阪支局編集長）や矢野洋さん（松原三中教師）などがおり、ちょくちょくと顔を見せていた。会員は、私の同学年が一〇人ほどでいちばん多く、ぜんぶで三〇人程度であった。サークルの地域活動として、大学のすぐそばの浅香《あさか》支部の子ども会活動にもかかわっていた。当時の市大部落研は、学習会活動、大学改革活動、地域活動を三本柱として精力的に活動していた。

◉氷解する「わだかまり」と「怒り」

私の部落解放運動への参画がここから始まった。大学闘争の全国的な拠点のひとつでもあった大阪市立大学は、まだ授業も変則的であったが、私はもっぱら「部落研」で勉強した。部落の歴史、部落差別の実態、部落解放運動の歴史と現状、社会科学等々、次から次に学習させられた。大学改革活動では、部落問題論の内容改革や講義条件の改革などに取り組み、狭山事件の学内外情宣活動などを中心に大学闘争の一翼を担っていった。また、地域活動では、前述したように大学に隣接する浅香支部の子ども会活動を中心にかかわって、部落解放運動の現実に学ぶことができた。

私がそれまで部落問題にかかわって疑問に思っていたことが、どんどん解明されていく。何をなすべきかということも見えてきはじめた。私のなかの「暗いわだかまり」や「やり場のない怒り」が氷解し、「正当な怒り」へと昇華していくのが自分でわかった。暗闇のなかから、明るい光のなかへ引き出されたような充実した喜びがあった。

◉故郷への錦は部落問題講義

大学一年生の夏休みに田舎に帰ると、私の部落の婦人たちが私の話を聞きたいということで、十数人、私の家に集まってきた。しかも、部落問題について学習会をしてほしいという。

私は、教えられたばかりの「付け焼き刃」で、部落の歴史、部落差別の不当性、解放運動の必要性を熱っぽく語った。みんな真剣な顔をして、大きく頷《うなず》いたり、「そうじゃ、そうじゃ」と相づちを打ちながら聞いてくれる。盆休みで帰省していた父も学習会に参加して、片隅でうれしそうに聞いてくれている。

話し終わると、「ありがとう。なんで差別があるんか、ようわかった。黙っとったらいけん。うちらも何かせにゃあいけんなあ。これからも帰ってきたら、いろいろ教えてえよ」と口々に語っている。この思いが、二年後の部落解放同盟の支部結成につながっていく遠因にもなる。

◉西成に居住地を定め、全国運動のまっただなかへ！

私は、大学一年生のこのころにはすでに、弁護士ではなく、部落解放のための運動家になろうと決意をしていた。大学三年生のときから、部落解放研究所で週三回、アルバイトをして、事務局長であった友永健三さんの実務を補佐していた。

そのかたわらで、関西や関東の大学を中心に「学生解放研」や「狭山学連」を組織して、私は、それらの組織の代表を務めながら、活動のつながりを広げていった。関西では大阪市立大学、大阪教育大学、大阪大学、関西大学、関西学院大学、桃山学院大学、常磐会《ときわかい》短大、帝国短大、天理大学、京都教育大学などであり、関東では東洋大学、明治学院大学、法政大学などが中心であった。毎年、信州で行っていた学生解放研の夏合宿には、二〇大学二〇〇人ほどが参加していた。東京での狭山集会には一九七〇年から毎回参加し、一九七四年九月二六日の東京日比谷《ひびや》公園での狭山一〇万人集会には、狭山学連として五〇〇人近くが結集した。一〇万人集会の場で狭山学連を代表して、当時、事務局長をしていた富田一幸さん（関大）の行ったアピールが、鮮烈にいまでも脳裏に焼き付いている。

一九七三年三月ごろ、大学四年生になるときに、大学近くの杉本町《すぎもとちょう》の「明光荘」というアパートから西成の出城の「菊月荘」に引っ越して、部落解放同盟西成支部青年部に所属し、多くの仲間たちと出会い、共に活動をしはじめた。

私が西成の地に居を定めて部落解放運動に身を投じようと思ったのは、本持喜康さんの誘いであった。彼は、大阪市の職員であり、長い間、西成解放会館に勤務し、部落解放研究所に出向もしたりしていた。私が学生としてアルバイトで研究所に通っていたときに、いろいろと話をする機会があった。そのときに本持さんは「西成は多くの課題を抱えていて大変なところだが、非常に魅力的な場所でもある。ある意味で、西成での解放運動が変わらなければ、大阪の解放運動は本物にならない。西成に入ってがんばってみたらどうか」と言われたのである。反骨精神旺盛な私は、「西成を第二の故郷にしよう」と意を決した。

それからは、支部青年部の一五人ほどの有志を中心にして自主的な学習会の場を組織し、一〇年先、一五年先を見越しながら、解放理論の学習や支部改革にむけた政策論議を積み上げていった。この取り組みが、一九九〇年代からの『西成の部落解放運動―変身、五年の軌跡』（部落解放同盟西成支部編、一九九八年）につながっていくことになったと自負している。

一九七四年四月からは、部落解放研究所の職員になった。これは卒業見込みということで採用されたのであるが、実際は卒業しておらず、私は大学に七年間在籍して中退することになる。

その年の八月から九月にかけて「部落解放全国大行進」に参加した。西村渉さん（高知）が隊長で、上野茂さん（奈良）が副隊長を務める四国隊として、岡田健悟さん（香川）、堀忍さん（三重）、岩崎夏雄さん（兵庫）、北川昭典さん（京都）などと行動を共にした。引き続いて九月から一〇月にかけて、西岡智さんが団長として指揮する「狭山中央オルグ団」に組坂繁之さん（福岡）などとともに加わり、部落解放同盟中央本部の活動にかかわっていくようになった。

その後、部落解放研究所の販売部から独立して中央本部付属組織となった解放出版社に半年ほど移籍し、翌年の一九七五年五月から中央本部の専従書記となり、上杉佐一郎《うえすぎさいちろう》書記長の直属の部下として活動することになった。

3　乗り越えた結婚差別の壁

◉「結婚するなら、わしを殺してからにせえ！」

その年の一九七五年一一月九日に、西成解放会館で私は結婚した。大賀正行・喜子夫妻が結婚立会人で、友永健三さんが実行委員会委員長をしてくれ、山下薫さん、山崎正明さん、松岡徹さんをはじめ地元の青年部が料理や会場設営など一切をやってくれた。中央本部から松井久吉《まついひさきち》委員長、上杉佐一郎書記長、米《よね》田富《だとみ》統制委員長など錚々《そうそう》たる人たちも出席してくれた。私が二四歳で、教師をしていた妻は二三歳であった。

部落解放全国大行進。東京・日比谷公会堂での集会（1974年、右から２人めが筆者）

この結婚にあたって、妻の父親から猛烈な反対を受けた。妻の父親は、長崎出身で被爆していた。その手記が『爆心の丘』という本に収録されている。彼は、大阪に出てきて、大阪府の税務署に勤務していたが、被爆の影響なのかリューマチ病を患い、長い間、自宅療養していた。大変な勉強家で博学であり、さまざまな分野のおびただしい蔵書が家に所狭しと置かれていた。その考え方は、どちらかというと進歩的な部類であり、娘が大学部落研で活動していることについても前向きに支持していた。

その彼が、長女である娘の結婚にあたって、相手である私が被差別部落の出身であるという理由で、反対してきたのである。私に対しては直接言うことはなかったが、妻には相当きついかたちで別れるように迫った。私は、妻からの報告をぎりぎりする思いで聞いていた。「二人は、好き同士でいいかもしらんが、家族のことを考えたことがあるのか。そのことで、妹弟の結婚やこれからのことに差し障りがあったら、だれが責任をもつのか。親戚などにも迷惑がかかったらどうするのか」と、何回も何回も迫ったという。

それでも妻は、父親の考えが間違っていると一歩も譲らなかった。妻は、私と同じ大阪市立大学の文学部でひとつ学年が下であり、大学に入るとすぐに「部落研」に入会し、私と一緒に活動していた。その活動の延長線上で教師になっていた。したがって、父親の反対にも、猛然とした反論を行ったのである。理屈のうえでは完全に父親を論破していた。

しかし、父親はそれでも譲らなかった。「差別が間違っているのはわかっている。だが、世間はそんなに甘くはない。実社会には差別が現実にある。娘が結婚によって、差別の現実のなかに投げ込まれ苦労するのが目に見えているのに、父親として賛成できるか。ましてや、関係のない妹弟までがそういう目に遭うことは、父親として忍びえない。それでも結婚するというなら、わしを殺してからにせえ」と言って、包丁を持ち出してきたという。

父親が間違っているのはわかっているが、ここまで頑固な態度をとりつづけることに、妻は疲れ切っていた。私が、父親に会って話をしようかと言うが、父親は私に会うことを拒否しているし、妻はもう少し自分で説得を続けると言う。

◉絶対に差別には屈しない!

妻の折れない姿勢と粘り強い説得活動が、状況を変えはじめた。妻の母親と妹弟が結婚に賛成をし、父親が間違っているとの姿勢をはっきりさせたのである。父親は、家族のみんながそう言うのに抗しきれず、軟化し、最終的に承諾した。

この段階で、私は大賀夫妻とともに妻の家に行って父親と初めて対面した。「二人は結婚します」と、承諾を得るのではなく報告だけをするかたちで、私は父親に一切の意見を許さないという強い調子で言った。私の姿勢には、結婚ということよりも「差別には屈しない」という気持ちのほうが前面に出ていたように思う。

父親は、気まずさを交えた雰囲気で下を向きながら「まあ、よろしく」とだけ言い、あとはよもやま話に終始した。

一九七〇年代は、宿毛《すくも》結婚差別自殺事件、住吉《すみよし》結婚差別自殺事件、中城《なかんじょ》結婚差別自殺事件など、結婚差別自殺事件がまだまだ多くあった時期であるとともに、運動や周囲の支援の力で結婚差別を乗り越えていく事例も増加してきている時代でもあった。

◉何が結婚反対の思いに駆り立てたのか——差別による双方の悲劇

私は、ベッドに座っている病弱で小さな妻の父親の姿を見ながら、基本的には進歩的な考えをもっているはずの彼を、何があれほどまでに「結婚反対」という思いに駆り立てていたのだろうかと、考えていた。

当然すぎるほどに「部落差別はいけない」ことは頭のなかで十分に理解している彼が、娘の結婚という具体的な問題の前で、現実に存在している部落差別の実態を知っているがゆえに、「部落の人間と結婚すると、家族や親戚に迷惑がかかるから反対だ」と言う。

「迷惑」という考えの背景に、被差別部落への漠然とした忌避感・差別感を媒介にして、家族や親戚を守ろうとする強烈な「家の論理・思想」がうかがい知れる。

私の気持ちのなかに、結婚のときに差別をした妻の父親を許すことはできないという思いが長らく続いたことは事実である。いや、妻の父親は一九九五年に亡くなったが、いまでも心のどこかで許しきっていない自分を見ることがある。

妻の父親も、私の家族が年何回か家に行っても、私に対する後ろめたさを感じるのか、私と目を合わせてしゃべることはなかった。部落差別が、二人の気持ちのなかに暗く長い影を引いていたように思える。

差別をされた側は人間の尊厳を喪失するが、差別をした側も自らの人間性を喪失するという「差別による双方の悲劇」を思わずにはいられない。同時に、この壁を完全に乗り越え切れなかった自分自身の未熟さを痛感する。

四　部落差別の実相とは何か（差別実態認識の五領域・五形態論）

1　部落差別解消度の基準は何か

◉多様な差別実態に対する丁寧な検証が必要

私は、自らの生い立ちを、心象風景としての「冬枯れの光景」に重ねながら、思い出すままに書き連ねてきた。それは、思い出の感傷に耽《ふけ》るためではなく、自らの歩みのなかで部落差別の実態・実相を検証してみようと思ったからである。

もちろん、誤解のないように断っておかなければならないが、私は、自らの生い立ちのなかで常に部落差別を意識し、そのなかで日々呻吟《しんぎん》していたわけではない。むしろ、日常的にはそのようなことは意識すらせずに過ごしていたというほうが正確である。

しかし、私が意識していなくても、差別はある日突然、牙をむいて直接自らに襲いかかることもあったし、知人や友人や村に対する差別を見聞きしてきたので、そのことが自らの心のなかで溶解することなく沈殿していった。これが被差別部落のすべての人の思いとはいわないまでも、私ぐらいの世代以上の人が多かれ少なかれ経験したことであろう。

◉何を基準にして差別の解消度を測っているのか

だが、これらの状況も、一九七〇年代からの急速な同和行政・同和教育などの進展にともなって、大きな様変わりをみせてきた。

今日、部落差別の実態は大きく変化して、差別は見えにくくなったといわれる。一部の人たちは、「部落差別は基本的に解消した」とも言う。ほんとうに差別がなくなっているなら、それは喜ばしいことである。しかし、ほんとうにそうなっているのだろうか。

私がこれまでの生い立ちのなかで感じてきた差別は、いまどのように「変化」して、何がどのように「見えにくくなっている」のだろうか。そして、「今日の差別の実態」をどのように認識したらよいのだろうか。

部落差別が「ある」とか「ない」とかというあらかじめの結論にもとづいて論じるのではなく、そして個人的な経験のみに依拠して立論することなく、客観的な事実のみに依拠して検証していくことが必要だろう。

私が経験してきた「差別」や今日的な差別実態は、どのような領域に、どのようなかたちで現れてきていると認識すればいいのだろうか。

2　差別発現における「五領域」からの認識方法

◉同対審答申の悪循環論を乗り越える実態認識方法論としての「五領域」論

私は、差別実態の全体像を把握する認識の方法論として、差別発現の「五領域」論および具体的な行為結果としての差別の「五形態」論を提起しておきたい。

「特別措置法」（同和対策事業特別措置法→地域改善対策特別措置法→地域改善対策特定事業に係る国の財政上の特別措置に関する法律〔略称＝地対財特法〕）時代三三年間において、部落差別の実態認識にかかわっては、「同和対策審議会答申」（同対審答申）で提示された認識方法が中心的な位置を占めてきた。すなわち、実態的差別（同和地区住民の生活実態に具現されている差別）と心理的差別（人々の観念や意識のうちに潜在する差別）の二領域の悪循環が差別を再生産しているとの認識から実態把握がなされてきた。だからこそ、実態把握のための調査は、被差別部落の生活実態調査と国民（住民）意識調査という二つの方法がとられてきた。この調査をふまえながら、同和地区の生活環境改善（格差是正）事業と部落問題に関する偏見や誤認をなくす教育・啓発事業が実施されてきた。

しかし、これらの事業で相当の成果をあげてきたことは事実であるが、差別そのものはいまもなお解消しきれていない。なぜなのだろうか。これまでの二領域を中心とした実態認識論で、ほんとうに部落差別実態の全体像がとらえきれていたのだろうか。

このような問題意識から、一九九〇年代から実態認識方法論に関する検証と模索が行われた。その結果、従来の「二領域」から「五領域」への認識拡大がはかられたのである。

その要点は、実態的差別にしろ、心理的差別にしろ、差別される側（被差別）と差別する側（差別）の領域があるということである。これらの観点から次のような「五領域」論が提起されてきた。

なお、「五領域」論は、一九九〇年代に再開された部落解放同盟中央理論委員会で議論されてきた内容をふまえて、当時、理論委員会事務局の手伝いをしてくれていた現・近畿大学教授の奥田均さんが整理して提起してくれたものである。奥田さんは、「加差別・被差別」という新しいことばを使われたが、私は「差別・被差別」ということばで表現したい。（奥田均『人権のステージ―夢とロマンの部落解放』解放出版社、一九九八年）

◉「同和地区住民の生活実態に具現している差別」の領域（実態的被差別）

第一に、私の部落をはじめ全国六〇〇〇部落三〇〇万人といわれる「被差別部落の生活環境」に現れてきた「実態的被差別」の領域がある。

貧乏・貧困に象徴される「低位・劣悪」な実態である。部落解放運動が「貧困もまた差別なり」と看破した実態である。

換言すれば、部落差別が存在していた結果、就職や教育の機会均等が奪われ、貧困を生み出し、不衛生な住環境になっていったのである。私の両親にしても、必死に働いたが、貧乏であった。二反足らずの農地しかもたず、不安定な仕事にしか就けなかったからである。私が後年生活するようになった西成などの都市部の部落では、その日仕事がなければ食うのにも困ったという状況もあった。

貧乏が教育を奪い、学歴がないことが仕事を奪い、仕事がないことが貧乏をつくりだすという悪循環が繰り返された。もちろん、被差別部落全体が貧困であったわけではない。裕福な家庭もあったことは事実であるが、概して多くの家庭がこの悪循環のなかに落ち込んでいた。

この悪循環を断ち切るのに大きな役割を果したのが、同和行政であった。一九六五年の同和対策審議会答申、一九六九年の同和対策事業特別措置法によって、本格的な同和行政が全国的に展開されはじめた。高校・大学の奨学金事業、雇用促進事業、住環境改善事業などが次々に行われた。目に見える部落の状況が大きく変化した領域である。

この領域は、長い差別の結果によってもたらされた「格差」というかたちで現れてくる差別の実態である。同対審答申は、この領域を「同和地区住民の生活実態に具現されている差別」として実態的差別と規定した。

同時に、留意しておかなければならないことは、この領域は「差別の結果」として現れている実態であるということである。物事には結果があれば必ず原因があることは自明で、実態的差別という場合は、「差別の結果」のみではなく、「差別の原因」も射程に入れて把握される必要がある。それが、後述する「社会的仕組みによって温存・助長されている差別」の領域である。

◉「被差別当事者の心的損傷としての差別」の領域（心理的被差別）

第二に、被差別当事者の部落民が、部落差別の存在によって「心の傷や不安」（スティグマ、トラウマ）として受ける「心理的被差別」の領域がある。

これは、個々人によって実に多種多様なかたちで存在している。私の場合でも、差別に対する不安感、卑屈感、無力感が自らの気持ちのなかに屈折した思いをつくりだし、人間関係に溝をつくり、一時的にしろ、刹那《せつな》的・投げやり的な気持ちをいだかせ、「裏社会」に足を突っ込むことさえ考えさせた。私が結婚のときに受けた差別は、義父とついに心を通い合わせることのできなかったわだかまりとして、いまも残っている。

これまで、「寝た子を起こすな」思想（差別があっても、黙って我慢しておれば、そのうち差別はなくなるとの考え）とか「丑松《うしまつ》」思想（差別されないために、被差別部落出身であることを隠しつづけるとの考え）、「宿命」論（差別されるのは宿命で、仕方がないとあきらめてしまうとの考え）、「部落分散」論（かたまって住んでいるから差別されるのであって、分散してわからなくすればよいとの考え）のかたちで語られてきた多くの誤った考え方が、差別による「心の傷や不安」をさらに大きくしてきた。

しかも、これらの考えの多くが、差別をする側から語られ、それが差別される側の意識をもとらえていたところに悲劇がある。

さらに、私が朝鮮人差別をしたように、被差別のなかの差別という悲劇もしっかりと見つめることが大切である。私たちの被差別部落のなかに存在する障害者差別、民族差別、女性差別などもしっかりととらえ直すことである。それは、単に「他の差別に思いを馳《は》せる」というような段階にとどまる問題ではなく、「あらゆる差別の撤廃が部落差別撤廃の社会的土壌をつくりだす」という真理からすると、被差別部落のなかにさまざまな差別が現実に存在しているという状況に対しては、「私たち自身が部落差別を残しているのではないのか」という強い認識が必要とされている。

換言すれば、部落差別による被害者意識の強調だけでは、「差別－被差別」の関係を固定化し絶対視するという誤った認識を生み出し、「差別の全体像」を見えなくしてしまう危険性があるといえる。

これらの「心の傷や不安」については、部落解放運動のなかでは、もっぱら「社会的立場の自覚」とか「主体性の確立」「人間性の復権」という言い方で、その克服への努力が粘り強く取り組まれてきた。さらには、解放教育運動のなかで、「自尊感情を育てる」とか「自己実現をめざす」などの「癒《いや》しの教育」として取り組まれてきているにすぎない。

しかし、被差別当事者に現れた「心理的差別の実態」としての「差別による心の傷や不安」の問題は、今日的にも十分解明されているとはいいがたく、その「癒し」やエンパワメントの方法も模索段階である。

「目に見えない」「数字に表れない」差別実態であるが、自らを卑下したり投げやりになったり刹那的であったりという自損状況・自己疎外状況を克服することは、人間解放にとっては重要な課題である。

◉「人々の観念や意識のうちに潜在する差別」の領域（心理的差別）

第三は、被差別部落に対して差別するほうの意識として潜在化している偏見や予断というかたちをともなう「心理的差別」の領域である。

私が経験してきた「部落は怖い」とか「穢れている」などの差別・忌避意識である。日常的にもっているこの潜在意識が、「通学路を迂回《うかい》」させたり、「有線電話の同一局線を拒否」させたり、「神社の氏子にさせない」という排除のかたちで発現してくる。

被差別部落に対する偏見や予断は、いろいろなかたちで存在している。「前世からの因縁で差別される」「人が厭《いや》がる仕事（屠畜《とちく》など）に就いているから差別される」「民族が違う（朝鮮民族）から差別される」とか、果ては「血の色が違うから差別される」などと言われてきた。

しかも、これらの偏見や予断は、もともと合理的根拠をもたないものであるために、さまざまな迷信や因習と深くかかわりあうとともに、職業差別や民族差別などとともからんで複合的に形成されており、日本社会の伝統と深く結びついて根強く息づいている。

同対審答申は、これを「人々の観念や意識のうちに潜在する差別」として、「心理的差別」と規定した。この領域については、啓発・教育活動として差別解消への取り組みがなされてきた。一定の効果はあげつつあるものの、その手法や内容の掘り下げに工夫が足りず、表面的・画一的な取り組みに陥ってきた嫌いがあり、十分な効果をあげきれていない。

反対に、「またか」「もうわかっている」という反発や嫌悪を生み出している面もある。一九九三年の政府の『同和地区実態把握等調査』は、この領域での問題解決が十分ではなく、結婚観や因習・偏見など、差別意識がまだ根強く存在していることを示している。

同時にこのことは、「家思想」（家父長制的序列観）、「浄穢《じょうえ》思想」（穢れ観）、「貴賤《きせん》思想」（血統主義的身分観）、さらには近代的な「優生思想」「能力思想」「衛生思想」などにもとづく排除・忌避の論理と結びついた日本の文化土壌を変えていく取り組みの重要性を示している。

◉「社会的仕組みによって温存・助長されている差別」の領域（実態的差別）

第四は、直接・間接に部落差別を温存し支えている社会的構造や社会的機能、そして社会的慣行に潜む「実態的差別」の領域の問題がある。これは、「差別をする」あるいは「差別をさせられている」実態である。

就職差別や結婚差別の事例をみればよくわかる。就職時にあたって、その仕事をする能力をもっているのに、なぜ部落出身者ということだけで排除されるのだろうか。あるいは結婚のときに、当人同士は愛し合っているのに、なぜ「家族や親戚に迷惑がかかる」というかたちで破談になるのだろうか。「部落差別があるからだ」というだけでは、説明できているようで説明しきれていないのではないかという思いが私にはあった。部落出身者を雇ったり、部落出身者と結婚した場合に何が不都合になってくるのか。その本当の背景は何なのかということである。

私は、この問題を考えるとき、坪田義嗣さんの告白を決まって思い浮かべる。彼は、身元調査を行う興信所を生業としており、「部落地名総鑑」（一九七五年発覚）を作製・販売した人間である。

彼は、「結婚に関する身元調べのまず九九％までといってまちがいないが、『血がまじると困る』『部落の人かどうか調べてくれ』ということであった」と言い、「企業の大半は、今でも身元調べを行っているし、とくに管理職登用に際しては、厳しい身元チェックをしている」として、このようなニーズがあるからこそ「部落地名総鑑」を作れば絶対に売れると思ったし、事実、売れたと告白した。

そして、「部落地名総鑑」を購入した企業の関係者は異口同音に、個人的には「差別は悪い」と思いながらも、「会社のためになる」と思って購入したと言う。「部落地名総鑑」差別事件は、当時、八種類の「部落地名総鑑」が見つかり、日本の名だたる大企業を中心に二〇〇社以上が購入していた事実が発覚したが、全体像がつかみきれないままに「これ以上の調査は不可能」とする法務省の終結宣言（一九八九年）によって幕引きされた。

しかし、その後も同種の差別事件は後を絶たず、〈大阪府部落差別調査等規制等条例〉（一九八五年制定）があるにもかかわらず、一九九八年には、「アイビー・リック社差別身元調査事件」が発覚した。これは、一四〇〇以上の加盟社をもつ大手経営コンサルタント会社（大阪所在）であるアイビー社が、一〇〇%出資の下請け会社である調査会社のリック社を使って、部落差別にかかわる大がかりな身元調査を行っていた事件である。さらに二〇一一年に発覚した「戸籍等個人情報大量不正取得事件」では、国家公務員・地方公務員・警察官などを含む関係者二八人が有罪になり、身元調査のための大がかりな闇社会のネットワークが存在している実態が浮かび上がっている。

日本社会において執拗《しつよう》に繰り返される差別身元調査の意識や行為を生み出し支えているものは何なのかということである。

ここには、血筋・家柄・同族性などにこだわる社会的慣行があり、そのことが被差別部落出身者をはじめ社会的マイノリティを排除・忌避する意識・行為につながっている。この状況のもとで、身元調査をするとか「部落地名総鑑」を売買するなどの「差別を商いにする」実態を生み出している。

しかも、この社会的慣行は単なる〝慣行〟ではなく、日本社会特有の社会構造・システムによって支えられているところに大きな問題がある。たとえば、個人ではなく家を基本としている戸籍制度、差別的な皇室典範や皇統譜のうえに成り立つ天皇制、年功序列の賃金制度、終身雇用制度、企業内労働組合制度、さらにこれらの賃金・雇用形態と結びつく学歴社会制度などである。また、日本社会の特徴である、官公庁や企業はいうに及ばず町内会組織にいたるまでの「タテ社会」の構造と「ヨコ並び」の意識などの問題である。この社会構造・システムこそが、個人的には建前にしろ「差別は悪い」と思いながらも、この構造にどっぷりと浸《つ》かっている「家」や「会社」のためになる差別行為に走らざるをえない本音の状況をつくりだし、「差別をさせられる」実態を生み出している。

いうならば、「家の論理」にもとづく社会構造と社会意識こそが、社会的マイノリティを差別する社会的機能として働き、「差別をする」「差別をさせられる」実態として存在しているのである。

同対審答申は次のように指摘している。

> わが国の産業経済は「二重構造」といわれる構造的特質をもっている。……このような経済構造の特質は、そっくりそのまま社会構造に反映している。すなわち、わが国の社会は、一面では近代的な市民社会の性格をもっているが、他面では、前近代的な身分社会の性格をもっている。今日なお古い伝統的な共同体関係が生き残っており、人々は個人として完全に独立しておらず、伝統や慣習に束縛されて、自由な意志で行動することを妨げられている。また、封建的な身分階層秩序が残存しており、家父長制的な家族関係、家柄や格式が尊重

される村落の風習、各種団体の派閥における親分子分の結合など、社会のいたるところに身分の上下と支配服従の関係がみられる。

さらに、また、精神、文化の分野でも昔ながらの迷信、非合理的な偏見、前時代的な意識などが根づよく生き残っており、特異の精神風土と民族的性格を形成している。

このようなわが国の社会、経済、文化体制こそ、同和問題を存続させ、部落差別を支えている歴史的社会的根拠である。

この領域に対する取り組みは、今日にいたるもなおほとんど十分な成果をあげきれていない。差別を生み出す社会システムを一つひとつ具体的に点検しながら、人権を軸にした社会システムへと変革することが重要であり、これは日本社会を成熟した人権確立社会にしていく壮大な取り組みになる。

◉「表出した人権侵害としての差別」の領域（差別事件）

第五は、潜在化している差別が表面化し、具体的な人権侵害が起こる「差別事件」としての領域である。差別事件の現れ方は、社会状況や差別の実態の変化にともなって変化してきている。

同和行政の進展により環境改善が大きく前進したことにより、「汚い」「臭い」といった衛生思想と結びついた差別事件は減少してきている。また、同和教育・啓発によって、「エタ」「ヨツ」

などの露骨な差別事件も減少してきている。法務省の人権侵犯事件調査処理規程にもとづく年次統計などを見ても、総じて差別事件は着実に減少傾向にあるということはできる。

しかし、露骨で短絡的な差別事件は少なくなってきているものの、結婚差別は依然として根強いし、新たなかたちの根の深い差別事件が起こってきている。高度情報化社会を反映したインターネットなどを使った差別事件、土地神話の崩壊のもとでの土地売買にからむ差別事件、経済不況・社会不安のもとで落書きを中心として続発する差別事件、逆差別的な意識にもとづく差別事件、差別撤廃の取り組みへの逆流として起こる露骨な差別事件等々である。

一言でいうならば、「顔の見えない陰湿で巧妙な差別事件」と「露骨な差別事件」の横行である。ここには、差別に関する「建前と本音の乖離《かいり》」という状況が映し出されている。もう少し突っ込んでいえば、「顔が見えない」ということは、差別撤廃の取り組みが進んできて、差別が社会悪として指弾されるという社会的価値観や規範が定着してきている事実を示しているが、他方で、それにもかかわらず「陰湿で巧妙」に差別が横行しているということは、日本社会が根深い差別体質を今日も抱え込んだままである事実の証左である。

さらに重要なことは、差別問題は、経済動向や政治思想などの社会状況のあり方と密接に関連していて、二一世紀になってからヘイトスピーチ（差別煽動）などの確信犯的差別主義の事件が台頭していることである。（第二部・第三部で詳述）

これらの状況に対して、差別の実態をなくしていく取り組みを推し進めるとともに、差別事件を引き起こさせないための強力な差別禁止の法制度の確立、防止・規制システムの構築や、差別事件の被害者への救済システムおよび心理的ケアシステムが早急に確立されることが重要である。

3　差別の現れ方における「五形態」からの認識方法

◉部落解放運動の発展は差別認識の深さにかかわる

前項で、差別を五つの発現領域からみていく必要があることを提起したが、もうひとつ大切なことは、どのような形態をとって差別が現れるのかを認識することである。

この認識は、「何が差別か」を見極めるうえで重要な指標であり、差別認定の基本になるものである。部落解放運動は、差別に関する認識を深化させていくなかで糾弾闘争を発展させてきた。換言すれば、差別認識の理解度が、部落解放運動を発展させうるかどうかに深くかかわっているということである。このことは、部落解放運動九十余年の歴史を振り返ってみれば、一目瞭然である。

◉差別認定の指標としての「五形態」論

差別の現れ方における形態の定義は、今日段階ではすでに国際人権基準として定着してきている。元労働省大臣官房参事官の竹村毅さんが、これを詳しく整理されている。（竹村毅『CSR（企業の社会的責任）と人権』部落解放・人権研究所、二〇〇八年）

私は、これを参考にしながら、「差別の現れ方における五形態」論として、次のように提起したい。

第一の形態は、「直接差別」である。これは、あからさまな取り扱いの違いや言動による差別である。

第二は、「間接差別」であり、差別的意図の有無を問わず、結果として不当な取り扱いになっている差別である。

第三は、「制度的差別」であり、法律や制度による差別である。

第四は、「統計的差別」であり、差別的な意図からでなくとも過去の統計データによる合理的判断からみて、結果として特定の個人や集団に対する累積的な不利益が生じている状況を示す差別である。

第五は、「合理的配慮の欠如による差別」であり、差別は許されないとしながらも、それを具体化するための当然の配慮が欠如していることによってもたらされる差別である。

◉差別は犯罪である

これらの「五形態」に該当する事象は、すべて「差別」として認定される。国際人権基準における「差別形態」の特徴は、行為結果に重点を置いた定義になっていることである。

ここには、「差別は犯罪」であり、「犯罪は法的に禁止される」という認識を前提として、禁止対象となる要件を明確な「行為結果」として客観的に事実認定できるようにするという意図がある。そのことによって、「表現の自由」や「内心の自由」を侵害しないようにするという配慮である。

付言しておくと、「差別とは何か」については、人種差別撤廃条約が第一条において緻密に定義している。その部分を引用しておく。なお、ここで使われている「人種差別」とは、あらゆる形態の「差別」にかかわる象徴的な表現である。

この条約において、「人種差別」とは、人種、皮膚の色、世系又は民族的若しくは種族的出身に基づくあらゆる区別、排除、制限又は優先であって、政治的、経済的、社会的、文化的その他のあらゆる公的生活の分野における平等の立場での人権及び基本的自由を認識し、享有し又は行使することを妨げ又は害する目的又は効果を有するものをいう。

4　差別実態の全体把握への「五領域」「五形態」論の確立

私は、同対審答申の内容に関しては、幾多の欠陥をもちながらも、当時の世界的な人権基準の水準からみても施策的には相当に高いレベルにあったと考えている。

しかし、答申で示された差別実態の認識論としての「実態的差別と心理的差別の悪循環」論では、部落差別実態の全体像をとらえきれない弱さも内包していた。同時に、さまざまな事業施策が福祉対策的な救貧思想から発想され、人権思想・民主主義思想からの発想が貧弱であったことも事実である。これらのことが、部落問題解決へ実効力のある総合政策を立案するうえで大きな支障をもたらすようになったと考える。

私は、自己史を通しながら、同対審答申の実態認識論の弱さを乗り越え、多様な形態で多様な領域において現れる差別の実態の全体像を把握するために、とりあえず「五領域」「五形態」論からの分析を試みた。

この方法論で、部落差別の実相が余すところなく把握できるとは思わないが、少なくとも五領域に現れている差別の五形態の実態をつぶさに解明し、差別撤廃への有効な政策を検討することが重要だと思われる。まさに、「部落解放運動の発展は部落差別の実態をいかに認識するかにかかっている」のだと思う。

そのことへの真摯な取り組みが、部落解放運動をより豊かにし、より広範にし、より深みのあるものにしてくれるであろうと期待している。

5　痛感した「ライフヒストリー」という難儀な作業

それにしても、自己史を書くというのは非常に難儀な作業であるとつくづく思い知らされる。どこまで客観的にその時々の自分をとらえきれているのか不安だし、自分をどこかで美化したり誇張したりしてはいないかという恐れもある。それにもまして、自分をさらけだすことの苦痛や気恥ずかしさがあるし、ほかの人に迷惑がかかるのではないかとの危惧も錯綜《さくそう》する。読み返すたびに手直しの必要に迫られている。

しかし、部落差別の実相を明らかにし、解決への具体策を探っていくうえでの一助になればとの思いで敢《あ》えて公表し、誠実な批判や意見には真正面から向き合う覚悟である。この覚悟を、私が好きな作家であり詩人の一人であるヘルマン・ヘッセのことばが後押しをしてくれる。長くなって恐縮だが、田中裕『ヘルマン・ヘッセ 人生の深き味わい』（ベストセラーズ、一九九七年）から引用しておきたい。

自分を正当化できないほどつらいことはない。だが、正当化しようとする自分の偽りが見えてくれば、それだけ本当の自分に近づいたのであり、それが成長につながる。傷つくことを恐れて閉じこもってしまえば気は楽かもしれないが、いつまでたっても出口は見つからない。苦悩を克服するには、苦悩のど真ん中を突き抜けるのが最短の道なのだ。（二二頁）

どの人間の人生も、自分自身へ向かう一つの道すじ、道すじの試み、かすかな一本の小道である。これまでだれ一人としてすっかり自分自身になりきったものはいない。それでもだれもがそうなろうと努めている。あるものはぼんやり、あるものはもう少しはっきり、それぞれ力に応じて。……だが、一人ひとりは、人間へ向けた自然の一投だ。そしてみんなの出所、母たちは共通であり、我々は同じ火口から出てきたのだ。だが、深淵からの試みであり一投である一人ひとりは、自分独自の目標めがけて努めている。我々はお互いに理解し合うことはできる。だが、解き明かすことは自分自身にしかできない。

（五五―五六頁）

〔この章は一九九八年七月に記述した文章を基本に加筆〕

第二章　部落差別の実態変化と解消過程に関する認識

一　部落問題を考える基本的視座

1　部落問題議論の基本姿勢

部落問題や部落差別の起源問題をめぐって、多くの学者・専門家の人たちの真剣な研究活動が続けられていることは、実に喜ばしいことである。今日では貴重な歴史的事実がさまざまなかたちで発掘され、歴史学、社会学、民俗学などの分野から百花《ひゃっか》繚乱《りょうらん》ともいうべき諸見解が披瀝《ひれき》されている。

ただ私は、明治以降の近現代の日本における社会問題としての部落問題と、部落差別の起源問題を混同して議論してはならないのではないかと思っている。同時に、差別の発生と政治的・制度的な身分の成立とは分けて論じなければならないと思っている。
このことは、渡辺俊雄さんが指摘しているとおりだと思う。（渡辺俊雄「部落史の再発見」『部落解放』四六四号、二〇〇〇年一月臨時号）
これらの問題を混同して議論することは、「部落差別は長い歴史があり、さまざまな問題を抱え込んでいるので、一筋縄ではとらえきれない」というようなかたちで、部落問題の基本的性格を曖昧にし、問題解決を彼岸の彼方に押しやり、解決への方向性を不明確なものにしてしまう危険があると思う。

2　部落問題と部落差別の起源問題をめぐる議論における留意点

◉部落問題と部落差別の起源問題は区別して議論する必要

部落差別の起源をめぐる論議は、今日の差別的な社会意識や社会構造を変革・解体していく有効な切り口を見極めるうえで重要である。

部落差別の起源については、今日では学術的主流となってきている中世賤民《せんみん》起源説や近世政治起源説、さらには近年、考古学での新たな発掘・発見で脚光を浴びている古代史の分野からの古代賤民起源説の再台頭など、諸説が並立しており、定説は未確定の現状である。

今後も部落差別の起源にかかわる学術的な実証研究が継続されなければならないが、重要なことは、長い歴史をもつ部落差別が現実社会のなかでどのように立ち現れているかという差別実態に即した論議がされることである。

その意味では、「部落問題」と「部落差別起源問題」の概念に関する明確な区別が必要である。すなわち、「差別の発生（起源）の問題」と「身分制としての成立の問題」、および「身分制否定の社会における部落差別の問題」は、区別して議論することが必要だということである。

●部落問題は明治以降の社会問題

「部落問題」は、明治以降の社会関係における概念であり、現代社会における部落問題解決にかかわる根本的問題である。自由と平等を社会原則として、差別や身分制を否定する原理によって成り立つ近代社会において部落差別が存在することの不当性が部落問題であるということを、はっきりしておかなければならない。

●部落差別起源問題は賤民史問題

「部落差別起源問題」は、歴史的な起源論を含む概念であり、差別論にとっては本質的ではあるが、論争的要素を多分に内包している。

部落差別の起源論を含む部落史は、正確には「日本賤民史」として考えるべきである。賤民史は、古代賤民史（奈良時代まで）・中世賤民史（平安・鎌倉・南北朝・室町・戦国時代）・近世賤民史（織豊・江戸時代）に区分できる。

そして、部落差別の長い歴史のなかで、個々の部落の歴史と成り立ちはそれぞれに違っており、基本的な概説をふまえながらも、それぞれの部落の成立と歴史をみていく必要がある。そこでは「木を見て森を見ない」議論にならないようにしていくことが大事である。

3 「部落悲惨・貧困史観」の克服論と「誇るべき部落史観」

◉「誇るべき部落史観」で何を誇るのか

もうひとつ、気になる議論がある。近年、部落民が歴史的に差別のなかで呻吟《しんぎん》し、悲惨で貧困な生活を送っていたと、「部落悲惨史観」「部落貧困史観」でひとくくりに語られてきたことに対して、「誇るべき部落史観」を対置する議論が盛んになってきている。この状況は、部落の歴史と実態を正確にとらえ直す意味からも大いに歓迎したい。

その事例として、日本の伝統文化としての能楽（観阿弥《かんあみ》・世阿弥《ぜあみ》ら）や作庭（善阿弥《ぜんあみ》ら）などは賤民としての河原者がつくりだしたものであるとか、さまざまな部落産業（皮革・食肉加工など）が日本の食生活や日常生活を支えてきたとか、部落のなかにも裕福なムラや個人が存在していたとかの多くの事実が次々と公表されてきている。

たしかにこれらの事実は、ひとくくりにされた「部落悲惨史観・貧困史観」を打ち破り、「誇るべき部落史観」を裏づけるものであり、重要な作業である。

ただ私は、そのような「誇るべき部落史観」に対して、多少の戸惑いと違和感を感じる。過酷な差別のなかにあって、伝統芸能や部落産業をつくりあげ、守り通してきた事実は誇るべきことであり、大いに語り継がれなければならない。だが一方で、伝統芸能もなく、部落産業ももたず、裕福でもなかった圧倒的多数の部落の人たちは、何を「誇り」として語り継げばいいのだろうかと思う。

私は、「誇るべき部落史観」の根本は、長い悲惨な差別のもとで貧困を余儀なくされながらも「人間としての誇り」を失わず、差別に抗《あらが》いながら、したたかに生き抜いてきたことであると思う。

水平社宣言でうたいあげられた「呪われの世の悪夢のうちにも、なお誇り得る人間の血は、涸れずにあった」という事実と、その意味での「エタである事を誇り得る時が来た」という精神こそが、「誇るべき部落史観」の根本として語り継がれなければならないことだと思う。現実に存在する「持たざる者」を落胆させるような「誇るべき部落史観」であってはならない。

◉子や孫に部落問題をいかに伝えるのか

この問題とかかわって、被差別当事者の親のなかに「自分の子どもに部落問題をいかに伝えるか」ということで、心を煩わせている人たちも多くいるだろう。それは、今日もなお差別が存在する状況で、自分の子や孫が自らの出自について無知のままで差別に直面したときに、どんなに傷つくだろうかという不安と恐れが同居している思いでもある。

この問題への対応には、一律のマニュアルが存在するわけではない。親や周囲の人が、子どもの成長状況を見定めながら教えていくことになる。何歳になったからとか、何年生になったから教えるべきだというような機械的な対応ではいけないと思う。それぞれの子どもは、成長段階や問題意識のもちようが違っていて当たり前だから、当然のことである。

その意味では、一時盛んにやられた一律的な「部落民立場宣言」の取り組みなどは、その有効性がどうであったのかを丁寧に検証してみるべきであり、「宣言」はあくまでも当人の自発的な判断にもとづいて、必要な時期と場所において行えばよいし、敢えていえば、万が一その必要性がない場合は、「宣言」を一生行わないことがあっても差し支えないと私は思っている。

したがって、教え方もいろいろと工夫する必要がある。さりげなく部落問題関係のわかりやすい本を手渡してみるとか、何かのきっかけをつかまえて親が直接に話をするとか、あるいは学校の先生や地域の精通者に話してもらうようにするのもいいだろう。

その場合大切なことは、第一に、「誇るべき部落史観」にもとづくそれぞれの地域の正確な歴史と現状、および差別撤廃への展望を教えることであり、第二に、支え合う仲間づくりの大切さを説くことであり、第三に、万が一差別を受けたときには相談できる組織や窓口があることをしっかりと伝えることである。

すなわち、卑屈感や孤立感をもつことなく、地域や周辺の仲間に支えられているという安心感のもとに、夢をもって「誇りある生」を生き抜く力を身につけさせることである。地域での子ども会活動や中学生友の会・高校生友の会活動などが弱体化・衰退化している現状では、このようなかたちでの「子や孫への部落問題の伝え方」は大事になっていると思う。

運動体や地域集団も、このような視点から、子どもたちの成長を思慮深くサポートしていく多様な対応策をもって寄り添う方法が求められている。

二　明治以降一五〇年間の部落差別の実態変遷にかかわる四段階と概括

私は、「賤民廃止令」（一八七一＝明治四年）が出された明治以降は、近代社会の原理に反して理不尽な部落差別が存在しているのであり、「部落問題史」はその不当性を解消すべき社会問題として扱うべきだと思っている。

そのような観点から、明治から現在にいたるほぼ一五〇年間における部落差別の実態変遷（解消過程）を四段階にわけて俯瞰《ふかん》しておきたい。

1　実態変遷の第一段階の概要（一八六八年〜一九四五年）

◉差別は社会的容認状態

部落差別の実態変遷の第一段階は、明治維新（一九六八年）から戦前・戦中（一九四五年）までの時期である。この段階は、部落差別は実質的には社会的にも法制度的にも野放しで、〈社会的容認〉の状態であったといえる。たしかに、一八七一年にいわゆる「賤民廃止令」(「解放令」)が太政官《だじょうかん》布告として出され、前近代の法制上の身分差別は廃止されたが、実質的な差別は残された。

◉解放令反対一揆が二一府県二一カ所で発生

とりわけ、太政官布告が出された直後の一八七一年から一八七七(明治一〇)年にかけて、西日本の二一府県において、広域にまたがる大規模な「解放令反対一揆《いっき》」が数千人から数万人の規模で二一回も起こった。最初に一揆が起こったのは兵庫県の「播磨《はりま》一揆」であり、最大規模は福岡県の「筑前《ちくぜん》竹槍一揆」で、一〇万とも一五万ともいわれる参加があり、もっとも悲惨であったのは岡山県の「明六美作騒擾《みまさかそうじょう》」で、被差別部落の住民一八人が虐殺された。多くの被差別部落が打ち壊し、焼き討ち、虐殺までともなう悲惨な襲撃を受けた事実は、胸に深く刻んでおかなければならない(上杉聰『部落を襲った一揆』解放出版社、一九九三年、参照)。さらに、「解放令は五万日の日延べになった」との風聞にも象徴されるように、差別は野放し状態であった。

◉司法が差別を容認した高松結婚差別裁判

しかも、一九三三(昭和八)年の高松《たかまつ》結婚差別裁判にみられるように、司法においてさえ差別を容認する状況だった。部落差別の社会的容認として特徴づけられる第一段階は、実に七七年間の長きにわたる。

◉自由民権運動の興亡と明治憲法下での新たな身分制の創出と部落の貧困化

もちろん、明治初期の自由民権運動などにより自由・平等にもとづく近代的立憲制国家の確立が唱えられ、差別撤廃が訴えられた。これが日本の近代化・民主化に大きな役割を果たしたことは事実である。

しかし、「日本のルソー」「東洋のルソー」といわれた中江《なかえ》兆民《ちょうみん》が「貴族主義を否定する平民主義それ自体も『旧染の汚れ』にまみれた差別構造のうちにあり、被差別世界を視野に入れることなく差別の位相にとどまっている」（「新民世界」『東雲新聞』第二一号、一八八八年二月一四日から意訳）と喝破したように、自由民権運動ですら部落差別撤廃への理解が決定的に欠落していたといわざるをえない。

その結果、明治維新から二〇年余を経て制定された大日本帝国憲法（一八八九年発布）においても、差別禁止条項などは欠落していた。あまつさえ、皇室制度・皇室財産の確立と並行して、憲法制定前の一八八四（明治一七）年には華族令（公・侯・伯・子・男の五つの世襲爵位）を制定し、新たな身分制が創出された。中江兆民が「日本の民権は死んだ」と嘆き、松本《まつもと》治一郎《じいちろう》が「貴族あれば賤族あり」と喝破したように、新たな身分制度のもとで旧態依然とした部落差別意識も存続させられていく。

さらに、一八八一（明治一四）年からの松方《まつかた》デフレ政策によって皮革関連などの部落産業も崩壊していくもとで、部落の急激な貧困化が差別に拍車をかけていき、差別と貧困の厳しい状況に置かれていった。

私は、明治維新以降二〇年間ほどの時期は部落差別解消にむけて曲がりなりにも動きはじめたが、大日本帝国憲法体制の確立の時期あたりから、部落差別は日本的統治論理と日本資本主義体制のなかに組み込まれ、新たな近代的差別として存続してきたと考えている。

部落解放運動のなかでは、部落問題が封建遺制の問題か近代資本主義の問題かという論争が長年にわたって繰り広げられてきたが、この論争は、日本資本主義の性格規定をめぐるマルクス主義陣営の講座派と労農派の激しい論争とも関連している。また、この問題を考える際には、柄谷行人が『帝国の構造—中心・周辺・亜周辺』（青土社、二〇一四年）で提起した交換様式論なども一考に値するのではないかと思っている。

◉水平社の創立と糾弾による差別告発の開始

このような差別の社会的容認状況に対して、太政官布告（「賤民廃止令」「解放令」）から五〇年余を経た時期に、政府や篤志家による同情融和の動きを拒否し、被差別当事者自身が自主解放の旗を掲げ、命がけで差別糾弾の闘いに立ち上がった。それが、一九二二（大正一一）年三月三日に創立された全国水平社であった。部落差別がなくなると期待した太政官布告から実に五〇年の時を、差別に耐えて耐えて耐え抜いた末に、人間の尊厳を取り戻すためにやむにやまれぬ闘いを開始した。

「人の世に熱あれ、人間に光あれ」という結語で知られる崇高な水平社宣言のもとに、「吾々《われわれ》に対し穢多及び特殊部落民等の言行によって侮辱の意志を表示したる時は徹底的糺弾《きゅうだん》を為《な》す」という決議にしたがって、糾弾闘争を中心にした差別告発と撤廃の取り組みを本格的に始めたのである。

水平社運動は、二〇年間という短い期間ではあったが、過酷な弾圧政策と温情的な融和政策という「飴《あめ》と鞭《むち》」にさらされ、常に内部分裂の危機をはらみながら、試行錯誤の懸命な運動を展開した。

こうした状況のもとで、水平社宣言、差別に抗う糾弾闘争、部落委員会活動、高松差別裁判糾弾闘争、さらには国内での労農水三角同盟（労働組合・農民組合・水平社の共同闘争）、国際的には朝鮮の「白丁《ペクチョン》」差別と闘う衡平社《ヒョンピョンサ》との連帯活動やドイツ・ナチズムのユダヤ人迫害への抗議活動等々の輝かしい足跡を刻んできた。

同時に、糾弾への恐れと反発から、群馬県の世良田《せらだ》村事件（一九二五年）のように、一般の人々が差別者を擁護して、糾弾闘争に対して数千人規模で二〇戸ほどの被差別部落へ武力襲撃を行ってきた事実も忘れてはならない教訓である。

とりわけ、一九三三（昭和八）年に水平社が「差別判決を取消せ、然《しか》らずば解放令を取消せ」

とのスローガンを掲げて全国的な糾弾闘争を展開した高松結婚差別裁判にみられるように、司法においてさえ差別容認判決が数多く出されていた事実を見据えておく必要がある。

まさに、「賤民廃止令」からすでに六十有余年を経た時点でも、社会的のみならず司法的にも部落差別はされ放題だったのである。

◉水平社の大政翼賛化と戦争加担問題に関する追究の課題

私たちが水平社運動を語るとき、日本や世界の人権史上に輝かしい足跡を残したという事実は、語っても語っても余りあることは疑う余地もない。

だが、同時に忘れてはならないのは、水平社二〇年間の歴史は政治路線上のセクト主義的な対立と分裂の歴史でもあり、最終的には戦争に加担した歴史という側面ももっていたことである。これは、部落解放運動の九〇年余にわたる歴史と伝統を担う私たちが、正面から向き合い、正しく継承し教訓化しなければならない「痛恨の歴史」でもある。

水平社は、創立当初は「燎原《りょうげん》の火のごとく」組織を拡大し、全国で約八〇〇支部が結成された。しかし、第三回大会からは、官憲からの弾圧工作による「遠島スパイ事件」や路線をめぐる「アナ・ボル論争」の激化、さらには治安維持法にもとづく水平社幹部の相次ぐ逮捕・拘束などで組織は大打撃を受けて、二〇〇支部程度にまで激減した。

この壊滅的状況を打ち破っていくのが、高松差別裁判糾弾闘争と部落委員会活動による部落住民の生活権擁護闘争であった。この闘いにより、水平社組織は約一二〇〇支部にまで回復・拡大し、水平社時代の組織的ピークを迎える。

これらの歴史事実は、路線論争は真剣に行わなければならないが、大衆の日常的な暮らしに根ざした生活権擁護の地道な闘いが基盤に置かれていなければ組織はたやすく分裂し、権力の分裂策動に乗せられやすいということと、差別に対する効果的な糾弾闘争を大事にしなければならないことを教えている。

さらに重要なことは、全国水平社の解散と戦争加担問題である。朝治武さんが『アジア・太平洋戦争と全国水平社』（部落解放・人権研究所、二〇〇八年）や『部落解放研究くまもと』第七一号（熊本県部落解放研究会、二〇一六年）所収の「全国水平社の戦争協力」などで具体的な資料にもとづいて詳しく論述されている。

部落解放同盟がこの問題に最初に言及したのは、中央理論委員会の議論をふまえて一九九七年に作成した「部落解放同盟基本文書（案）」（中央理論委員会）である。しかし、朝治さんが指摘しているように、「全国水平社は天皇制・軍国主義の弾圧に抵抗したがついに、侵略戦争への協力を余儀なくされた。痛恨の歴史であった」と基本姿勢を表明しただけで、本格的な論述になっていないことは事実である。

朝治さんは、水平社が「一九三七年七月の日中戦争を契機に、反ファシズムから国家主義に転換」したことを〈非常時に於ける運動方針〉（一九三七年九月一一日、中央委員会決定）のなかに見いだしている。そして、翌年の中央委員会での〈声明書〉（二月七日）、および拡大中央委員会での〈綱領改正〉と〈運動方針大綱〉（六月一五日）によって戦争加担を本格化したことを指摘している。これらの指摘は、一九九〇年代前半に行われた中央理論委員会において私がいだきつづけていた問題意識でもあり、同感である。

私は、水平社の戦争加担や解散という一連の歴史を、政治的デリカシーの装いをもって、一時的な「偽装転向」や「偽装解散」という論理で語るべきではないと考えている。もちろん、個々の指導者や活動家のなかには、最後まで反ファシズムを貫き、荊冠旗《けいかんき》を守り通そうという動きがあったことも事実であり、その事実を大事に受け継ぎたい思いはあるが、水平社運動総体が、日本ファシズムの疑似革新性の論理にからめとられ、大衆的ファシズム運動の一翼を担ってしまったのだと分析することが必要である。まさに、ナチズムによるドイツ・ファシズムの論理と展開の過程に重なる部分がある。

水平社運動において、紆余《うよ》曲折《きょくせつ》はあったものの、最終的に大政翼賛化と戦争加担という痛恨の誤りを犯したことは厳しく自己批判し、その経緯を丁寧に検証して「同じ轍《てつ》を踏まない」ための貴重な教訓とする必要がある。

憲法改正問題や安保法制をめぐる今日の「きな臭い」情勢のもとでは、とりわけ重要なことである。

2　実態変遷の第二段階の概要（一九四五年〜一九六五年）

◉差別は社会的黙認の状態

部落差別の実態変遷の第二段階は、一九四五年の終戦から同対審答申が出される一九六五年までの二〇年間の時期である。この段階は、「部落差別はいけないとは思うが、仕方がない」との〈社会的黙認〉の状態であった。すなわち、戦後の新憲法（一九四六年一一月三日公布、翌年五月三日施行）において、その第一四条で「すべて国民は、法の下に平等であって、人種、信条、性別、社会的身分又は門地により、政治的、経済的又は社会的関係において、差別されない」との非差別・平等の原則が明記され、民主的な気運の高まりを受けて、建前では「差別はいけないことだ」と思いつつも、本音においては「仕方がない」というかたちで黙認された現実があった。

この背景には、部落問題の解決が進んだとして同和事業の打ち切りを通達した一九四六年の厚生省通達にみられるような国の現実乖離した姿勢や、社会に根強く存在している部落問題にかかわる差別的偏見があった。

従前の通説では、同対審答申などにもみられるように、「一九四五年から一九五二年までの同和行政の中断は占領下におけるGHQの指示によるものであった」との認識があったが、それは事実と違うという見解が今日では明らかにされている。（渡辺俊雄『現代史のなかの部落問題』部落解放研究所、一九八八年）

また、運動側も終戦直後は、戦後民主主義による一種の解放感と生活困窮の状況のもとで、盛り上がりに欠けていた状況があった。

この現実を打破するために、部落差別の撤廃を国の責任として求めていったのが部落解放運動による国策樹立運動であり、これに力強く連動したのが地方からの行政や教師の人たちの取り組みであった。これらの粘り強い取り組みが次第に国を動かしていくことになる。

◉部落解放運動の再建と部落問題解決への国策樹立運動の広がり

一九四五年の敗戦後間もなく、一〇月一日に三重県において「志摩《しま》会談」(松田喜一《まつだきいち》・朝田善之助《あさだぜんのすけ》・上田音市《うえだおといち》)が行われ、部落解放運動再建への打ち合わせとその準備に着手した。戦前の水平社運動や融和運動にかかわった人たちにも呼びかけて、一九四六年二月一九日に京都において「部落解放全国委員会」を結成、松本治一郎を全国委員長に選任し、戦後部落解放運動はその第一歩を踏み出した。一九五一年の京都オール・ロマンス差別事件の糾弾闘争を契機に行政闘争方式を生み出し、一九五五年には「部落解放同盟」へと改称し、運動の大衆化をはかっていった。

敗戦後の混乱と生活困窮のもとで、「行政闘争」方式を生み出し、部落住民の生活権擁護と差別糾弾の闘いを推し進めていく。一九五〇年代から部落差別の撤廃を国の責任として求めていったのが国策樹立運動であった。これに力強く連動したのが地方からの行政(一九五一年「全日本同和対策協議会」を結成)や教師(一九五三年「全国同和教育研究協議会」を結成)の人たちの取り組みであった。さらには、「朝日新聞」の〈部落・三百万人の訴え〉の連載記事（一九五六年）や『週刊朝日』の〈部落を解放せよ〉の特集記事（一九五七年）が世論を大きく動かし、部落問題解決への国策樹立運動を後押しした。

◉同和対策審議会設置法の制定

これらの粘り強い取り組みが次第に国を動かしていくことになる。安保闘争で揺れ動いた一九六〇年に、国策樹立運動に押されて、政府は「同和対策審議会設置法」を制定し、設置された審議会（木村忠二郎会長）で、佐藤栄作《さとうえいさく》・総理大臣より諮問のあった「同和地区に関する社会的及び経済的諸問題を解決するための基本方策」について四年間の審議を続けることになった。

いずれにしても、一九六〇年代までは「差別はいけないことだが、現実には仕方がない」という社会的黙認の状態が存在し、憲法第一四条の消極的差別禁止規定による建前と、根強い部落差別の存在という現実の本音の間に大きな乖離があった。

3　実態変遷の第三段階の概要（一九六五年〜二〇〇二年）

◉差別は社会的指弾の状態

部落差別の実態変遷の第三段階は、同対審答申（一九六五年）から「特別措置法」失効（二〇〇二年）までの三七年間の時期である。この段階の特徴は、部落差別は許されず、〈社会的指弾〉

を受ける状態であったことである。既述したように、部落差別が現存するとの認識に立って、「社会悪」である部落問題の解決は国の責務であり国民的課題であるとして、全国的に同和行政・同和教育が展開されてきた。

部落解放運動も精力的な取り組みを行い、差別糾弾闘争と行政闘争が大きな盛り上がりをみせるとともに、労働界、言論界、宗教界、企業界、メディア界等々との共同闘争の輪が飛躍的に拡大していった。

◉同対審答申と全国的な同和行政・同和教育の進展

同対審答申で、「差別の厳存」「国の責任」「国民的課題」との基本認識が示され、差別撤廃にかかわる具体的な施策展開と必要な法制度の整備への言及がなされた。この答申にもとづき、同和対策事業特別措置法（一九六九年）により、同和対策事業にかかわる財政優遇措置のかたちで全国的に差別撤廃への積極的措置が実施され、差別は社会的にも指弾される状況となった。

とりわけ、この段階での大きな変化は、差別が社会的に指弾される状況になったことともに、実態的差別のひとつの大きな特徴であった低位劣悪な生活環境が大きく改善されたことである。一九七〇年代から一九八〇年代半ばくらいまでの間に、全国各地で地域差があるとはいえ、目に見えるかたちで部落の状態を劇的に変貌させたといってもよい。まさに、同和行政・同和教育が全国的に進展していった成果である。

◉人権の法制度をめぐる激闘の一〇年間

しかし同時に、試行錯誤的な手探り状態で急激に展開された同和行政が、さまざまな意味で過誤や限界をみせはじめたのも、一九八〇年代半ばであった。環境改善の取り組みは進んできたにもかかわらず、差別そのものの改善の兆しは不十分であった。

この状況を前にして、部落解放同盟と政府は、まるで正反対の対応策を打ち出すのである。部落解放同盟は、状況打破のために部落差別撤廃にむけた総合政策を展開する必要性があると主張、その法的措置として「部落解放基本法」の制定を一九八五年五月に打ち出し、広範な各界各層を網羅した「部落解放基本法制定要求国民運動中央実行委員会」（初代会長＝大谷光真《おおたにこうしん》・浄土真宗本願寺派門主）を結成して取り組みを開始した。

一方、政府側は、一九八六年の「地域改善対策協議会」（地対協）意見具申において、同和対策事業が伸展しているのに差別がなくならないのは、運動体と地方自治体に責任があるとする国策の反動的転換を打ち出してきた。それ以降、一〇年間にわたる政府側と運動体側との激闘が続くことになる。この詳細については後述する。

◉一九九六年の地対協意見具申（政府最終の公式見解）と「特別措置法」失効

激闘の一〇年間は、一九九六年の地対協意見具申で一定の決着をみることになる。この意見具申が、今日にいたるまで政府の最終公式見解となっている。詳細は第三部でふれるが、この意見具申は、一九八六年の地対協意見具申を多少引きずっている部分もあるが、同対審答申の積極面を基本的に踏襲しながら、五年後の特別対策法打ち切りと一般対策への移行という方向で、同和行政の継続と人権行政への発展を提示した首肯できる内容となっている。この意見具申の積極面を活用していくことが大事である。

また、二〇〇〇年には議員立法で「人権教育及び人権啓発の推進に関する法律」(「人権教育・啓発推進法」)が制定された。「部落解放基本法」制定闘争のひとつの成果である。そして、二〇〇二年三月末をもって「特別措置法」は失効した。

同対審答申から「特別措置法」失効までの三十有余年間の時期は、「差別は許されず、社会的にも指弾される状態」が現出した。これは、差別撤廃への同和行政・同和教育の進展と部落解放運動の力、共同闘争の広がりの力、国民の人権意識の向上、国際人権潮流の力といった原動力に支えられていたということができる。しかし、その状態は、反面では、「マジョリティの沈黙」という世界共通の現象を内在させていた側面も否定できないだろう。つまり、部落解放運動というマイノリティからの差別の不当性への告発に対して、それが社会的正義であるがゆえに、運動体の力にも押されたかたちで、マジョリティが不本意ながらも沈黙を強いられていた部分もあったのではないか。

◉部落解放運動の飛躍的前進と組織的減少局面への突入

同和行政・同和教育の全国的な展開に応じて、部落解放運動も飛躍的な前進を勝ち取った。まさに「向かうところ敵なし」の破竹の勢いを示し、水平社以来「組織なき組織」といわれてきた組織状況も、一九八六年には二三〇〇支部一八万人強の部落解放同盟員を抱え、組織的にはピークの状態を迎えた。「二〇万人同盟員の組織建設を！」というスローガンを掲げたのもこのころである。しかし、それ以降、組織の微減傾向が毎年続くことになり、二〇〇二年の「特別措置法」失効とともに一気に慢性的な減少局面に突入していくことになる。さらに、二〇〇六年の大阪の飛鳥会《あすか》事件などの同和行政にかかわる「一連の不祥事」の発覚により社会的信用は地に堕《お》ち、組織は激減した。今日では、ピーク時の四分の一近くにまで減少している。

この現象について、さまざまな分析が試みられている。曰《いわ》く、「事業の切れ目が縁の切れ目」とか「社会的信用の失墜」「運動の魅力が喪失」などの原因があげられている。それぞれに一理あると思う。

しかし、部落解放運動が本来的に自らの組織根拠を切り崩していく自己否定運動の側面をもつという矛盾にも注目して分析する必要がある。部落差別の克服を目的に掲げる部落解放同盟は、その運動を発展させればさせるほど、部落差別の根拠を取り除いていくことになり、発展自体が自らの組織の必要性を稀薄《きはく》化させ、求心力を失わせていくというジレンマをもっている。この事実を冷静にみておく必要がある。

そうであるならば、一九八〇年代半ばから続く組織減少という常態化した現象は、一過性のあれこれの要因にもとづく現象というよりは、部落実態の構造的変化に起因する、部落住民の生活要求〈関心〉と差別に対する意識変化の反映現象である。このようにとらえる視点が必要になってくる。すなわち、部落実態の構造的変化は、劇的な階層分化の進行というかたちで現れ、それが部落解放運動の求心力の低下につながっているのではないかということである。

このことに関しては再度後述するが、今後の部落解放運動のあり方をめぐって非常に重要なポイントであると考える。

4 実態変遷の第四段階の概要（二〇〇二年～現在）

◉差別は社会的反動と社会的抑止の混沌状態

部落差別の実態変遷の第四段階は、「特別措置法」失効（二〇〇二年）から今日にいたるまでの時期である。特徴的なことは、「顔が見えない陰湿で巧妙な差別事件」と「露骨な差別事件」が横行するという〈社会的反動〉の状態だといえる。

とりわけ、今日段階の状況は、人権政策に対する政治の反動的姿勢を反映して、反人権・差別主義勢力の公然たる台頭がみられ、反差別・人権の取り組みに対する反動の時代にあるという時代認識が必要である。

しかし、他方においては、二〇一三年の一連の司法判断（ヘイトスピーチに対する違法判決や婚外子差別に対する民法違憲最高裁決定）や「障害者差別解消法」（「障害を理由とする差別の解消の推進に関する法律」）の制定、二〇一六年の「ヘイトスピーチ解消法」（「本邦外出身者に対する不当な差別的言動の解消に向けた取組の推進に関する法律」）や「部落差別解消推進法」（「部落差別の解消の推進に関する法律」）の制定など、人権伸張への画期的な動向も存在している。

まさに、人権をめぐって真逆の事態が同時進行するという混沌《こんとん》とした状況が存在するが、日本において反差別・人権政策が定着するかどうかの正念場の時代であるという認識が重要である。

◉人権の法制度確立に対する国政の混乱と後退局面の現出

この時期、政治的には、差別撤廃・人権確立の政策をめぐる熾烈《しれつ》な攻防と混乱が生じてきた。「特別措置法」失効後の法的措置のひとつとして、二〇〇二年三月に小泉政権のもとで「人権擁護法案」が国会に提出された。

しかし、法案の重要な柱であった「人権委員会」の位置づけと権限をめぐって大論争が巻き起こり、二年間、四国会にわたって議論が繰り広げられたが、結局、衆議院解散にともなって、二〇〇三年一〇月に自然廃案となった。

二〇〇五年段階で「人権擁護法案」の再提出の動きが出てきたが、自民党内で強力な反対意見が噴出し、事態は混乱を極めた。この事態混乱は、議論の中身が質的に変貌したことに特徴がある。

すなわち、それまでの議論は「法案の中身をめぐる議論」であったが、二〇〇五年段階からは「法案そのものの否定の議論」になってきたのである。その主張は、国会内外を巻き込んで議論となり、国会外では「法案反対」の国会周辺デモが、「日本会議」や「新しい歴史教科書をつくる会」の人たちが中心となって、右翼街宣車も動員して連日のように繰り返された。

彼らの主張は、当時議論されていた「人権擁護法案」「選択的夫婦別姓法案」「定住外国人地方参政権付与法案」を「国家解体三悪法」として攻撃してきたことに最大の特徴がある。人権関連法案は日本国家の「伝統的美風」を解体するものとして、「この国のあり方」をめぐる価値観が前面に出てきたことを重視しておく必要がある。

小泉政権のあとに出てきた第一次安倍内閣は、「人権擁護法案」を議論する党内機関すらも封じ込め、完全に黙殺した。続く福田政権は議論再開への努力の姿勢を打ち出したが、議論は集約できず、その後の麻生内閣は議論を投げ出してしまった。

二〇〇九年には、自公政権に代わって民主党連立政権が誕生して政治が大きく変化し、法案成立への大きな期待がもたれたが、結局は政権終盤に「人権委員会設置法案」を提出したものの、解散がらみの政局のもとで、うやむやのうちに廃案になってしまった。

二〇一二年末に発足した第二次安倍政権のもとでは、ふたたび黙殺された。憲法改正を政権使命として前面に掲げる現在の安倍政権では、全般的・包括的な人権政策実現が困難な状況になってきているといわざるをえない。

◉差別撤廃・人権確立をめぐる真逆の事態の同時進行という混沌状況

人権をめぐって真逆の事態が同時進行するという混沌とした状況は、差別・人権にかかわる社会的価値観・規範がせめぎ合っていることを示している。その意味では、これからが差別撤廃・人権確立への本格的な闘いになっていくといっても過言ではない。

5　差別解消過程に関する今日的認識

◉部落差別は基本的には解消の方向

明治以降の部落差別解消過程にかかわって四段階に時期区分して特徴をみてきたが、部落差別解消の過程に関する基本認識として、歴史的なスパンでみるならば、多くの人々の努力によって基本的には解消の方向に進みつつあることは疑いの余地をいれない。

部落差別を解消へと向かわせている大きな原動力は、「同和行政・同和教育の進展」であり、「国民の人権意識・民主主義的意識の向上」であり、「部落解放運動や人権NGOの取り組みの前進」である。

◉部落差別解消を押しとどめる政治経済動向

しかし、部落差別解消過程は、単線的に進むのではなく、複雑な要素をはらみながら螺旋《らせん》的に進んでいく。それは、いかなる差別問題も、時々の政治・経済状況の動向と密接に関連しながら、緩和されたり強化されたりするという社会的機能を本来的にもたされているからである。ここにこそ、部落差別が単なる封建遺制の問題ではなく、近現代の日本資本主義の構造のなかに組み込まれているという本質的な問題が存在している。同時に、差別解消に向かわせる原動力の強弱にも大きく左右されることは、いうまでもない。

◉目的意識的な差別撤廃の取り組みなくして解決は不可能

したがって、部落差別解消は、時間の経過のなかで自然淘汰《とうた》的に成し遂げられるものではなく、目的意識的な差別撤廃の取り組みがあって初めて解消の過程をたどるのだということを、肝に銘じておかなければならない。

◉差別実態の正確な把握による実効力ある政策実施が必要

その意味では、具体的な差別の実態がどの領域にどのような形態で現れているかを常に検証・把握して、絶えざる差別撤廃の取り組みを継続し、部落差別を生み出す社会的条件（社会意識・社会構造・人間存在）を粘り強く克服していくことが重要である。

この社会的条件を克服したときに、部落差別は基本的に解消したといえる段階に入るとの認識が必要である。そのために、個々人の肌身感覚や主観ではなく、客観的事実として差別発現の五領域や五形態の観点から差別実態を正確に把握することは、絶対不可欠である。この実態把握の事実に立脚した差別撤廃政策だけが、効力を発揮することができる。

◉現状は差別解消にむけた相克状況

ただし、繰り返し述べてきたように、今日段階の状況は、反人権・差別主義勢力の公然たる台頭などにより、反差別・人権運動への反動の時代にあるという時代認識が重要である。この状況は、ある面では、差別撤廃・人権確立という人類史的課題が、日本においてもようやく「建前」の論議ではなく「本音」によるぶつかり合いの議論になってきていることの証左でもある。

建前の「差別はいけない」との価値観の支配のもとで沈殿化されていた「マジョリティの沈黙」が、いい意味でも悪い意味でも撹拌《かくはん》されて、「本音」が表出してきているのである。差別撤廃・人権伸張にとって後退局面のようにみえるが、「成長の病」であり「発展への矛盾」現象である。

価値観をめぐる衝突は、一人ひとりの人間の生き方にかかわる重要事であるがゆえに、簡単には決着がつかない問題であり、長い激烈な相克状況になることは必至である。差別撤廃・人権確立を日本社会における本音の価値観・規範として定着させるという強い覚悟をもって、今日の事態に立ち向かうことが大事である。

三　今日的な部落差別の実態と差別事件の特徴

1　部落差別実態の現状——「目に見える差別」から「目に見えない差別」への構造的変化

◉部落差別の実態の変化と問題点

一九七〇年以前では、部落差別の実態は、危険な立地条件や低位劣悪な生活環境実態、結婚・就職時に多発する忌避・排除の実態、低所得で不安定な就労実態、不就学と低学力の教育実態、高い生活保護受給率に象徴される生活実態等々、「目に見える差別」として日常的な生活のなかに存在していた。

しかし、一九七〇年代からの三十有余年にわたる同和行政や同和教育の進展のもとで、「目に見える差別」から「目に見えない差別」へと大きな実態変化をみせた。実にこの変化は、劇的変化といってもいいほどのものであった。それは、部落の階層分化を引き起こし、部落実態の構造的変化をともなうものであったといえる。もちろん、部落の階層分化は、「特別措置法」以前にもさまざまなかたちで生じていたが、この時期の階層分化における決定的な特徴は、経済的な中間層を大量に出現させたことであるといえる。

この変化が、部落問題の基本的性格にどのような変化をもたらしたのか、あるいはもたらさなかったのかについては、第四部で考察してみたい。ここではとりあえず、変化の現象的な特徴と問題点を列挙しておきたい。

まず第一は、低位劣悪な生活環境が大幅に改善されたことである。しかし、この改善には地域格差が存在しているし、対象地域とされたのは「同和地区指定」された約四六〇〇地域であり、一〇〇〇カ所にのぼる未指定地区は放置されてしまった。

第二は、高校進学率が大きく向上したことである。同対審答申当時は、全国の進学率が七〇％近くであったのに比し、部落の進学率は三〇％程度と、半分以下の状態であった。現在では、全国九七％程度の進学率に対して五％前後の格差で推移する状態である。しかし、今日においても低学力・中途退学率の高さという問題が存在しており、大学進学率にいたっては、まだ全国平均の半分程度という不十分さが残されている。

第三は、部落問題解決の鍵といわれた就労問題で、四〇～五〇歳代の中堅層において安定雇用層が増大してきていることである。ただし、非正規雇用が全就労人口の四〇％を超えるという今日の異常事態のもとで、若年層の失業率や不安定雇用が増加するとともに、高齢者層の無年金率の高さの問題が深刻さを増し、生活保護世帯がふたたび増加している。

第四は、部落と部落外との通婚率が向上してきていることである。結婚問題は、部落問題の最後の障壁といわれてきたが、顕著な変化が現れはじめている。だが、結婚はしたものの縁戚付き合いがないなどの壁や、部落差別が直接の原因や遠因となっての離婚率の高さと母子・父子家庭の増加の問題が存在している。

第五に、部落地区に一般の人が居住してくる混住率が向上していることである。注意深く移動状態をみていく必要があるが、部落内の若年層・経済的余裕層が部落から流出し、部落人口が減少していく問題がある。全国的な少子化や都市部移動による人口減少という傾向もあるが、部落問題固有の問題も反映しているといえる。また、部落外からの低所得者層の部落への流入という現象もあるが、単純に低所得者層だけとはいえない地域もあることに留意し、部落の階層構造の変化の問題として事態を緻密に分析する必要があると思われる。

ここまで部落差別の実態変化について特徴的な現象面をなぞってきたが、これらはある意味で「目に見える差別」の実態である。私は、部落差別実態の全体像をとらえるためには「五領域」からのアプローチが必要であることを提起してきたが、「目に見える差別」とは、この五領域のうちで「実態的被差別」、すなわち「同和地区住民の生活実態に具現している差別」の領域での実態であった。

この領域での実態は、一目瞭然の低位劣悪性や数値的格差でとらえることができる。そして、この領域での実態は、まだ問題を抱えつつも、劇的といってもいいほどに大きく改善されてきたことは事実である。では、他の四領域ではどうであろうか。

◉被差別体験と意識の実態

まず、「心理的被差別」（被差別当事者の心的損傷としての差別）の領域ではどうか。この領域の実態把握は、当事者一人ひとりからの丁寧な聞き取りなしには困難である。数値的には表しにくい領域である。それでも数値化された調査として、被差別体験の有無の数値が出されている。それによると、被差別当事者の三割弱から四割強の人が何らかの被差別体験をもっている。およそ三人に一人という高い割合である。

では、「心理的差別」（人々の観念や意識のうちに潜在する差別）の領域ではどうか。特徴的なのは、部落出身の人との結婚に際しての反対の意志は、親が五割から六割、未婚者が二割前後の割合でもっている。また、「寝た子を起こすな」「部落分散論」「部落責任論」などの偏見は非常に根強いことが報告されている。

結論的にいうと、心理的差別の二領域では、差別解消の程度はきわめて不十分だということが明白である。

◉多様化する部落差別実態の現実に関する概要的特徴

部落差別の実態に関しては、概して低位劣悪性からの脱却はおおむね達成し、画一的な「悲惨」状態の解消は進んできたといってよい。

しかし、教育・仕事・福祉の分野などで残された格差は存在しており、現在の格差社会のもとでふたたび矛盾・格差の拡大化が生じており、全般的な社会的排除という大きな変化に呑《の》み込まれている状態といえる。

とりわけ、教育・仕事保障による部落内階層分化の進行と結婚・就職による転出入者の増大という変化が生じており、都市部落においては、一般低所得者層の流入による再スラム化の危険が、農山漁村部落においては、若年層の一方的流出による過疎・寒村化、さらには限界集落化の懸念が生じている。さらに、同和行政進展の格差によって地域格差が生じているという問題もあり、部落実態は多様化しているのが現実である。

以上のように、部落差別の実態変化を三つの領域において論述したが、大きく変化したのは、実は「実態的被差別」の領域だけであり、他の四領域では課題が山積している。

わけても、ここまで論述しなかった「実態的差別」（社会的仕組みによって温存・助長されている差別）の領域では、残念ながら、見るべき成果があがっていないのが現状である。しかし、部落問題解決の最重要課題はこの領域に存在しているのであって、部落問題の存続理由にかかわる本質的な問題である。

この問題については、次章と第四部で論考を深めてみたい。ここでは、続けて第五の領域である「表出した人権侵害としての差別」（差別事件）の現状についてふれていきたい。

2 最近の特徴的な差別事件事例――「顔が見えない陰湿で巧妙な差別」と「露骨な差別」の横行

◉戸籍等個人情報大量不正取得事件

この事件は、二〇一一年一一月、愛知県警が東京の「プライム総合法務事務所」の関係者五人を戸籍の不正取得や「職務上請求書」の偽造（二万枚）容疑で逮捕したことによって発覚した。

この種の事件は二〇〇五年段階でも発覚しており、兵庫の行政書士が大量の「職務上請求書」を興信所に売り渡し、差別身元調査に悪用していた事件を皮切りに、大阪や三重など各地で次々と発覚していった。

職務上の権限で他人の戸籍を自由に取得することができる八士業（弁護士・司法書士・行政書士など）の業界団体は、この一連の事件に対する反省から、「職務上請求書」の管理・監督体制を強化して、不正取得の再犯防止策を講じていた。不正取得の目的は、処罰された三重県の行政書士が語っているように、そのほとんどが「部落出身者」であるかどうかの調査に使われていたことが明らかになっている。

このような状況のもとで、ふたたびプライム社の問題が起こったのである。正規の「職務上請求書」の管理が強くなったことで、これを二万枚偽造して一万枚使用（一枚につき一万円前後で興信所に売却）したことが判明している。

プライム社に対する取り調べのなかで、同様の行為に関連している団体や個人が芋づる式に逮捕され、根深い闇社会の大がかりで全国的なネットワーク組織が浮かび上がると同時に、これすらも氷山の一角であることが判明した。二〇一三年六月に関係者に対する裁判が終了したが、実に二八人が有罪となり、その職種も興信所・探偵社はいうに及ばず、司法書士・行政書士・国家公務員・地方公務員・警察官・情報関連会社社員など、驚くべき実態が露呈した。

差別を商いにする行為で、東京のプライム社は三年間で二億三五〇〇万円、元締めである名古屋の情報屋は五年間で一二億七〇〇〇万円、長野の警察官は三年間で六〇〇〇万円、群馬のベルリサーチは八カ月で一億五〇〇〇万円、偽造請求書の発案者である行政書士は五年間で四億六〇〇〇万円の不正利益を得ていたことが裁判のなかで判明している。

再発防止への課題として、事件の真相と全容解明、関係機関における情報管理のチェック機能の強化、不正に情報を取得された者への「被害告知」の制度化、八士業界の内部チェックのシステムの見直しと啓発活動の強化、各自治体における戸籍取得にかかわる「登録型本人通知制度」の全国的確立、各企業における公正採用選考のルール化の徹底、国民に対する人権教育・啓発の強化、戸籍制度そのものに対する抜本的な改正検討などが求められる。

◉土地差別調査事件

二〇〇七年に大阪で発覚した事件であるが、その後も和歌山をはじめ各地でも同様に潜在的に横行している事実が次々に判明してきており、現在でも取り組みが継続している。

事件の概要は、大阪の大手の調査会社五社、広告会社一三社、不動産会社一五社などが、住宅建設・販売にかかわる土地調査で、被差別部落に対して「エリア利便性の低さ、治安の悪さ、一部問題のある地域（具体的な被差別部落の所在地番を表示）が含まれている事から、区内でも評価は低く、低位ポジションという位置付け」などと記した差別報告書をマニュアル的に共有していたことが発覚したものである。

実は、これらの土地差別調査が、数十年以上の長きにわたって延々と継続されてきており、当初確認されていた会社だけにとどまらず、全国的にも同様の事態が存在していることが明らかになってきている。

事件の背景と問題点として、住宅建設にかかわる土地購入にあたって、被差別部落を敬遠したり避けたいという忌避意識の存在、調査会社、広告会社、不動産会社の契約関係がすべて口頭で進められているという巧妙で陰湿なやり方、個別企業の私的利潤追求のためには、差別実態・構造を前提として商いを行い、これを長年にわたり固定化してきている事実などが指摘されている。

◉『週刊朝日』による橋下市長に対する差別記事事件

二〇一二年一〇月一六日に発売された『週刊朝日』（一〇月二六日号）は、橋下徹《はしもととおる》・大阪市長を批判する緊急連載（一五回の予定）の第一回の記事を掲載していた。連載タイトルは「ハシシタ奴の本性」（佐野眞一＋本紙取材班＝今西憲之、村岡正浩）で、第一回は「パーティーにいた謎の人物と博徒だった父」と銘打った記事であった。

記事は、橋下市長の政治姿勢や手法を批判するために、「一番問題にしなければならないのは、敵対者を絶対に認めないこの男の非寛容な人格であり、その厄介な性格の根にある橋下の本性である。そのためには、橋下徹の両親や、橋下家のルーツについて、できるだけ詳しく調べあげなければならない」として、「DNA」や「血脈」に問題があるとの差別的観点から、彼の父親や祖父の出自が被差別部落であることを暴露して、それを批判の核心的論点にするという驚くべき差別的内容であった。

橋下市長は、一〇月一八日の記者会見で、「ぼくの人格を否定する根拠として、先祖や縁戚、DNAを挙げて過去を暴き出していくのは、公人であったとしても認められない」と抗議した。当然のことである。

部落解放同盟中央本部は、一〇月二二日付で「これは橋下徹氏の政策や政治手法を批判する記事ではなく、被差別部落出身を暴く調査をおこなうことを宣言して書かれた明確な差別記事である」と朝日新聞出版に強く抗議した。

『週刊朝日』は、一〇月二三日発売の同誌上（一一月二日号）で、「同和地区を特定するなど極めて不適切な記述」、「タイトルも適切ではありませんでした」などとの謝罪文を掲載し、連載中止を決定したが、部落解放同盟は、関係者に対する事実確認をふまえて、「『週刊朝日』差別記事事件糾弾要綱」を二〇一三年一〇月一四日付「解放新聞」で公表し、糾弾を行った。

一九五〇年代に〈部落を解放せよ〉との特集記事で部落差別の不当性を訴え、問題解決へキャンペーンを張った『週刊朝日』が、六〇年の時を経て信じられないような凋落《ちょうらく》ぶりをみせた差別記事である。

その背景として、ジャーナリズムの人権感覚の劣化や部落問題認識の欠如、人権よりも利益獲得が優先されるというマスコミ業界の差別体質、「ジドリ」と称する身元調査まがいの方法が、権力化したマスコミ業界のおごりのなかで人権侵害行為に悪質化していったのではないかといった問題が指摘される。

◉「在特会」の水平社博物館に対するヘイトスピーチ（差別煽動）事件

二〇一一年一月二二日に発生した事件である。奈良県御所《ごせ》市の水平社博物館の前で、「在日特権を許さない市民の会」（「在特会」）のメンバーが一時間にわたってハンドマイクで行った差別煽《せん》動《どう》街宣である。

その差別煽動は次のような許しがたい内容であった。

「この前にあるエッタ博物館ですか？　非人博物館ですか？」

「出てこいや、エッタども。何人か聞いとるやろ、エッタども」

「エッタ、非人、非人。非人とは人間じゃないと書くんですよ。お前ら人間なのか、ほんとに。……エッタとは穢れが多いと書きます。穢れた、穢れた、穢れた、ほんまに卑しい連中」

水平社博物館と部落解放同盟奈良県連合会は、水平社博物館を原告として民事訴訟を起こし、「在特会」メンバーに「名誉毀損」で一〇〇〇万円の慰謝料を請求した。二〇一二年六月二五日に奈良地裁は、水平社博物館前の街宣と、その状況を動画サイトに投稿して広く市民が視聴できる状態に置いていることについて、「穢多」や「非人」などの文言が「不当な差別用語であることは公知の事実であり、……原告に対する名誉毀損に当たる」として一五〇万円の慰謝料の支払いを命じる判決を言い渡した。「在特会」側は控訴せず、七月一〇日に判決が確定した。

「在特会」は、この事件以前にも、京都朝鮮第一初級学校襲撃事件（二〇〇九年）、徳島県教組事務所乱入事件（二〇一〇年）などを起こしており、いずれも裁判で有罪判決を受けている。

しかし、その後も彼らは大阪・鶴橋《つるはし》や東京・新大久保《しんおおくぼ》などで度重なる差別煽動街宣を繰り広げ、一方、それに抗議するカウンター行動も続けられており、二〇一三年にはマスコミ各社がこの状況を取り上げて、社会問題化してきたことは衆知のところである。

3　差別・人権をめぐる真逆の事態の同時進行

◉確信犯的差別事件の横行という最近の特徴と問題点

最近の部落差別事件の特徴は、「顔が見えない陰湿で巧妙」なものとなっている点にある。これは、日本社会において、差別行為が社会的に指弾されるという社会的価値観・規範が定着しつつあるという前進的な側面と、差別体質が根深く存在しているという側面が併存している事態の反映である。

同時に、利益第一主義という社会風潮のもとで、今日の差別事件のなかに、「差別を商う」ことに対する倫理的抵抗感が麻痺《まひ》してしまっている状況が露呈している。プライム社問題、土地差別調査問題、『週刊朝日』問題などはそのことを如実に物語っているといえる。

さらに、倫理観を麻痺させる状況の創出に、政治・経済動向が深く関与している。すなわち、戦後日本の社会的価値観・規範として定着しつつあった「反差別・人権」や「平和・環境」という基軸に対して、これを相対化・軽視する政治主張が台頭してきており、人権感覚や人間的倫理観を稀薄化させてきているのである。人権関連法案をめぐる二〇〇五年以降の混乱した議論や「在特会」などの公然たる差別煽動（ヘイトスピーチ）行為は、その顕著なものである。

問題は、「顔が見えない陰湿で巧妙な差別事件」であろうと、「露骨な差別事件」であろうと、いずれも確信犯的差別事件であることに変わりはなく、日本社会が「差別・人権」にかかわる価値観をめぐって激しい相克状況の段階に入っているとの現状認識が重要である。

◉差別撤廃にむけた画期的な司法判断と法制度の制定・改廃

このような確信犯的差別事件が横行する一方で、差別撤廃・人権確立にとって画期的な司法判断や法制度が前進するという歓迎すべき事態も出てきている。

まず第一は、京都地裁・大阪高裁・最高裁によるヘイトスピーチ違法判決である。

京都朝鮮第一初級学校に対する「在特会」のヘイトスピーチを含む襲撃行為について、二〇一三年一〇月七日、京都地裁は、「業務妨害」や「名誉毀損」の不法行為を認定するとともに、それらの言動が人種差別撤廃条約が禁止する「民族的出身に基づく排除」という「人種差別」に該当する違法性を帯びているとして、「一二二六万円の損害賠償」と「学校周辺での街宣活動の禁止」を主な内容とする判決を行った。

「在特会」は、「政治的意見を述べる自由は保護される」「表現の自由の範囲内」という主張を執拗《しつよう》に繰り返したが、彼らの活動が「在日朝鮮人に対する差別意識を世間に訴える意図の下に行われたことは明らか」として、これを退けた。

また、大阪高裁は、二〇一四年七月八日に「在特会」側の控訴を棄却する判決を出し、京都地裁の判決を全面的に支持するとともに、さらに踏み込んで「人種差別撤廃条約の趣旨を私人間においても実現すべきもの」との画期的な判断を提示した。これは、きわめて重要であるので、長くなって恐縮だが、判決文の該当個所を引用しておきたい。

　人種差別撤廃条約は、……国家の国際責任を規定するとともに、憲法一三条、一四条一項と同様、公権力と個人との関係を規律するものである。すなわち、……私人相互の関係を直接規律するものではなく、私人相互の関係に適用又は類推適用されるものでもないから、その趣旨は、民法七〇九条［不法行為による損害賠償］等の個別の規定の解釈適用を通じて、他の憲法原理や私的自治の原則との調和を図りながら実現されるべきものであると解される。

したがって、一般に私人の表現行為は憲法二一条一項の表現の自由として保障されるものであるが、私人間において一定の集団に属する者の全体に対する人種差別的な発言が行われた場合には、上記発言が、憲法一三条、一四条一項や人種差別撤廃条約の趣旨に照らし、合理的理由を欠き、社会的に許容し得る範囲を超えて、他人の法的利益を侵害すると認められるときは、民法七〇九条にいう「他人の権利又は法律上保護される利益を侵害した」との要件を満たすと解すべきであり、これによって生じた損害を加害者に賠償させることを通じて、人種差別を撤廃すべきものとする人種差別撤廃条約の趣旨を私人間においても実現すべきものである。

さらに最高裁は、二〇一四年一二月九日に「在特会」側の上告を棄却する決定を出し、一・二審判決が確定した。

これらの司法判断の画期性に対する認識と同時に、「表現の自由」と「差別の禁止」にかかわって、民主主義の根本的な原理についての理解が必要であることをあらためて強く感じる。

第二は、婚外子差別の民法規定に対する最高裁の違憲決定である。

二〇一三年九月四日、最高裁は、婚外子（非嫡出子）の遺産相続分を婚内子（嫡出子）の二分の一とした民法規定（九〇〇条四号ただし書前段）は、「法の下の平等」を保障した憲法一四条に違反するとの決定を行った。

違憲理由は、国の伝統、社会事情、国民感情などの要件を考慮したうえで、「嫡出子と嫡出でない子の法定相続分を区別する合理的根拠は失われた」との判断である。

一九九五年段階で最高裁は、この民法規定を「合憲」と判断していた事実がある。「子どもの権利条約」(児童の権利に関する条約、一九九四年に批准)をはじめとする国際人権諸条約の各委員会から是正勧告が続き、法制審議会も一九九六年に改正を法務大臣に答申していたが、議論がまとまらず、この時点まで放置されていた案件である。

最高裁違憲決定を受けて、民法改正案が二〇一三年一二月五日に臨時国会で成立したが、自民党内において「家族の一体感を損ない、家庭崩壊につながる」という従来の意見が出て議論の蒸し返しが起こり、混乱した事実があった。

この混乱の背景に、日本社会に根強く存在している「家の論理」があることを理解し、差別存続の根拠ともなっているこの論理を丁寧に打破していくことが必要である。

第三は、「障害者差別解消法」が二〇一三年六月に成立し、二〇一四年一月に「障害者権利条約」が批准されたことも、大きく注目すべきである。

とりわけ「障害者差別解消法」では、直接的な障害者差別の禁止とともに、「合理的配慮の提供」が行政機関等では義務規定、事業者でも努力規定として位置づけられていることは大きな前進である。

◉国際人権基準に依拠した司法判断と法改正

人権をめぐる現状において、ヘイトスピーチ違法判決と婚外子差別違憲決定の二つは、注目すべき画期的司法判断であり、今後の日本における人権伸張に大きな効果・効力を発揮していくことはまちがいない。

問題は、「差別そのもの」に対する法規制が日本には存在せず、「子どもの権利条約」や人種差別撤廃条約に依拠して差別を判断せざるをえなかったことである。

国際人権諸条約が大きな役割を果たしたことは歓迎すべきである。しかし、同時に日本は、すでに締結している一四の国際人権諸条約との整合性をはかるため、必要な国内法の改正をただちに行うべきであり、とりわけ「人権委員会設置法」や「差別禁止法」などの制定は喫緊の課題となっている。ちなみに、現在、国際人権諸条約は三二あり、日本の締結数はいまだに少ない。

◉人権をめぐる真逆の事態の同時進行という混沌状況の背景

一方で「顔が見えない陰湿で巧妙な差別」と「露骨な差別煽動」が横行し、他方で人権伸張にかかわって画期的な司法判断や法改正が進んでいる。このように、人権をめぐって真逆の事態が同時進行する混沌とした状況の背景には何があるのか。

そこには、今日の憲法改正論議に集約されるように、「この国のあり方」にかかわる価値観・規範をめぐる激闘が存在している。すなわち、戦後の「人権・平和・環境」を基軸とする価値観と、戦前からの「伝統的美風」（国権主義・民族排外主義・家父長的家思想）にもとづく価値観との衝突現象である。

それはまた、戦後民主主義の真価が問われる議論でもある。皮相な民主主義への理解では事態の本質が見えなくなり、長引く経済不況と社会不安から多くの人たちが反民主主義的な「強い政治的主張」にからめとられていく危険があることを歴史は教えている。

第三章　部落差別を生み出し温存・助長する社会的背景への考察

◉部落差別は基本的には解消の方向に進んできている

明治から今日にいたる差別解消過程を追いながら、歴史的スパンからみると、今日段階では部落差別は基本的には解消の方向に進んできていることを示してきた。

しかし、今日においても「目に見えない陰湿で巧妙な差別」は横行し、あまつさえ挑戦的で露骨な差別事件すら台頭してきている。いったい何がこのような差別を温存・助長させているのだろうか。

◉部落差別存続根拠への三つの側面からのアプローチ

たとえば、戸籍等個人情報大量不正取得事件などをみても、「部落地名総鑑」事件をはじめとして、さまざまなかたちの差別身元調査が日本社会において繰り返し発覚してきている。

もちろん、「差別を商う」行為自体が許せないことは言をまたないが、より深刻な問題は、そのような行為を商売として成り立たせる需要が多くあるという社会土壌にある。

部落差別を温存・助長する社会背景に、「社会意識の側面」「社会構造の側面」「人間のありようの側面」という三つの側面からアプローチして、「差別」解体への具体的な手口を探ってみたい。

一　部落差別意識を支える歴史的差別思想と社会意識の問題

（社会意識の側面）

1　部落差別意識は歴史的な差別思想の複合的産物

まず第一に、歴史的に醸成され今日も命脈を保ちつづけている差別思想や、それが支配的な社会意識の問題についてである。

社会意識は、いい意味でも悪い意味でも人々の社会的価値観や規範をつくりだしていくものであり、差別的な社会意識の克服は部落差別を解決していくうえで重要な課題である。

◉部落を忌避・排除する論理と思想

部落を忌避し排除する差別意識は、今日ではどのような言い方で表れてくるのかを列挙してみる。「部落は穢れている」（浄穢思想）、「部落は血筋が卑しい」（貴賤思想）、「部落は家柄が悪い」（家思想）、「部落は汚い」「部落は臭い」（衛生思想）、「部落は怖い」「部落は柄が悪い」「部落はできがよくない」（優生思想）、「部落だけが優遇されている」（逆差別意識・ねたみ差別意識）、「穢多」「四つ」「チョーリッポ（長吏《ちょうり》）」「新平民」（直接的な差別言動）、その他である。

それぞれに直截《ちょくせつ》的な言い方であるが、それらのことばの背後には、歴史的な時代の価値観としての思想によって裏づけられている支配的な社会意識があることに気づくはずである。

その意味で、今日の部落差別意識は、近現代をも含む歴史的な差別思想や意識の複合的産物であるということができる。

●歴史的な差別思想の類型化

それらを大別すると、次のように類型化できる。

第一に、伝統的差別意識である。浄穢思想（ケガレ観）、貴賤思想（血統的身分観）・華夷《かい》思想（民族観）、家思想（家父長制的序列観）、不合理な因習・習俗など、差別を生み出す意識をこれらに分類することができる。

第二に、近代的差別意識、つまり、近代社会に入って科学的装いをもちながら登場してきた差別意識である。メンデルの法則やダーウィンの進化論などを悪用して、ある集団や個人に対して劣等種のラベリングを行って排除・抹殺しようとする「優生思想」、不衛生や貧困を悪として排除する「衛生思想」、学歴偏重主義によって人間を選別していく「能力主義思想」などの意識がこれである。

第三に、新たな差別意識である。すなわち、累積的な差別的取り扱いの結果、特定の集団や個人が落とし込められている不利益・不平等な状態を是正・改善し、平等の実質化をはかる公的な措置が存在するが、それを不当であり「逆差別」であるとする差別意識である。日本における同和対策事業やアメリカのアファーマティブ・アクションなどのように、世界のどこの国でも、積極的差別是正措置を実施したところで現れてきた現象である。このような公的措置は、国際人権潮流のもとで推進され定着してきた方策であるが、これがマイノリティへの優遇的特権とみなされ、「ねたみ的差別意識」をともなう「逆差別」意識として顕現化している。

◉歴史的・社会的な差別思想が今日も生き延びている理由

これらの歴史的な思想が、差別の論理を内包しながら今日まで生き延びていることが、部落差別意識を温存・助長させている大きな要因となっている。

詳細は、「補遺二稿」(下巻)の第一章「戸籍の歴史と家制度の仕組みに関する考察」と第二章「部落差別意識と歴史的な差別思想に関する考察」を参照していただきたい。

2 「差別意識との不断の格闘」とは「自明性からの脱却」

◉伝統的差別意識は宗教教義と密着

とりわけ伝統的差別意識は、怨霊《おんりょう》思想・業《ごう》思想・因果応報思想などとして宗教教義と深く結びついている部分もあり、教義から差別論理を剔抉《てっけつ》・克服する作業が喫緊の課題である。宗教界における各教団の検討作業は始まっており、その過程を注視したい。また、その差別論理の誤りを自ら広報していく取り組みが期待される。

◉科学的装いをもつ近代的差別意識

近代的差別意識は、科学的装いをもって立ち現れながら差別の論理を内包しているがゆえに、科学的な見地からの差別論理の解体作業が求められている。学校教育や社会啓発における科学的な偏見批判の力量が問われるところである。

◉民衆支配の道具としての差別思想

このような歴史的差別思想は、時々の政治権力と結びつき、民衆支配の論理として数百年あるいは一〇〇〇年を超える長い時間を経てきているために、今日においても日本社会の「処世訓」として日常生活のなかに「当たり前」のように定着している。

その意味では、一人ひとりが日常生活のなかで「当たり前」「自明のこと」と思っている自らの価値観や規範のなかに、差別の論理を無自覚に受け入れているのではないかと振り返り、差別思想を克服していく内観作業が「不断の努力」として必要である。

3　差別の複合性と差別克服への社会連帯の必要性

◉「同根異花」としての差別の複合性

もうひとつ重要なことは、部落差別意識を生み出しているこれらの歴史的な差別思想は、実は部落差別だけではなく、女性差別や障害者差別、民族差別等々を生み出す思想的根拠にもなっていることである。

すなわち、さまざまな差別を生み出し支えている「根っこ」は一緒であるとの認識が重要である。

◉差別克服を可能にするのは社会連帯の力

この認識に立つと、部落差別を根本からなくしていく取り組みは、他の差別の社会的土壌をも切り崩していくことになる。逆に、部落差別だけが単独に解決することはありえず、一切の差別をなくす取り組みなしに部落問題の解決はありえないことを示している。

その意味では、差別を克服していくのは、マイノリティ相互間の協働、マイノリティとマジョリティ間の協働という社会連帯の力以外にありえないのである。

二　部落差別を温存・助長する近現代の日本社会の構造の問題（社会構造の側面）

1　差別の再生産システムの問題

第二は、差別的な社会意識との相関関係にある現在の社会構造や慣行に潜む差別の再生産システムの問題である。

それぞれの時代における支配的な価値観や規範にもとづいて、社会構造はつくりだされていくが、その価値観や規範のなかに差別の論理が内包されていると、社会構造も差別的なシステムになっていくのは当然のことである。

同時に、そのような差別を温存・助長する社会的な構造やシステムが存続するかぎり、差別意識は日々新たに再生産・醸成されていくことになる。これらの社会構造・システムを改廃していくことが差別克服のためには不可避である。

2 具体的な差別の再生産システムの事例

今日段階において、差別を再生産・醸成していく社会構造・システムの事例としては、次のようなものを指摘することができるだろう。

◉就職・結婚時における差別身元調査システムの問題

まず一点目は、「部落地名総鑑」や戸籍等個人情報大量不正取得事件などにみられるように、就労や結婚における差別身元調査システムの存在である。私は調査業一般を否定するつもりはない。しかし、「金のためなら差別も商いにする」という差別身元調査に容易に結びついていく構造があることは看過できない問題である。

調査業界においても、まじめに差別防止策がとられるようになってきてはいるが、「差別を商う闇の社会構造」ができあがっているという深刻な事態も、今日段階で明らかになってきている。

◉個人ではなく家を単位とする日本的戸籍制度の問題

二点目は、これらの差別身元調査を担保する日本的戸籍制度の問題である。戸籍法改正などで差別身元調査ができないように工夫はされてきているが、より根本的には、同化と排除の論理にもとづく「家思想」を維持・再生する戸籍制度そのものの抜本的改廃が検討されるべき時期になってきている。

この家思想は、「家（柄）」や「家風」を護《まも》るために、浄穢思想にもとづく「穢れたもの」や貴賤思想にもとづく「血筋の悪いもの」は、家に入れないし排除するという差別の論理を内包している。

「朝日新聞」（二〇〇三年七月一二日付）の〈私の視点〉欄で、自民党衆議院議員の野田聖子さんは、「わが党には『古きよき日本』への回帰を求める議員が少なくない。昨今目立つのが、国の基礎を明治期の家制度に求め、国家の再生を図ろうとする動きだ」と指摘し、危惧を表明している。

このような動きを警戒しつつ、日本社会を特徴づける「家の論理」（三戸公『「家」としての日本社会』有斐閣、一九九四年）に対し、日本におけるさまざまな差別を生み出し支える根拠として戸籍制度の問題などを中心に深く分析し、具体的な差別撤廃への総合政策を打ち立て、共同の取り組みをしていくことが重要である。

日本人の日常的な行動や組織の判断基準にあまりにも深く「家思想（家の論理）」が入り込んでいるために、戸籍制度そのものに疑問をもたない人も多々存在している。しかし、家を単位として登録する戸籍制度をもっているのは、世界二〇〇カ国ほどのなかで日本だけであることも知っておく必要がある。

◉社会的弱者を排除・抑圧する労働制度・福祉制度の問題

三点目は、社会的「弱者」を排除・抑圧する労働制度や福祉制度の問題である。

今日、最低賃金制度の底上げや同一労働同一賃金の実現などが議論されはじめていることは喜ばしいことである。しかし、重要な問題は、固定化・常態化してきている非正規雇用が全就労人口の四割を超えるという異常な労働制度を解消させていくことである。部落差別の大きな特徴を語るときに、臨時工・社外工の不安定雇用の実態が指摘されてきたが、非正規雇用問題とはまさに臨時工・社外工問題である。

その意味では、日本社会全体が大きな差別構造にどっぷりと浸かってしまったために、部落差別の問題が特徴を失ったかのようにさえみえる異常事態を改善することが緊急課題である。

部落解放運動が、最低賃金制度の底上げや前歴換算制度の改正、生活保護費の男女受給額格差の是正に取り組み、同一労働同一賃金の実現をめざしてきた事実と歴史を忘れてはならない。

◉「有用な人材育成」という名目の差別・選別的教育制度の問題

四点目は、近現代日本を長い間支配してきた学歴偏重主義・学力的能力主義という差別・選別的教育制度の問題である。

教育はいつの時代にあっても大切であることはいうまでもない。それは、人間として社会で生き抜く力を一人ひとりの多様な個性に応じて育んでいくものだからである。

しかし、戦後においても日本の教育制度は、「いい学校に入り、いい企業に就職する」ことをめざす企業戦士を育てることを偏重してきた。

そのようなもとで、越境入学問題や指定校制度問題、社用紙問題など、多くの差別・選別的な教育制度をつくりだしてきた。

これらの問題に対する改革運動が行われ、一九七〇年代から八〇年代にかけて一定の前進を遂げてきたが、二一世紀から本格化してきた新自由主義路線のもとで、「自己責任論」や「規制なき自由競争論」が高まる状況で、教育面においてもふたたび、一握りのエリート集団を養成するための差別・選別の教育論にもとづく制度改革が強行され、前述した教育制度の改革の成果も形骸化させられてきている。

道徳教育の再登場の動向などともあいまって、同和教育・人権教育で培ってきた「一人ひとりの人間」を大切にする教育内容と教育条件をふたたび整備し直していく取り組みの強化が求められている。

◉人間の貴賤観念を醸成する天皇関連制度の問題

五点目は、人間の貴賤観念を醸成する天皇関連制度の問題である。

貴賤思想は、血統主義的身分秩序観であり、人間には生まれながらにして貴い血統と賤しい血統があり、変えることはできないという「美しき血の流れ」の考え方である。

多分に儒教的思想にもとづいている。儒教は、今日においても多くの示唆を与えるほどに影響力の大きい思想であるが、その思想の根本に血統主義的身分秩序観が存在しているとともに、中華思想や華夷思想にみられるように、強烈な民族排外主義を内在させている。

しかし、血筋によって人間の貴賤が決まるなどということ自体、何の根拠もない謬見《びゅうけん》であり、血統主義そのものも幻想である。にもかかわらず、今日おいても、憲法上の「象徴天皇」ではあるが、関連する皇室典範や皇統譜などの諸制度によって、国民の間に貴賤観念を醸成する役割を果たしている。

わけても、天皇周辺の万世一系論の強弁によって、天皇への尊崇の根拠を「血の論理」に求める論調は、天皇の血統に近いほど貴く、遠いほど賤しいという観念を国民に植え付け、貴賤秩序の意識を固定化することになっている。

私は、天皇の対極に部落が存在するという論理に必ずしも同調しないが、血筋においてもっとも高貴な存在として「天皇」を置くことによって、もっとも血筋が賤しいとされる「部落」の存在を暗黙のうちに了解する差別的な意識構造がつくりだされていると思う。まさに「貴族あれば賤族あり」である。

敢えて「血の論理」で人間存在を語るとすれば、分子生物学の知見によると、ミトコンドリアDNAの多様性の分析から、今日のすべての新人（ホモサピエンス）の起源はアフリカにあるとされている。「新人のアフリカ起源説は、現生人類はすべて二〇万～一〇万年前にアフリカで生まれ、七万～六万年ほど前にアフリカを出て全世界に広がったものだと主張します」（篠田謙一『日本人になった祖先たち』日本放送出版協会、二〇〇七年）。すなわち、現在のすべての人間のルーツは、アフリカの一人の女性に行き着くのである。この科学的知見の前に、どの血統が貴く、どの血統が賤しいというような血統主義の妄想は、跡形もなく一掃されるであろう。

自らのルーツをたどってみることは意味あることだが、近年ブームになっているような、祖先のなかで「ある種の功名」をなした人を頂点にしてピラミッド型の家系図を作成し、その血統に連なることで自らの優越性を誇ろうとするような振る舞いは、意味のないことである。

私は、自分を起点にした逆ピラミッド型のルーツ追求の作業をお勧めする。すると、自分の存在がいかに多くの人たちの関係性のなかで生かされているかという事実に気づき、感謝の念が出てくる。それでも、一〇代、二〇代前までさかのぼることはほとんど不可能であり、血統主義が幻想であることを実感できるであろう。

「血の論理」をもって高貴の論拠にするような天皇関連制度が存在することによって、非合理主義的な貴賤思想・浄穢思想・家思想による差別を再生産していく構造は、時間を要する作業ではあるが、徐々に漸進的に改廃をしていく必要がある。

◉本来的に差別の論理を内在する資本主義制度の構造の問題

最後に、資本主義制度そのものの社会経済構造の問題である。

私は、差別存続の根拠を資本主義制度の構造に求める言い方を、ここまで慎重に避けてきた。それは、これまでの議論が往々にして、それを持ち出すことによってすべてを説明したかのような錯覚に陥り、私自身も含め本質還元論的な「思考停止」にいたってきたからである。

部落差別の問題とかかわって、資本主義制度の構造から生み出されてくる具体的な問題を一つひとつ丁寧に分析し、問題解決への具体策を練り上げていく作業が必要だと思っているからである。

とりわけ、前述した労働制度の問題点は、資本主義制度の根幹にかかわる問題であり、「賃労働と資本」という基本矛盾のもとで「資本の利潤追求」という本来目的のために、差別は超過利潤を追求する手段として常に構造化されてきている。

この構造を解体していくためには、グローバルな観点からの経済的民主主義の実現が不可欠の課題となってくる。

3　部落問題解決は「徹底した民主主義」のなかで実現可能

◉民主主義論の深化のなかで部落問題解決の具体像が可能

ただ、注意を喚起しておきたいのは、部落差別の存続理由として社会構造の問題を論じはじめると、ともすれば「資本主義か社会主義か」というような抽象的な空中戦議論になりがちだということである。私は、部落問題解決を「民主主義の徹底化」の課題として具体的に議論を深化させるべきだと思うようになってきている。

◉体制論議は必要だが、不確定要素を多分に包含

資本主義にしろ、社会主義にしろ、一九九〇年代の東西冷戦構造の終焉《しゅうえん》以来、今日では「社会主義的資本主義体制」か「資本主義的社会主義体制」しか生き残れなくなっているのが世界の趨勢《すうせい》である。人類は、それらに取って代わる「第三の道」をまだ見いだしてはおらず、試行錯誤の模索段階である。

時代のキーワードであるグローバル化がどのような「世界体制」を生み出していくのか、まだ具体的な像を結ぶところまでいっていない。

◉確かなことは民主主義が今日段階での人類の最善の英知

にもかかわらず、確かなことは、いかなる体制であろうとも民主主義は生きつづけるということである。ブルジョア民主主義であろうとプロレタリア民主主義であろうと、民主主義の理念は半永久的に深化しつづけるということである。

もちろん、人類は、民主主義を超える理念を生み出す可能性を否定できないが、いまそれを論じることは無用の長物であると思われる。それゆえに、部落問題解決を可能にするために、「資本主義か社会主義か」という論議から始めるのではなく、徹底した民主主義化のなかに部落問題

解決の展望を見いだすという課題設定を提起したい。

その意味では、理論的には、資本主義体制のもとでも民主主義の徹底化は可能であるという立場を明確にした運動設定が必要であると考える。ただし、徹底した民主主義の実現が資本主義の枠内にとどまっているかどうかという問題は次の議論であり、引き続き議論を深めていくことは必要である。

したがって、今日段階における人類の最善の英知としての「民主主義」を大事にし、部落問題解決の確かな道すじを民主主義の深化と徹底化のなかに見いだすというスタンスが、もっとも現実的な議論のように思うのである。

この問題については、第四部の「部落解放論」で再度、論考を深めてみたい。

三　社会的価値観・規範をめぐる個々人の存在証明の方法と格闘の問題
（人間存在のあり方の側面）

◉社会意識も社会構造も人間の存在が前提で成り立つ

第三は、差別的な社会意識や社会構造も人間自身がつくりだしたものであって、これを無批判・無自覚に受け入れて是認するかどうかは、個々人の人間存在のあり方の問題である。その社会の支配的な価値観や規範に対して、どのように向き合うのかで、その人の人間としての生き方が決まってくる。

私は、差別を許さない新たな社会的価値や規範を創出することによって、すべての人を部落差別のくびきから自由にしていく人間解放の文化を創造する取り組みが求められると考えている。一人ひとりの生き方にかかわる人間存在のあり方は、社会意識（価値観・規範）や社会構造との関係に強く左右される。

◉支配的な差別的価値観・規範のもとでの人間の存在証明の悲しい方法

差別的な社会意識や社会構造が当然視されている状況では、被差別当事者は、自らの出自を隠《いん》蔽《ぺい》したり、当事者ではないとなりすまそうとして自己否定の絶えざる葛藤を繰り返し、自尊感情を損傷するという事態を引き起こしかねない。

あるいは、差別者（時には被差別当事者も含めて）が自らの利益や保身のために差別を悪用して他者の価値を剥奪するという、人間性を喪失した行為をとる事態が生じるという問題がある。

◉人間の存在証明への四つの格闘方法

差別的な価値観や規範にどう向き合うのかという人間としての生き方が、差別を容認する社会にするのか、それとも差別を克服していく社会にするのかを決定づける。

そのような事態を前にして、人間は自らの存在証明のために次のような「四つの格闘方法」をとるといわれている。これは、『障害学への招待』（石川准・長瀬修編著、明石書店、一九九九年）で指摘されている内容であり、同様の趣旨は『スティグマの社会学─烙印を押されたアイデンティティ』（アーヴィング・ゴッフマン著・石黒毅訳、せりか書房、二〇〇一年）でも論述されており、大いに参考となる。

◉「印象操作」の方法

その一つめは、「印象操作」の方法である。自分にとって不利となるような要素や属性に対して、それを「隠蔽」したり、そのような要素や属性はもっていないかのように「成りすまし」て振る舞う方法である。部落問題における「出自を隠す」というやり方である。

しかし、自らを偽り他人をごまかしても、自分のことは自分がいちばんよく知っているがゆえに、印象操作をしていることに絶えざる内部葛藤と極度の不安に悩まされることになる。

このような問題を取り扱った社会派小説が島崎藤村《しまざきとうそん》の『破戒』（部落問題）や松本清張《まつもとせいちょう》の『砂の器』（ハンセン病問題）などである。

◉「補償努力」の方法

二つめは、「補償努力」の方法である。自らの自己実現のために自分の力の足らざるものを補う努力をするやり方である。

さまざまな資格を取得するために、必要な勉強をして自らの力量を向上させる努力のことで、一般的には望ましい方法である。

ただ、老子の「足るを知る者は富む」からきた「知足」ということばがあるように、どこまで努力すればいいのかを見極めておくことは必要だろう。

◉「他者の価値剥奪」の方法

三つめは、「他者の価値剥奪」の方法である。この方法が差別の論理にもっとも陥りやすいものである。

すなわち、本来は補償努力を行って自らを高めていけばいいのだが、自己保身のために、讒言《ざんげん》や差別によって他者の価値を奪い、おとしめるやり方である。多くの差別言動はこの方法によって引き起こされているといっても過言ではない。今日の「イジメ」の論理にも通じるものである。

ここまでに述べてきた三つの方法論は、同時代の支配的な価値観や規範を前提にしてとられていた存在証明のやり方である。すなわち、差別を容認・黙認するような価値観や規範が支配的であれば、「印象操作」や「他者の価値剥奪」というような、差別につながる方法が選択される可能性が高くなる。

しかし、差別を指弾する価値観や規範が支配的になれば、そのような方法は、当然のことながら、人間的に恥ずかしい行為として実効力を失うことになる。

◉「新たな価値創出」の方法

そこで、四つめは、「新たな価値創出」という方法が登場する。端的にいえば、差別を容認・黙認するような価値観から差別を指弾する価値観への転換である。

この転換は、価値付与と価値創出という手段によって実現される。価値付与とは、これまでの価値観に対して差別の論理につながる部分を改善して、新たな価値観として再編するやり方であり、価値創出とは、これまでの価値観を完全に否定して、まったく新しい価値観をつくりだすことである。

◉新旧価値観をめぐる闘いは個人的にも社会的にも激闘が必然

部落解放運動の九〇年余の闘いは、この「新たな価値付与と創出」を実現するための歴史であったともいえる。同時に、九〇年余の闘いをもってしても、いまなお実現できていない困難な闘いでもある。

それは、人間の生き様を決定づけるのが、その人がもっている価値観や規範であるがゆえに、その価値観や規範が否定されることになると、自らの存在そのものが否定されることにつながる大事になるからである。

だからこそ、新旧価値観をめぐる闘いは、個人の生き方が変わったり、時代の流れが変わったりする重大事であるために、個人であれ社会であれ、激闘にならざるをえないという認識と覚悟が必要である。

このことは、部落解放運動を担う者にとっても真摯に向き合わなければならない課題である。すなわち、部落差別に反対していても、ほかの女性差別や障害者差別などを容認・黙認するような価値観や規範を内在しているような体質では、ほんとうに部落差別を許さない価値観を確立しているとはいえず、むしろ、部落差別を残しているのは被差別部落の当事者自身であるということになりかねない。

いずれにしても、差別問題に向き合うということは、自らの生き様を問い直されることになり、人間を見据えるという内観的作業が求められるのである。

四　伝統的な日本的統治論理に潜む差別論理と構造に対する解体作業への着手

1　差別の社会的機能とその発動方法に注目

部落差別解消にむけた幾多の取り組みがなされ、多くの成果をあげてきているにもかかわらず、「顔が見えない陰湿で巧妙な差別」や「露骨な差別」の横行というかたちで根強く部落差別が現存しつづけているのはなぜなのか。

それは、部落差別を温存・助長する社会的要因が、政治的反動や経済的不況、社会的不安の増大にもとづく「差別の社会的機能」の発動によって、差別を誘発し顕在化させてくるからである。この現実をふまえることが重要である。

2　日本的統治論理に内包されている差別の論理

◉日本的統治論理と差別の論理の親和性

同時に、差別を生み出す日本社会の論理が、伝統的な日本的統治論理と深く結びついていることに最大の留意を払いながら、差別の論理を解体していく丁寧な作業が求められている。

◉処世訓化している統治論理

とりわけ、日常生活のなかに深く根を下ろし、統治論理と一体化した処世訓を検証し解体することは、喫緊の課題である。

それは、たとえば〈分断して統治せよ〉という民衆連帯を阻む政治的な差別分断論であったり、〈知らしむべからず、由《よ》らしむべし〉という伝統的な「御上《おかみ》行政」の論理であり、今日の秘密保護法などにみる民衆蔑視《べっし》の論理である。

また、〈上見て暮らすな、下見て暮らせ〉という身分序列的差別制度への現状維持論であったり、〈長いものには巻かれろ〉という大勢追随の横並び論や〈寄らば大樹の陰〉といった権力依存論が存在している。

さらに、ビートたけしが日本人の体質として鋭く指摘した〈赤信号、みんなで渡れば怖くない〉といった大衆ファシズム（全体主義）の論理や、〈旅の恥はかき捨て〉という自己中心的な世間体論も存在している。

3 「伝統的美風」や「道徳教育」の中身の検証

◉復活する「伝統的美風」論と「道徳教育」論

今日、声高に叫ばれている「伝統的美風の復活」とか「道徳の教科化」というような動向のなかに、差別を生み出す伝統的論理や差別を是認する論理が潜んではいないか。このことに強い関心と批判的視点をもって対応することが求められている。

◉同和教育・人権教育と道徳教育との統一的理解

また同時に、深い人間的洞察にもとづいて、人権教育と道徳教育をしなやかに統一的に把握した教育実践が必要となっている。

「道徳教育」ということば自体に、戦前の軍国主義的な修身道徳を思い浮かべて生理的拒否反応を覚えるという人も多々おられるが、問題はその中身である。

「人間いかに生きるべきか」という道徳教育は必要であり、その中身を同和教育・人権教育がつくってきているのだという強い誇りと自負をもって、道徳教育に対応すべきであって、決して道徳教育と同和教育・人権教育を対立させてはならない。

それは、「道徳教育」に対して、同和教育・人権教育が培ってきた中身をもって価値付与や新たな価値創出を行い、定着させていく作業である。

4 誇るべき「美風」と「道徳」の継承的創造

このことは、ある意味では今日の状況が、「伝統的な日本的統治論理に潜む差別論理」と「部落解放論理・差別撤廃論理」とが鎬《しのぎ》を削る衝突局面にあることの証左であり、憲法改正問題などを軸として、日本社会が社会的価値観や規範のあり方をめぐる激闘の時代に入っていることを示している。決して、小手先のあれこれの技術論では克服できない問題である。

はっきりしておかねばならないことは、私たちは決して「日本の誇るべき伝統的美風」や「道徳教育」それ自体を否定しているのではないことである。それらのなかに潜在する「差別の論理」を否定しているのである。

歴史的な差別思想である浄穢思想や貴賤思想、家思想などは、神道・仏教・儒教などのさまざまな宗教教義とも深く結びついて、現在も息づいている。

問題は、これらの差別の論理が、何千年、何百年の長きにわたる伝統的美風と微妙にからみあっていることである。長年の歴史のなかで今日まで生きながらえてきたのは、多くの人がその存在意義を認めてきているからである。

その意味では、差別の論理を含んでいるからということで、すべてを否定するわけにはいかない。必要なことは、意義ある価値観と憎むべき差別論理を丁寧に峻別《しゅんべつ》して、前者を継承し後者を改廃しながら、「日本の誇るべき伝統的美風」を再構成し、「道徳教育」のなかにも生かしていくことであると思う。

第二部　部落解放運動の歴史と現状への考察

〔部落解放運動論〕

第一章　部落解放運動の史的展開とその特徴

一　部落解放運動の歴史的段階にかかわる時期区分と特徴

1　部落解放運動の今日的到達点の確認

部落解放運動は、一九二二年の水平社創立以来、今日にいたるまで幾多の苦難の歴史を歩みながらも、日本の人権運動史上において不滅の金字塔を打ち立ててきたことは疑う余地がない。その今日的な到達点を三点にわたって確認しておきたい。

第一は、九〇年余にわたる闘いによって、日本社会における社会的価値観や規範として「差別撤廃・人権確立」の理念を定着させつつある段階にまで押し上げてきていることである。

第二は、水平社宣言にもとづく部落解放運動が、多くのマイノリティの人たちの権利と人間的誇りの回復に波及効果を及ぼしてきたことである。

第三は、「反差別国際運動（IMADR）」の結成と活動を通じて、国際人権基準伸展の一翼を世界のマイノリティとともに担ってきていることである。

2 部落解放運動九〇年余の時期区分とその特徴

部落解放運動の九〇年余にわたる長い闘いの歴史を顧みると、大きくいって、三つの時期に区分できる。

もちろん、水平社創立以前のさまざまな融和運動の具体的な歴史も軽視してはならないことを付言しておきたい。

◉第一期部落解放運動＝糾弾闘争主導の時代

第一期部落解放運動は、水平社創立（一九二二年）から消滅（一九四二年）までの約二〇年間であり、その特徴は「糾弾闘争主導」の時代である。

水平社創立大会の決議にもとづく糾弾闘争が基本戦術であった時期であり、治安維持法や戦時体制下での権力からの弾圧と懐柔をまともに受けながら、苦難の連続の時期であった。

◉第二期部落解放運動＝行政闘争主導の時代

第二期部落解放運動は、戦後（一九四五年）から一九八〇年代末までの約四五年間であり、その特徴は「行政闘争主導」の時代である。

〈差別事件をテコにして行政闘争に転化せよ〉との闘争方針から深化して「三つの命題」に集約された解放理論にもとづく行政闘争が華々しく展開された時期である。

この時期は、同対審答申と同和行政の進展ともあいまって、部落解放運動が飛躍的に前進した時期であった。そのことは、長い間「組織なき組織」といわれた部落解放同盟が、一九八〇年代の半ばに過去最高の一八万人を超える組織力をもったことにも端的に表れている。

◉第三期部落解放運動＝共同闘争主導の時代

第三期部落解放運動は、一九九〇年代から現在にいたるまでの約二五年間であり、その特徴は「共同闘争主導」の時代である。

九〇年代はじめに〈部落の内から外へ〉〈差別の結果から原因へ〉〈行政依存から自立的運動へ〉という三つのスローガンを掲げて、部落解放運動の新たな展開を宣言した時期である。同時に、一九八八年に「反差別国際運動（ＩＭＡＤＲ）」を結成し、国際的な人権運動の共同闘争に乗り出した時期でもある。

その後、「特別措置法」失効（二〇〇二年三月末）、一連の不祥事（二〇〇六年五月発覚）などの困

参考資料●部落差別の解消過程と部落解放運動の時期区分の対照表

部落差別の解消過程			部落解放運動の時期区分		
年代	段階	特　徴	特　徴	区分	年代
1868	第１段階	差別は野放しで社会的容認の状態	（各種融和運動）		1922
			糾弾闘争主導の時代	第１期	
1945	第２段階	差別は許されないが、社会的黙認の状態	行政闘争主導の時代	第２期	1945
1965	第３段階	差別は許されず、社会的指弾の状態			
2002	第４段階	差別への社会的指弾と社会的反動の同時進行という混沌状態	共同闘争主導の時代	第３期	1990
現在					現在

難な事態に直面し、部落解放運動がその求心力を大きく後退させながらも、新たな部落解放運動への脱皮をめざして各地域からの粘り強い取り組みの模索を続けている時期である。

　以上のような「今日的到達点」「時期区分」の認識に立って、第一期の「糾弾闘争」、第二期の「行政闘争」の論理と課題を歴史的に検証するなかで、今日の第三期の「共同闘争」のあり方と課題を探ってみたい。

　それは、すでに今日の部落解放運動の段階が、第三期からの新たな脱皮の段階として第四期ともいえる時期に入っていることを明らかに示すかもしれない。

二　糾弾闘争の論理と課題（第一期部落解放運動）

1　差別糾弾は、水平社以来の部落解放運動の基本戦術

◉水平社創立大会決議（一九二二年三月三日）

一八七一（明治四）年の太政官布告（「賤民廃止令」「解放令」）以来、被差別部落の先達たちは、日常的な差別待遇も時間の経過とともになくなっていくであろうと、差別撤廃への大きな期待をいだきながら、「よき日」が到来するのを待ちに待った。

しかし、現実の歴史はその期待を裏切り、差別待遇は改善されることなく、あまつさえ大資本の流入によって部落産業も圧迫され、差別と貧困のなかで喘《あえ》ぐ日々を余儀なくされた。

五〇年の年月を期待と絶望のなかで耐え忍んできた先達たちは、ついに自らの力で差別撤廃を勝ち取る決意を固め、人間としての叫びをあげた。一九二二（大正一一）年の全国水平社創立大会である。

〈いかなる人権も差別への告発なしに生まれることはなかった〉といわれるが、これは人権の歴史の真実である。全国水平社は、差別に対して泣き寝入りすることなく、断固として闘う姿勢を示した。

それは、創立大会時の「決議」によって対外的にも公表された。〈吾々に対し穢多及び特殊部落民等の言行によって侮辱の意志を表示したる時は徹底的糺弾を為す〉というものである。このときから差別糾弾闘争は、部落解放運動の基本戦術として今日にいたるまで継続されてきている。

◉宣言にみる「自尊」と「尊敬」にもとづく糾弾が基本（「差別を憎んで人を憎まず」）

はっきりしておかなければならないことは、差別糾弾闘争の基本は、水平社宣言の基本精神に裏づけられた「自尊」と「他者尊敬」にもとづいて進められなければならないということである。差別者に対する糾弾であるから、時には激しい怒りのことばが飛び交うような場面があったとしても、その底流には常に「自尊」と「他者尊敬」が脈打つような糾弾闘争をすべきである。

それは、水平社宣言でうたわれた〈呪われの夜の悪夢のうちにも、なお誇り得る人間の血は、涸れずにあった〉〈吾々がエタである事を誇り得る時が来たのだ〉という人間としての誇り〈自尊〉にもとづく差別への告発であり、〈人間を尊敬する事によって自ら解放せんとする者の集団運動〉として、差別した他者をも人間として「尊敬」することを忘れずに、差別の誤りを糾《ただ》しつつ、人間としてよみがえらせる営みである。

したがって、「差別を憎んで人を憎まず」という姿勢を大事にしながら、糾弾闘争は行われるということである。

2　差別事件としての判断基準

◉差別事件としての判断基準

何をもって差別と判断し糾弾を行うのかという判断基準は、部落解放運動にとって運動を左右する重要な問題である。この判断基準を誤ると、恣意的な取り組みになったり、ひいては事件屋的な似非《えせ》同和行為になりかねない。

だからこそ、糾弾要綱を作成し公表することによって、糾弾闘争に社会性を担保するとともに、冷静に糾弾の正統性を確認していくのである。

差別事件として判断する基準は、「明らかに差別的意思（侮蔑の意思）をもつ言動によって、部落民の人権が侵害された場合」と、「差別的意思の有無にかかわらず、その言動により部落差別が社会的に大きな影響をもって拡大・助長された場合」である。

◉判断における留意事項

この判断基準において留意しなければならないことは、第一に、差別語（「エタ」「ヨツ」「特殊部落」など）を使用したから差別になるのではなく、言動の文脈において「侮蔑の意思」が存在しているかどうかが、差別事件としての判断基準になるということである。

その意味では、「禁句集」や「言い換え集」は、「臭いものに蓋《ふた》」式の、差別の裏返しの対応であるといわざるをえない。

第二に、古文書・古地図などを歴史的な資料として、差別撤廃の立場から公表・展示などをする場合は、歴史的背景や現段階での正しいとらえ方をしっかりと明記して、差別撤廃・人権意識が涵養《かんよう》されるように工夫することが必要である。

第三に、差別的意思がなかった場合でも、結果として部落差別が拡大・助長されるときは、その社会的影響の大きさを考慮した社会的対応をしっかりと行うことである。

第四に、今日的なＩＴ（情報技術）社会の特性（匿名性や汎用性など）を悪用した、行為者を特定できないような差別事件に対しては、社会的な対応策を講じることが重要になってきている。

とりわけ、差別的意思がないように装いながら、「部落地名総鑑」的な部落所在地の一覧を電子空間上にまき散らす行為や、書籍にして販売しようとする「差別を商い」にする行為は、法制度の整備を中心に、これを防止する取り組みが喫緊の課題である。

◉国際人権基準における「差別認定にかかわる差別の五形態」

もうひとつ大事なことは、今日では国際人権基準として「差別認定にかかわる差別の五形態」が整理されてきているが、これらは差別事件を判断していくうえでの大きな判断指標であり、積極的に準拠・活用していくべきだということである。

「五形態」とは、「直接差別」（あからさまな取り扱いの違いや言動による差別）、「間接差別」（差別的意図の有無を問わない結果としての差別）、「統計的差別」（法律や制度による差別）、「制度的差別」（特定の個人や集団に対する累積的な不利益として現れる差別）、「合理的配慮の欠如による差別」（差別は許されないとしながらも、それを具体化するための当然の配慮が欠如していることによってもたらされる差別）である。

これらの国連段階における定義は、行為結果を重視した規定であり、具体的な差別事件認定への重要な指標である。

3 糾弾闘争の進め方

◉糾弾闘争の進め方の基本は「公開性」「社会性」「説得性」

差別糾弾闘争を行うにあたっては、「公開性」「社会性」「説得性」をもたせることが基本原則である。

公開性とは、公的施設などを使用して公開の場で糾弾会を実施することである。これは、差別の不当性を糾すという社会的正義を実現する糾弾闘争が、密室における「恐喝」や「暴力」であるかのような誤解を招くことなく、その正当性を社会的に担保するためにも必要である。もちろん、差別者を晒《さら》し者にするようなことがあってはならない。

社会性とは、差別糾弾を、個人的な感情にまかせた「報復」や「つるし上げ」にすることなく、社会的に認知されるやり方にもとづいて整然と実施するということである。

説得性とは、差別に対する抗議・告発が独善的な論理に陥ることのないように、説得と納得にもとづく双方の教育として糾弾を実施するということである。そのなかで、お互いに「差別の双方悲劇性」を理解し、反差別・人権確立への共感・共鳴による人間変革を促し、差別的な社会意識や社会構造を変革していく協働をつくりだしていかなければならない。

◉糾弾闘争の進め方の手順

糾弾闘争の進め方の基本的な手順は、まず「事実確認会」を行い、次に「糾弾要綱」を作成し、最後に「糾弾会」を開催するということになる。

事実確認会とは、差別事件であるかどうかの客観的な判断のための具体的事実の公正な調査と把握、およびその背景を事件関係者が確認し合う場である。したがって、それは少人数で、場合によっては公的な第三者を入れて行うことが望ましい。

糾弾要綱の作成とは、事実確認会によって差別事件であると認定されたときに、「事実の経過」「差別性の分析」「差別の社会的背景」「問題解決への課題」などを柱にした文書を作成し、社会的に公表することである。ただし、結婚差別事件などのセンシティブな問題については慎重に取り扱うことが必要である。

糾弾会とは、差別事件の関係者や関係する第三者が公的な場に集まり、差別事件について糾弾要綱にもとづいて議論をし、問題解決の方向性を確認・共有する場であり、お互いが学び合う場である。もちろん、問題の性格上、被差別当事者が差別者を追及するというかたちをとらざるをえないが、お互いの人間的人格を尊重しながら、整然と進めていくことが肝要である。

4　差別糾弾の論理と意義

◉差別糾弾は、被差別当事者の尊厳と生存権を奪還する取り組み

差別糾弾は、何よりもまず第一に被差別当事者による不当な差別への抗議・告発の意思表示である。それは、差別によって自らの人間の尊厳を踏みにじられ、生きることすら否定されてきた事実に対する人間的怒りの発露であり、「尊厳と生存権」を奪還するための、人間存在をかけたやむにやまれぬ行動である。

差別の歴史を変えてきたのは、常に被差別当事者の差別に対する命がけの抗議と告発であった。差別に対する泣き寝入りと沈黙は、差別状態の現状維持を意味する。

◉差別糾弾は、差別・被差別の関係を乗り越え、共感・共鳴をつくりだす取り組み

差別糾弾は、差別への強い抗議・告発の意思表示の場であるが、決して報復や怒りの発散の場ではない。「憎悪の連鎖」は、国内外の多くの事例が教えているように、双方破滅への道でしかない。

差別糾弾の場を通して、まず差別した人がその非を認めたうえで、お互いが「差別の双方悲劇

性」の理解を深め、「自尊と他者尊敬」を軸にして、差別・被差別の関係を超克していくことが求められる。

その意味で、差別・被差別の関係を絶対的な敵対関係において固定化し、その関係を乗り越える共感・共鳴を関係者の間につくりだしえないような差別糾弾は、決して成功したとはいえないのである。


◉差別糾弾は、民主主義の根源を守り発展させる取り組み

民主主義の本質は、人民主権である。人民主権を担保する大前提は、人民平等（人類平等）の原則である。基本的人権は、この平等の原則を前提にして導かれるものである。

したがって、いかなる権利も平等の原則から逸脱してはならないし、平等の原則を破壊する自由は制限されるのである。「表現の自由は大事だが、差別する自由はない」と部落解放運動が言いつづけてきたのは、この民主主義の原理に根ざしている。

また、国際人権規約（自由権規約）がその第一九条において〈……2　すべての者は、表現の自由についての権利を有する。……3　2の権利の行使には、特別の義務及び責任を伴う。したがって、この権利の行使については、一定の制限を課すことができる〉としているのは、この民主主義の原理にもとづいた定義であることを忘れてはならない。

そして、平等の原則が破壊されるときは、徹底した抵抗権が保障される。差別糾弾闘争は、その「抵抗権の行使」であり、対抗言論の原則にもとづく「対話の継続」であり、民主主義の根源を守り発展させる取り組みなのである。

◉差別糾弾は、社会意識・社会構造の民主的改革を促進する取り組み

ある個人や集団を通して現れる差別事件は、差別的な社会意識や社会構造の反映であるがゆえに、氷山の一角である。

したがって、差別事件を生み出してきた背景を徹底的に追究し、差別事件の全体像を明らかにしながら、問題解決への方向性を共有することが重要である。差別事件においては、確信犯なものはもちろんのことであるが、「ついうっかり」とか「無意識のうちに」などという事件も含めて、必ず社会的背景をもっている。

差別事件の背景としての「社会意識」や「社会構造」、さらには「人間存在のあり方」の問題点が明らかにされたときに、差別事件の解決の方向として、社会関係の変革や人間関係の変革、自己の人間変革の具体的課題を、人権社会実現にむけた民主的改革として押し出すことができる。ただし、差別事件の質に応じて、「糾弾の進め方」の原則をふまえつつも、差別糾弾をもっとも効果的に進めていく方法を選択するという臨機応変な対応が常に必要である。硬直した画一的なやり方では有効な成果を期待できない。

5　糾弾闘争の今後のあり方と課題

水平社創立以来、九〇年余にわたって部落解放運動が進めてきた差別糾弾闘争は、日本社会を人権社会へと変革していくために実に多くの成果をあげてきたことは、紛れもない歴史的事実である。

◉糾弾闘争への誤解と誘発要因

しかし一方で、今日においても糾弾に対する「誤解」が根強く存在している。曰く、糾弾は「怖い」「集団で押しかけられる」「人格が否定される」といった類《たぐい》の誤解や偏見である。

たしかに、そのような誤解や偏見を生むような誘発要因として、誤った糾弾や行き過ぎた糾弾があったことも事実として認識しておく必要がある。差別を利用して利権あさりをする似非《えせ》同和行為、差別事件を捏造《ねつぞう》して自己保身を謀ろうとする行為、説得力不足や怒りにまかせた暴力的糾弾行為などがあったことは、ふたたび繰り返してはならない誤りとして真摯に反省すべきである。このような数少ない事例が風聞として誇張されて、差別糾弾に対する「誤解」を拡散させている側面がある。

このような誤解や偏見を解消するためには、糾弾闘争の本来の姿やあり方を組織内外に広く徹底していくことである。誤った糾弾や行き過ぎた糾弾の事例があったことは事実であるが、圧倒的に多くの事例は、糾弾闘争が着実に日本社会や地域社会を「差別を許さない社会」へと変革させてきていることを示している。何よりも、糾弾闘争の力なくして根強い差別実態は変革できなかった歴史と事実を忘れてはならないだろう。

◉糾弾闘争の成果は各界共同闘争の拡大に反映

部落解放運動は、自主解放の旗を掲げながら、共同闘争を模索しつづけた歴史をもっている。水平社時代には、労働組合、農民組合、水平社による労農水三角同盟が構築されていたし、朝鮮の「白丁」差別と闘う衡平社との連帯闘争やドイツのユダヤ人迫害への抗議活動などの反ファッショ連帯闘争を行ってきた。第二次世界大戦の敗戦直後からは、松本治一郎委員長を中心にインド・カースト差別撤廃や日中友好運動などの国際連帯活動が繰り広げられた。

一九七〇年代以降においては、差別事件に対する糾弾闘争などを契機にして、各界各層との共同闘争の輪が飛躍的に拡大してきた。言論界における差別事件の糾弾を通して一九七五年に「差別とたたかう文化会議」（初代議長＝野間宏）が結成された。労働界では、一九七五年に労働組合と部落解放同盟の共闘組織「部落解放中央共闘会議」が結成され、一九七七年には中央共闘会議と各府県共闘会議で構成する「部落解放地方共闘全国連絡会議」も組織された。さらに、一九七五年に発覚した「部落地名総鑑」差別事件の糾弾を契機に、東京や大阪をはじめ一三都府県市で「同和問題企業連絡会」が結成され、一九八五年には各連絡会で構成する「同和問題に取り組む全国企業連絡会」も組織された。一九七九年の第三回世界宗教者平和会議での町田曹洞宗宗務総長差別発言事件の糾弾から「『同和問題』にとりくむ宗教教団連帯会議」(「同宗連」。三連合・六四教団が加盟)が一九八一年に結成され、また、マスコミ界においては「人権マスコミ懇話会」が結成されている。まさに、糾弾闘争の成果が共同闘争の広がりとして反映されてきているといえる。

もちろん、当初は「贖罪《しょくざい》共闘」「寄りかかり共闘」「お付き合い共闘」という要素がなかったわけではないが、時間の経過にともなう成熟のなかで、それぞれの団体との対等な関係と部落差別を撤廃するという共通の目標にもとづく共同闘争が定着してきている。

私は、これらの共同闘争の広がりの事実が、実質的に差別を克服していく真の社会連帯を内実化していくうえで、実効力のある糾弾闘争を今後とも推進していく必要性を物語っていると思っている。

◉今後の課題――糾弾闘争の堅持と方法の洗練化

今日段階で検証すべきことは、第一に各地において差別糾弾闘争の「あるべき姿」がしっかりと押さえられて、その「論理と意義」を目的意識的に追求することが常にできているかどうかということであり、第二に糾弾の方法が時代の変化に適合しているかどうかということである。

部落解放運動への深い共感と支持を寄せている人たちからも、「糾弾には怖いイメージがまといつくので、そのことばとやり方を変えたらどうか」という進言を少なからず受けることがある。

真剣な思いからの進言であるから傾聴に値する面もあるが、私は、前述してきた理由から「部落差別が存続するかぎり糾弾闘争は堅持すべきだ」と考えている。

部落差別を禁止・規制し被害者を救済する法制度が十全に整備されてきたとしても、「糾弾」の必要性は不変である。民主主義の根本原理である「平等の原則」の実体化を、法制度や権力の手にだけゆだねるわけにはいかない。不平等や不公正な事実に対して異議申し立てを行い、是正していく「不断の努力」は、譲ることのできない民衆の権利であり、義務である。その実践行為が「糾弾」なのである。

したがって、平等の原則を踏みにじる差別行為を行う者にとっては、糾弾が「怖い」存在としてありつづけるのは、至極当然のことである。糾弾は、差別に対する民衆からの抑止力である。もちろん、その「怖さ」は、暴力的威嚇による物理的怖さではなく、人間としての理性と良心に照らし合わせての怖さである。

よしんば、過去の誤った糾弾や行き過ぎた糾弾から「怖い」というマイナスイメージがあるとしても、「糾弾」ということばがもつ本来の正当な意味と糾弾闘争の歴史を放棄することはできない。マイナスイメージの払拭のためには、糾弾闘争の「あるべき姿」を徹底化し、「実りある成果」を積み重ねていく以外に道はないと思う。

そのためにも、糾弾闘争の方法を時代の変化に応じて洗練化していくことが求められている。現段階で糾弾闘争のあり方について整理しておくべき課題は、次のような点ではないかと思われる。

第一に、差別事件の性格にかかわる整理の問題である。これは、①私人間における個人的な差別事件、②個人ではあるが社会的に影響力のある差別事件、③影響力のある社会的立場にある個人の差別事件、④社会的責任をもつ団体・組織による差別事件、⑤公権力や公権力を行使する立場にある者による差別事件、⑥公権力によって不平等・不公正な社会関係がもたらされる差別事件――の六つくらいに分類できるのではないかと思う。

第二に、これらの差別事件の性格に対応した糾弾闘争のあり方の問題である。まず、個人的な差別事件（①）に対しては、可能なかぎり少人数規模で実施し、教育的説諭的な糾弾のやり方をすべきである。次に、社会的な差別事件（②～④）の場合は、規模はそのつど考慮しながらも公開で実施し、社会改革に重点を置いた社会的な糾弾を行うことである。とりわけ、公権力の差別事件（⑤～⑥）については、差別行政糾弾闘争として公開で大規模に実施すべきである。これこそが今日の行政闘争課題であり、生活権擁護のための要求闘争と明確に区別して、そのあり方と方法を整理しておく必要がある。

次節の「行政闘争の論理と課題」で詳述するが、私は、公権力の差別に対する差別行政糾弾闘争は部落解放同盟の独自課題として展開すべきであるが、生活権擁護の要求闘争は、同じ要求をもつ多くの人たちを結集したかたちで、自助・共助・公助の役割分担にもとづいて、「行政協議」ともいうべき場を設定していく方法がいいのではないかと考える。

第三に、差別事件糾弾闘争の真相報告集会の実施の問題である。全国各地で展開される差別事件糾弾闘争を確実に社会が共有していくために、全国段階と都府県段階で必ず定期的に「真相報告集会」を実施していくことが求められる。

これは、差別事件糾弾闘争の単なる記録ではなく、差別事件が惹起《じゃっき》される社会的背景の分析や部落差別の解消状況と克服への課題を社会に問い返していく取り組みとして必要であるし、社会的糾弾を行う側の社会的責務としても重要である。

すでに定期的に「真相報告集会」を行っているところもあるが、運動体の責任として確実に年度ごとに都府県段階で集約し、それを全国的にまとめていくという「集約と発信の機能」を体制的に整えておくことが不可欠の作業である。

『全国のあいつぐ差別事件』が毎年発行されているが、「差別はまだ存在する」という一本調子な論調ではなく、どの領域においてどのような形態の差別が存続しているのか、あるいは解決の兆しをみせているのかを社会動向との関連で丁寧に分析し、組織として責任をもって改革課題を提起していくことが大事だ。そういう充実した報告書によって各界各層に周知していかなければならない。

私は、差別に対する糾弾闘争が社会的に必要で正当な行為であると当然視されるような社会的価値観や規範が定着したとき、日本社会は民主主義が成熟した社会になったといえるようになるのだと思う。

参考資料
差別規制に対する行政府の現状認識と糾弾にかかわる司法判断

■差別の法的無規制状態——1965年「同和対策審議会答申」

〈差別をうけた場合に、司法的もしくは行政的擁護をうけようとしても、その道は十分に保障されていない。もし国家や公共団体が差別的な法令を制定し、あるいは差別的な行政措置をとった場合には、憲法14条違反として直ちに無効とされるであろう。しかし、私人については差別的行為があっても、労働基準法や、その他の労働関係法のように特別の規定のある場合を除いては「差別」それ自体を直接規制することができない。〉

■糾弾の正当性
——1972年「小松島差別不当弾圧事件に関する徳島地裁判決」

〈その差別内容が健全な社会通念に照らし差別と肯定できる行為であって、かつ糾弾追及等の方法もまた社会一般が妥当として許容できる方法で行われるときは、労働組合法第1条第2項のような規定をまつまでもなく、正当行為として保護されるべきと解する。〉

■糾弾の社会的認知
——1975年「矢田教育差別事件に関する大阪地裁判決」

〈差別というものに対する法的救済には一定の限界があり、その範囲が狭く、多くの場合泣き寝入りとなっている現状に照らすと、差別に対する糾弾ということも、その手段、方法が相当と認められる程度をこえないものである限り、社会的に認められて然るべきものと考える。〉

■糾弾は自救的行為
——1988年「八鹿高校差別教育事件に関する大阪高裁判決」

〈この糾弾は、もとより実定法上認められた権利ではないが、憲法第14条の平等の原理を実質的に実効あらしめる一種の自救行為として是認できる余地があるし、また、それは、差別に対する人間として堪えがたい情念から発するものであるだけに、かなりの厳しさを帯有することも許されるものと考える。〉

三　行政闘争の論理と課題（第二期部落解放運動）

「特別措置法」が失効（二〇〇二年三月末）してから、すでに十有余年が経過してきた。同和行政は、人権行政として発展させられなければならないにもかかわらず、残念なことに後退してきているといわざるをえない。

このような現実を前にして、運動体のここ数年来の方針は「行政闘争の強化」という主張が繰り返されてきている。

ある意味、当然の主張ではあるが、今日段階において「行政闘争とは何か」を歴史的に検証し、その論理を明確にするとともに、「強化」の具体的な中身と方向を議論しておくことが大事である。

1　「行政闘争」とは何であったのか

◉行政闘争への契機となった差別事件

部落解放運動において「行政闘争」という形態が確立していくのは、一九五〇年代初頭における「オール・ロマンス差別事件」（京都市、一九五一年）、「西川県議差別事件」（和歌山県、一九五二年）、「吉和《よしわ》中学校差別事件」（広島県、一九五二年）に対する糾弾闘争の経験が契機となっている。

それらの差別事件の概要と特徴は次のようなものであった。

◉オール・ロマンス差別事件糾弾闘争（京都）

事件の概要は、雑誌『オール・ロマンス』一九五一年一〇月号に掲載された〈特殊部落〉と題する小説（京都市役所臨時職員の杉山清次作）が、部落をヤミと犯罪と暴力の巣窟《そうくつ》として描いた差別小説であるとして糾弾したものである。

その特徴は、小説の背景をなしている部落の劣悪な生活実態に対する京都市政の責任を明らかにし、「差別観念は差別実態の反映」として、一般施策の仕組みのなかに困窮家庭などには負担しきれない受益者負担の施策が多く含まれ、結果的にそれらの施策が部落を素通りしていくような仕組みがあること自体が差別であることを明らかにし、京都市政にその差別性を認めさせ、同和行政の質的発展を獲得する闘いとして展開された点にある。

闘いの意義は、差別事件の根拠を劣悪な部落の生活環境実態に求め、行政の責任を緻密に、具体的に、反論の余地もないまでに説得力をもった「糾弾要綱」によって追及し、大衆的な闘いを展開するなかで、京都市政の転換を求めたことである。換言すれば、水平社時代の個人的糾弾の方向から、行政責任の追及による社会的糾弾の方向へと発展させたことである。

この闘いは、その後の行政闘争の模範と位置づけられた画期的な闘いであった。ただし、この事件の背景には、部落差別だけでなく在日コリアン差別もあったことを見落としてはならないし、それを共同闘争として組み立てられなかった当時の糾弾闘争の限界も指摘しておく必要がある。

◉西川県議差別事件糾弾闘争（和歌山）

一九五二年二月に、ある宴席で和歌山県議会の西川議員が電話で部落出身議員を呼び出したが出なかったために腹を立て、「あいつら、みな水平社と一本になっている。エッタボシとぐるになりやがって」と喚《わめ》き散らした。同席していた人が抗議をするが、西川県議は反省せず、差別事件として糾弾闘争に発展したものである。

三月に和歌山県内の各郡市に糾弾共闘委員会が結成され、「西川県議の責任追及と同時に、部落の劣悪な生活実態を許している和歌山県行政の差別性を究明」する方針を確立。県会は一致して西川県議の辞職勧告を決議（三月一七日）、続いて五七校一万四〇〇〇人が同盟休校に突入（四月二五日・二六日）、かたくなに辞職を拒否しつづけた西川県議もついに辞職した（五月五日）。

しかし、権力はこの事態に対して、六月三〇日に大阪府警の応援を得た和歌山県警が、御坊《ごぼう》町薗・島の両部落、由良《ゆら》町里部落を急襲し、八二人に重軽傷を負わせ、共闘委員長ら一〇人を逮捕し、さらに七月四日に容疑者を求めて関係各地の部落を襲撃するという乱暴狼藉《ろうぜき》を実行した。

この西川県議差別事件糾弾闘争は、オール・ロマンス差別事件糾弾闘争をふまえ、差別事件を行政闘争に転化させるという方針を実践化し、オール・ロマンス差別事件糾弾闘争よりもはるかに大衆的であり、戦闘的であり、開放的であり、注目すべき闘いであった。

◉吉和中学校差別事件糾弾闘争（広島）

一九五二年六月に、広島県佐伯《さえき》郡吉和村吉和中学校において、赴任したばかりの助教諭が二年生の社会科の授業の「武士の起こり」のところで「部落の住民は平安時代の奴卑や帰化人の子孫」と誤った説明をした。

授業を受けていた部落出身の生徒から相談を受けた地元より部落解放全国委員会に報告され、事態の究明活動が開始された。

吉和中学校差別事件は、「県教委の今日までの部落問題の無視による差別性から発生した具体的な現れであり、県教委が民主教育の最も緊急課題である同和教育に対して今日までなんらの指導方針も持っておらなかった」ために引き起こされた事件として教育行政の責任を追及した。同時に、「差別は単なる観念から発生するものとして、啓蒙《けいもう》さえすれば解決するとする県教委の融和性こそ、部落問題の本質をことさら歪め、差別の再生産になる」と追及したのである。広島県教委は、部落解放全国委員会の追及に対して、部落差別の事実を認め、行政の責任としてこの問題をとらえ、解放行政と同和教育の推進を確約した。

この闘いは、西川県議差別事件と並んで、オール・ロマンス闘争の教育版の実践として高く評価される事件であった。さらに、「差別教諭と校長の罷免」という地元の要求に乗じて事態の決着をはかろうとする県教委に対して解放委員会は、「現場教師こそ共に差別と闘う同志であり、教師の罷免は部落解放運動のとるべき道でなく、差別教師が広島県の同和教育の推進者として自己変革し、同和教育不毛の地に同和教育運動の推進に挺身《ていしん》することが、自己の差別に対して真に責任をとる筋道である」ことを強く主張して、罷免要求を退けた。このことを忘れてはならない。

この糾弾闘争の成果が、大阪などの近畿地区で大きなうねりとなりつつあった同和教育の取り組みと合流し、一九五三年五月六日の全国同和教育研究協議会結成へとつながっていくのである。

◉行政闘争方式の定義と定着化

以上のような糾弾闘争の経験をふまえ、部落解放第八回全国大会（一九五三年）で、新たな闘争形態としての「行政闘争」が確立していくことになる。

そこでは、行政闘争の正式な呼称は「差別行政糾弾（反対）闘争」であり、その内実は、生活擁護闘争と差別糾弾闘争の結合にもとづく「解放行政要求闘争」であり、戦後部落解放運動における基本戦術であると位置づけられた。

さらに、一九五五年に部落解放全国委員会から名称変更していた部落解放同盟は、第一二回全国大会（一九五七年）で行政闘争を再定義した。

〈（従来のように）差別事件を、たんにそれだけのこととして処理したり、差別者個人を糾弾するのではなく、ひろく大衆を行政闘争に組織する〉というかたちで、戦後部落解放運動の基本戦術として確定した。そして、〈われわれの生活を改善し、市民的権利を保障する行政を要求するたたかい〉であり、〈行政闘争は、部落の生活そのものが差別を受けている姿であり、この劣悪な生活実態が一般市民の差別意識を助長しているという観点から、闘いの鉾先《ほこさき》を、部落解放のための具体的政策を意識的に放棄し差別を温存させ、逆に拡大再生産させている政府・地方自治体にむけた、差別糾弾闘争と生活擁護闘争を結合させたもの〉と規定された。

一九五九年の部落解放同盟第一四回全国大会では、行政闘争の意義と目的が再確認された。すなわち、〈部落民が長い間行政体によって市民的権利が保障されず、差別的意図的にうち捨てられて〉〈みじめな状態におかれている〉ことを〈一般市民にも知らせ、部落民の要求は市民として当然のものである〉と理解させ、〈一般市民の意志や感情に支えられて闘いうるところの、部落民の市民的権利の保障を獲得すること〉が行政闘争の目的であるとされた。

また、部落民の要求は〈非常に素朴な改良主義的要求でもある〉、したがって〈部分的要求だけでは、部落の完全解放を期すことはできない〉、行政闘争は〈一つの要求は、その次の要求を生むように、系統的に闘〉い、〈完全解放への手段として闘われるべき〉こと、そして〈末端・地方自治体への闘争から行政闘争を強め〉、〈中央闘争を成功〉させることが確認された。

これ以降今日にいたるまで、部落解放運動においては、水平社時代から継承している「糾弾闘争」と戦後確立したこの「行政闘争」が基本戦術として定着していくことになった。

◉「三つの命題」と「行政闘争」の拡大

部落解放運動の二大基本戦術である「差別糾弾闘争」と「行政闘争」は、一九七〇年代はじめに「三つの命題」といわれる部落解放理論の確立によって理論的裏づけが行われ、大きく拡大していくことになる。

三つの命題とは、「部落差別の本質」「部落差別の社会的存在意義」「社会意識としての部落民に対する差別観念」についての定義である。

元部落解放同盟中央執行委員長であり、命題確立に中心的役割を果たされた朝田善之助さんは、『追悼　朝田善之助―差別と闘いつづけて』（社団法人朝田教育財団発行、一九八三年）で次のように説明している。

「部落差別の本質」の命題とは、常に現象をとおしてあらわれてくる、部落の歴史的・社会的関係を貫ぬく、内的で規定的な性質を客観的に概括したものである。客観的に差別の本質をとらえるということは、一切の社会的矛盾と同じように、その根源である生産関係における部落民の位置づけを正しくおこなうことによってのみ明らかとなる。つまり、部落民が主要な生産関係から除外されていること、これだけが客観的な差別の本質である。そして、ここにこそ差別の本質が示す階級的観点から、ブルジョア民主主義的権利（市民的権利）を獲得する今日の部落解放運動の闘争形態の課題がある。

「部落差別の社会的存在意義」の命題は、部落民が主要な生産関係から除外されているということが、生産関係において果している役割を明らかにしたものである。〔中略〕部落差別は、部落民だけを直接に搾取圧迫するためだけでなく、経済的には、その時代の主要な生産力の担い手である農民、さらには労働者ならびに一般勤労市民の搾取と圧迫をほしいままにし、低賃金・低所得・低生活のしずめとして、政治的には、分裂支配をして対立抗争させる手段としての役割を果すために存在している。この命題は、部落問題の解決が、部落民のみならず、日本の労働者ならびに一般勤労市民の生活と権利を獲得し、飛躍的に向上させるために果す課題と闘争のあり方を、階級的観点から明らかにしたものである。

「社会意識としての部落民に対する差別観念」の命題は、本質ならびに存在意義に照応する搾取の観念形態について明らかにしたものである。〔中略〕社会意識としての部落民に対する差別観念は、その差別の本質に照応して、日常生活化した伝統と教育によって、自己が意識するとしないとにかかわらず、客観的には空気を吸うように、労働者ならびに一般勤労市民の意識の中にも社会意識として入り込み、自らの低賃金・低所得・低生活のしずめとして、政治的には分裂支配としての役割を担わされている。従ってこの命題は、イデオロギー闘争としての差別糾弾闘争の担う課題を明らかにしたものである。

部落差別にかかわる以上のような「三つの命題」による定義と同対審答申の基本精神ともあい

まって、行政闘争は破竹の勢いで全国的に拡大していくのである。

私が青年のころは、「三つの命題の説明がちゃんとできないようでは活動家とはいえない」と言われたほどに、部落解放運動を牽引《けんいん》し、大きな影響を及ぼした理論であった。「三つの命題」に関する理論的考察は第四部（下巻）で論述してみたい。

2　行政闘争の問題と課題

「三つの命題」によって理論武装された行政闘争は、部落大衆が市民的権利を奪われることによってもたらされていた低位劣悪な生活実態を大きく改善していくという画期的な成果をもたらし、部落差別を温存・助長している社会的物的根拠を徐々に切り崩していくとともに、部落解放運動の急激な量的拡大を勝ち取っていった。

しかし、一九八〇年前後くらいから行政闘争の弊害ともいうべき現象が現れはじめた。当時の全国大会の運動方針では、次のような現象に対して繰り返し繰り返し警鐘を鳴らしつづけている。

「地方公共団体に対する闘争に比べ、中央行政への闘争が軽視されている」

「行政的措置によって部落の完全解放が可能という改良主義的幻想が現出している」

「解放同盟が地方行政や政府の下請け団体化の傾向にある」

「戦後初期の部落ボスにかわって、解放運動における幹部請け負いが広まり、大衆の間にも物取り主義が拡大している」

「解放運動の量的拡大とともに、融和主義や解放理論軽視の質的低下を招来している」

以上のような現象が、行政闘争による多大な成果とそれに比例するかたちでの「水ぶくれ現象」ともいうべき部落解放同盟組織の量的拡大にともなって生じてきたのである。

率直にいって、一九八〇年前後には組織問題が多発しているが、同和対策事業の利権にかかわって生じたものが大半であった。一九七〇年代前後からの組織問題が路線問題にかかわる矛盾であったことと比較すると、組織問題が質的変化を起こしているといっていい。

このような負の現象に対する克服への努力が、同和対策事業総点検・改革運動（一九九〇年代初頭）などにみられるように、粘り強く続けられたことは事実であるが、十分に克服しきれず、二〇〇六年の一連の不祥事へとつながっていったことを考えれば、断腸の思いである。

このような負の現象はなぜ引き起こされたのであろうか。行政闘争に対する誤った理解や浅薄な認識からもたらされたものなのか。それとも、行政闘争の論理そのものに内包されていた弱点からきているのか。あらためて行政闘争の論理の検証が必要であろう。

3　行政闘争の論理の検証と継続的発展への今後の課題

◉「行政闘争」の意味が「差別行政糾弾闘争」であることの検証

これまで行政闘争は、「差別糾弾闘争と生活擁護闘争を結合した概念」ということで定義づけられてきた。

そこで、第一に、行政闘争が単なる要求闘争ではなく、「差別行政糾弾闘争」であることの意味について考えてみたい。

差別行政糾弾闘争であるならば、まず「差別実態」の把握、次いで「差別性」の分析、さらに「差別性の背景」の解明、そして「問題解決への課題」の設定という作業が不可欠である。差別事件糾弾の論理と同様である。

行政の差別性ということに関して、重要な分析視点は二つである。ひとつの視点は、すべての人に公平・公正に適用されるべき一般行政施策が被差別部落および部落大衆を排除していなかったかどうかということである。これは、同対審答申が指摘したように「一般行政施策が、事実上同和地区を枠外においた状態」という差別行政の実態である。

もうひとつの視点は、あらかじめ排除しようとする直接的意図がなくても、結果として差別・排除をもたらすような行政施策の展開による差別行政である。これからの行政闘争の課題は、行政施策の結果がもたらす事態を先読みしながら、差別・排除につながる施策に対して断固として闘うという差別行政糾弾闘争が重きをなしていくようになるであろう。

いずれにしても、重要なことは、行政の差別性を指摘しえないような行政闘争はありえないし、やるべきではないということである。これを明確にしていく必要があるだろう。

行政闘争を行う運動体の論理からすれば、差別実態の把握は、「部落白書」「要求白書」運動というかたちで、当事者団体が部落大衆に依拠して自らの手で行うべき課題である。このことをしっかりと自覚しておく必要がある。

行政責任としての行政調査は別途必要であるが、「行政が調査をしないので実態が把握できない」ということがあるとすれば、運動体の責任放棄であり、怠慢である。

運動体自らの力で、部落の実態や部落大衆の要求に具現化している「差別性」と「背景」を分析し、問題解決への政策提示としての「行政への要求書」（糾弾要綱）を必ず成文化し、行政闘争を実施していく運動スタイルを再確立することが問われている。


◉行政闘争が「差別糾弾闘争と生活擁護闘争を結合した概念」であるとは

第二に、行政闘争が「差別糾弾闘争と生活擁護闘争を結合した概念」であるということについて考えてみたい。

このような行政闘争概念は、水平社時代の運動が、部落差別に対しては糾弾闘争、貧困に対しては生活擁護闘争という二元的な理解により「差別事件待ち」運動になったことへの反省から出発し、「差別は単なる観念ではなく実態」であるとの認識から、「貧困もまた差別なり」という「差別と貧困の一元的理解」のもとで、部落解放運動を日常活動化しようとするなかで練り上げられた概念である。

この概念を端的に言い表したのが、「日常部落に生起する問題で、部落民にとって不利益な問題はいっさい差別である」（部落解放同盟第一二回全国大会、一九五七年）という定義である。

この定義をめぐっては、当時真剣で白熱した論争が繰り広げられたことを思い返しておく必要がある。すなわち、「なんでも差別というから、部落の普通の人の感じにもあわず、他の民主勢力との協力もできなくなる」とか、「戦後のいろいろの改革や日本経済がたてなおってくると一緒に、部落の様子も変わり、もはや同じ差別され、はずかしめられた身分という共通感情は、よほど弱くなっているのではないか」という意見が出された。

六〇年前の当時においても、不利益な問題をすべて差別と位置づけていいのかという問題意識が表明され、政治経済の変化にともなって部落の実態も変化しているもとで身分的共通感情は弱体化しているという指摘がなされている。

しかし、当時の低位劣悪な生活環境実態や不安定就労、不就学といった部落差別の厳しい実態と、差別行政が当たり前のように行われていたという現実の前に、この定義は「このような現実が生み出される根っこのところに差別が存在しているのではないかとの観点から実態を分析し、行政闘争を強化していこう」との合意に集約され、方針化された。

その後、部落解放同盟と日本共産党との路線対立が激化していく一九七〇年代から、共産党がこの第一二回大会の定義を根拠に「解同は、何でもかんでも差別と決めつけ、部落第一主義的な暴力的糾弾で利権をむさぼっている」との批判を繰り返したために、部落解放同盟はこの定義の正統性の全面擁護という論調にならざるをえず、その当時の問題意識や指摘は封印されたかたちになってしまった。

ともあれ、この定義のもとで、日常生活のうえでの諸要求が差別によってつくりだされた実態として押し出され、部落を行政施策の枠外に置いて市民的権利を保障してこなかった差別行政の責任を問うというかたちで行政闘争が進展していった。

さらに、一九七〇年代からは、政府の同対審答申と運動体の「三つの命題」が後押しするかたちで行政闘争に拍車がかかり、全国的に同和行政が大きく展開されていった。その結果、今日では部落の実態は、ある意味では劇的に変化したことは事実である。

◉差別行政の結果として生じた差別実態の改善課題は今日も存在するか

この変化をふまえて考えておく必要があるのは、今日、部落差別にもとづく「不利益な問題」として提起しなければならない行政闘争課題とは何であろうかということである。もっといえば、「一般行政施策が部落をその枠外に置いた」差別行政の結果として生じた是正すべき差別実態の改善課題が、今日もなお存在しているのか否かということである。

誤解を恐れずに結論からいうと、今日段階では差別行政糾弾闘争（行政闘争）の対象になる行政課題は、一部の地域を除いて、ほぼなくなってきているのではないか。

理由の第一は、部落を枠外に置いて一般行政施策を行うような差別行政は姿を消したということである。

第二は、従前の差別行政のもとでつくりだされた不利益な問題で物的事業にかかわるものは、同和行政三三年間の取り組みでおおむね解消したといえることである。

このように述べると、差別行政はまだ存在しているし、部落差別の実態はまだ完全に改善されていないのに、差別行政糾弾闘争（行政闘争）を放棄するのかという意見が出てきそうである。もちろん、前述したように、行政姿勢や地域事情で事業進展が遅れている地域も存在しており、これらの地域では継続した行政闘争の取り組みが必要である。いわんや、部落を枠外に置いて一般行政施策の実施を行うような差別行政がふたたび現出する事態があれば、徹底的に差別行政糾弾闘争を行わなければならないことはいうまでもない。

今日、部落に現象している生活苦や貧困の問題は、実は部落にだけ現れているのではなく、日本社会全体に蔓延《まんえん》している。不十分ながらも「部落差別解消推進法」が成立したことは、「部落解放基本法」で求めてきた中身が個別的に法制度化されたことを意味しており、現在は、差別を防止する「差別禁止法」や被害者を救済する「人権委員会設置法」などの包括的な一般法が求められる段階にきている。このような事態に運動体は真正面から向き合わなければならない。

したがって、いま重要なことは、これまでの行政闘争スタイルに固執することではなく、差別実態の現実の推移を見極めて、新たな「行政闘争スタイル」へと軸足を移行させる決断と努力を行うことである。

単なる「行政闘争の強化」というスローガンではなく、部落にだけ特化したようなこれまでの行政闘争スタイルを、ドン・キホーテ的な時代錯誤の状態から解放して、今日的な高みと広がりをめざす運動スタイルへと押し上げていこうということである。

すなわち、部落に現れている困難な課題を、部落だけに集中している特異な課題としてではなく、同じような困難を抱える他の人々と共通の課題としてとらえ、それらの人々との共同ネットワークによって解決していく。そのような運動スタイルへの大胆な転換の決断と実行が求められているのではないだろうか。

しかも、部落差別と他の差別とが「同根異花」であり、それぞれに個別性と共通性を有していることを勘案すれば、部落問題に関する個別交渉とともに、他のマイノリティ団体や人権ＮＧＯ団体などとの合同交渉の実施を追求することこそが、今日的には重要となっている。

◉部落差別撤廃行政（同和行政）は、人権行政の重要な柱であることを確認

人権行政は、抽象的な行政であってはならず、常に具体的な差別撤廃を基本に据えた行政でなければならないことは、繰り返し強調してきた。

人権確立の二〇〇年余にわたる歴史は、人権の対象と領域が時代とともに拡大・発展していったことと、人権の核心が人間の「尊厳」と「生存」を守ることだということを教えている。反差別・反貧困が人権確立の基礎であることを銘記しておくことが重要である。

「平和の基礎は人権確立であり、人権確立の基礎は差別撤廃である」という国際人権基準の基本精神が、常に人権行政の根本に据えられていることが大事である。このことは、具体的な差別

撤廃や生存権確保の課題に応えきれないようでは、人権行政の名に値しないことを意味している。

このような人権行政としての同和行政の推進を求めていくとするならば、運動体のほうもしっかりとした基本姿勢を確立していくことが不可避である。

第一に、情報公開に耐えうる「要求」の社会性・説得性・公開性が必要であり、ボス交や行政依存を招来するような既得権化や特権化を抑止するシステムを構築することである。

第二に、共同闘争としての「行政闘争」を追求することを基本姿勢として貫くべきである。繰り返し述べてきたように、部落に現れた困難な問題の解決への要求を同様な問題を抱えた人たちの課題解決への要求・施策として押し出す姿勢を堅持することである。

第三に、自助・共助・公助にもとづく政策立案を行い、「行政責任万能論」からの脱却をはかることである。問題解決への施策を検討するにあたっては、行政や要求当事者、一般住民など、関係者のそれぞれの責任範囲を明確にし、政策立案を行っていくことである。

◉今後の「行政闘争」のあり方を考えるべき

以上のような問題意識に立って、人権行政としての同和行政へのこれからの向き合い方を考えると、「行政闘争」という呼称も含めて、新たなあり方を模索すべきだと思う。

第一に、人権行政が「平等の原則を実体化していくための、住民参加と住民自治にもとづく行政」であるとするならば、導かれるべき方向性のひとつは「官民協同による政策実現」への道であろう。それは、「行政協議」とも呼ぶべき場の設定であり、現場の知恵で内容にふさわしい呼称を提示していくべきだと思う。

もちろん、新たな呼称によって「行政闘争」という言い方を葬り去るわけではない。「差別行政」と判断すべき状況が出てきた場合には、「差別行政糾弾闘争」（行政闘争）を展開しなければならない。そのとき、差別行政であるとの判断基準は、「一般施策が部落を枠外に置いた状態」なのか、あるいは「一般施策の展開が新たな部落差別を生み出す内容をもつ状態」なのかにあることを明確にしておくべきであろう。そうでない場合は、「行政協議」（仮称）という言い方で、要求内容と活動スタイルの転換を意識化した新たな取り組みにしようということである。

第二に、部落問題だけに関心を払うのではなく、他のマイノリティ問題や社会的人権問題（非正規雇用・貧困問題、ホームレス問題、ＬＧＢＴ問題など）に取り組む人々と連携して、問題解決へむけて共に政策立案の協議を行う「場」をつくりだし、対等・平等の関係のもとに一緒に「行政協議」をしていく活動スタイルを模索することである。

第三に、「行政闘争」から「行政協議」へと軸足を移行させていくという選択は、「行政依存体質」と「行政責任万能論」からの脱却を意味していることを明確に自覚しておく必要がある。

これまでのように、何か不利益な問題が生じてくると、「行政に任せておけばよい」とか「行政に要求すればよい」と考えるような発想と姿勢を転換しなくてはならない。問題に直面したときには、まず最初に、問題解決へむけて自分自身で何ができるのかと考え、努力する（自助）。

次に、地域互助力ともいうべき、まわりにいる人たちの知恵と力を合わせて問題解決をはかる（共助）。そして、個人や地域住民の自発的な努力に対して行政が効果的な支援策を講じるように求めていく（公助）。このような活動スタイルをつくりだすことである。

四　共同闘争・反差別国際連帯の論理と課題（第三期部落解放運動）

部落解放運動は、一九八八年の「反差別国際運動（ＩＭＡＤＲ）」の結成を契機にして、一九九〇年前後から第三期の新たな部落解放運動の段階に入ったとの認識に立っている。

第一期が水平社時代の糾弾闘争主導の段階であり、第二期が戦後からの行政闘争主導の段階である。そして第三期は、共同闘争主導の段階と位置づけられた。

第三期部落解放運動を提起したとき、打ち出された三つのスローガンが当時の問題意識を端的に表している。すなわち、「部落の内から外へ」「部落差別の結果から原因へ」「行政依存から自立へ」であった。

いうならば、部落内改善運動に閉じ込められた部落解放運動が、もう一度自主解放の旗を高く掲げ、部落差別を生み出す原因となっている社会関係の改革に本格的に乗り出して、それを広範な人々との共同闘争の力によって実現していこうとするものであった。

第三期部落解放運動論について、当時の理論的指導者であった大賀正行さんは、次のように述べている。
「要はこれまでの運動と質がちがう、時代や情勢が大きく変わってきているということをふまえて、新しい運動を創造していこうという意欲が第三期だと理解してほしい」(『第三期の部落解放運動―その理論と創造』部落解放研究所、一九九一年)
さらに、この問題意識をより具体化していく方向で友永健三さんは、部落解放運動の第三期の内容を「三つの柱」として提起している。

一つは、部落差別を撤廃していくための直接的課題としては、被差別部落のなかにおいて、住環境面の改善に代表される部落差別の実態の部分的改善から、安定した仕事保障の実現による自立達成に代表される、部落差別の実態の根本的な改善をめざすことである。さらに、差別事件の根絶と、差別事件の背後に存在している差別観念を払拭《ふっしょく》することである。

二つ目には、部落外との関係であるが、部落の周辺地域の実態の改善に参加していくとともに、日本社会において存在している部落差別以外の差別の撤廃、非民主的な諸制度や慣習の撤廃にも積極的に参加し、人権確立社会を実現していくことである。

三つ目は、あらゆる面の国際化時代の到来をふまえ、全世界から差別を撤廃するための活動に積極的に参加していくとともに、国際連合を中心とした国際機関による差別撤廃と人権確立を求めたとりくみと連携を強化していくことである。

（『人権の21世紀へ―部落解放運動の挑戦』部落解放・人権研究所、一九九八年）

この第三期部落解放運動を特徴づける共同闘争は、前述したように、一九七〇年代から糾弾闘争を通じて拡大してきた労働界、教育界、企業界、宗教界、言論界などでの共闘組織を背景に構想されてきたが、画期をなす大きな特徴は国際人権運動との連携であった。

その意味では、本節では、これからの共同闘争の内実をつくっていく国際人権基準の基本精神を咀嚼《そしゃく》することによって、共同闘争の課題を考察してみたい。

1　差別撤廃への人類の英知と今日的な国際人権基準

◉第二次世界大戦への反省から生まれた国際人権基準

第二次世界大戦後の一九四五年一〇月に発足した国際連合は、その国連憲章前文において「言語に絶する悲哀を人類に与えた戦争の惨害から将来の世代を救い、基本的人権と人間の尊厳及び価値と男女及び大小各国の同権とに関する信念をあらためて確認」することを明言した。

この国連憲章の趣旨をさらに具現化するかたちで、一九四八年一二月一〇日に「世界人権宣言」を採択した。宣言前文では、「人類社会のすべての構成員の固有の尊厳と平等で譲ることのできない権利とを承認することは、世界における自由、正義及び平和の基礎である」「人権の無視及び軽侮が、人類の良心を踏みにじった野蛮行為をもたらし」たとの認識を鮮明にした。

すなわち、悲惨な世界大戦を二度とふたたび起こさないとの痛烈な反省のもとに、「平和の基礎は人権確立であり、人権確立の基礎は差別撤廃である」との基本精神をうたいあげたのである。戦争への反省からの宣言であれば、「世界平和宣言」の名称でもよかったはずであるが、「世界人権宣言」とされたのは、このような基本精神を体現するため熟慮された呼称であった。これをふまえておくことは大事なことである。

●世界人権宣言の基本精神と具体化への視点

もう少し世界人権宣言の基本精神を細かくみていくと、五つの柱で成り立っている。すなわち、①人権と平和の不可分性、②非差別・平等の原則、③人種主義の抑止、④国際関心事項としての人権、⑤人権はすべての人民とすべての国とが達成すべき共通基準――ということである。

また、宣言の基本精神として平和・人権確立の基礎に差別撤廃が据えられたことで、「差別」にかかわる重要な認識・視点も打ち出されている。

第一に、差別認識の四指標ともいうべきものである。具体的には、①「差別は、いかなる意味においても合理的根拠をもたない」、②「差別は、差別される人の人間の尊厳を損ない、差別する人の人間性を損なう」、③「差別は、社会の平穏と世界の平和を脅かす」、④「差別撤廃は、人権確立の基礎であり、人権確立は平和の基礎である」という認識である。

第二に、差別撤廃方策への基本的な視点である。それは、「差別は犯罪であるとの認識」「差別の結果に対する救済措置」「差別の原因に対する是正措置」「差別の再発防止にむけた法制度確立と社会意識形成」という視点である。

これらの認識と視点にもとづいて、「差別撤廃への五つの基本方策」ともいうべき内容が、世界人権宣言を具体化していくために今日までに策定された三二の国際人権諸条約において貫かれている。

2 差別撤廃への五つの基本方策

◉第一方策＝差別の法的禁止および被害者救済制度の確立と差別的法制度の改廃

この方策は、「差別は犯罪である」との国際認識にもとづくものであり、「犯罪は法律によって禁止され罰せられる」ことが当然であることから、「差別は法的に禁止されなければならない」との方策が打ち出されている。

たとえば、人種差別撤廃条約の第四条はその典型的事例である。この考え方に連動して差別禁止法は各国で独自に制定されてきているが、とくにドイツの基本法・刑法規定による差別禁止は有名である。

しかし、日本では、法曹界も含めてこれらの考え方に消極的であり、せいぜい「差別は社会悪」であり、教育・啓発で対応すべきだとの考え方がまだまだ支配的であるといわざるをえない。

ただ最近では、日本においても、ヘイトスピーチ（差別煽動）に対する違法判決（二〇一三年一

○月京都地裁判決、二〇一四年七月大阪高裁判決、二〇一四年一二月最高裁判決）が出され、二〇一六年五月に「ヘイトスピーチ解消法」が成立した。また、婚外子差別に対する違憲決定が二〇一三年六月に最高裁で出され、同年一二月には民法の当該部分が改正された。さらに、「障害者差別解消法」の制定（二〇一三年六月）と「障害者権利条約」の批准（二〇一四年一月）などの歓迎すべき動きが出てきている。これらの一連の動きには、国際人権諸条約の影響が色濃く表れている。

さらに、二〇一六年一二月には「部落差別解消推進法」が成立し、「ＬＧＢＴ（性的少数者）対策法案」の議論も本格化しているが、包括的な差別禁止にかかわる国内法の整備などが重要な課題となってきている。

なお、「部落差別解消推進法」にかかわる評価や課題の詳細については、下巻第三部第九章を参照されたい。

◉第二方策＝差別の累積的結果に対する積極的是正・救済措置

この方策は、積年の差別によりもたらされた個人や集団の不利益に対しては、公的責任において積極的な是正・救済措置をとることを義務づけるということである。

たとえば、アメリカのアファーマティブ・アクションやインドのリザベーション・システムなどの措置はよく知られている事例である。日本でも、個別的であるが、同和対策事業特別措置法や「アイヌ文化振興法」「男女雇用機会均等法」、障害者法定雇用率などは、この種の差別撤廃にむけた積極的是正・救済措置である。

重要なことは、この積極的措置は「平等の実質化」をはかる具体的措置であり、「平等の原則に反しない」との基本姿勢を堅持することである。

同時に、これらの措置が既得権化したり特権化したりしないようにするためにも、明確な目標設定を行い、目標が達成されたらただちにやめることが必要であり、有期限的な措置にすることが肝要である。このことをはっきりさせておくことによって、無用な「逆差別」論議を避ける必要がある。

もちろん、目標達成の判断は、恣意性を排除するためにも、科学的な差別実態の調査と分析にもとづくことが不可欠である。その調査分析をふまえて、特別措置の施策をやめるという判断にあたっては、従来の成果を後退させることなく維持させる仕組みと取り組みの先駆性を継続させる手立てを構築しておくことが重要である。

◉第三方策＝差別意識の克服にむけた人権教育・啓発の強化

この方策は、差別意識の克服は「教育に始まって教育に終わる」といわれるように、教育・啓発が決定的に重要なので、公教育やメディアに人権教育・啓発の取り組みを義務づけるということである。

国連は、一九九五年から二〇〇四年までを「人権教育のための国連一〇年」と定め、「教育、啓発、宣伝、情報提供を通じ、知識や技能を伝え態度を育むことにより、人権文化を世界中に築く取り組み」(「人権教育のための国連一〇年行動計画」の「人権教育」の定義)を展開してきた。その国連行動計画の「対象となる集団」は次のとおりであった。

①学校教育、社会教育にかかわる指導者に力を注ぐ。

②一般民衆に、国際的な人権文書について情報提供する。

③非識字者、不就学者、障害者にもメディアを駆使して学習機会を提供する。

④女性、子ども、高齢者、マイノリティ、難民、先住民、生活困窮者、HIV感染者・エイズ患者など、社会的に弱い立場にある人々の人権にとくに重点を置く。

⑤警察官、刑務所職員、法律家、裁判官、教師および教育課程作成者、軍人、国家公務員、開発および平和維持に携わる人々、NGO、メディア、公務員、議会関係者、ならびに人権の実現に影響を与える特別な地位にある人々に対する研修をとくに重視する。

⑥幼児教育、小・中・高校・大学、成人教育などに人権教育を導入し、それに応じた教材を開発する。

⑦NGO、労働者団体、雇用者団体、労働組合、マスメディア、宗教組織、地域組織などが教育プログラムを開発できるように支援する。

日本でも「人権教育のための国連一〇年」を受けた取り組みがなされたが、実質的には前記④項のみの取り組みに限定された感は否めない。

ただ、二〇〇〇年には「人権教育・啓発推進法」が制定されたことは、不十分性はあるものの、評価できるところであり、二〇〇五年から進行している「人権教育のための世界プログラム」の取り組みと密接に連携していくことが望まれる。

◉第四方策＝個々人の違いを認め合う共生の権利の承認

共生の権利は、「人間の尊厳」や「生存権（生命権）」とともに人権概念におけるもっとも核心的な部分である。人間は、一人ひとりの尊厳において平等であるが、一人ひとりがすべて違いをもっているかけがえのない唯一無二の存在である。このことを確認し、「違いを認め合いながら共に生きていくこと」の権利を承認するということである。

同時に、「人間の尊厳」が、「個人としての人間の尊厳」（唯一性・自律性）と「社会的存在としての人間の尊厳」（普遍性・多様性）との両義性から構成されることを考えるとき、「共生の権利の承認」はきわめて重要な方策であることがわかる。

このことから、人間は「社会的存在」であるがゆえに対等・平等の互恵関係（共生関係）を結び合い、「個人」を尊重するという基本を堅持しつつも、その絶対的優位性や劣位性を認めないという原則が導かれる。「個人」はある面で「社会的存在」からの制限を受けざるをえないという調整機能の必要性を教示している。

さらに今日では、「人間の尊厳」は「生態系のもとにおける人間の尊厳」という概念へと発展している。「人間の傲慢性」を排して、人間以外の生命体との相互依存の関係として「共生の権利」をとらえる考え方が定着化してきており、環境問題などの中核的な方策になってきている。

◉第五方策＝国内人権機関の設置による差別の防止・救済策と人権伸張策の実施

国連段階では、一九八〇年代までに人権基準に関する設定作業をほぼ終えたとの認識にもとづき、一九九〇年代からは、この国際人権基準を各国が責任をもって遵守し伸張させていくことを要請している。

一九九三年、国連主催の世界人権会議で「ウィーン宣言および行動計画」を採択して、この方向を具体化し、その国内実施機関として国内人権機関の設置を義務づけた。

国内人権機関のあり方については、一九九一年にパリで開催された国際ワークショップで勧告が採択され、この勧告とほぼ同一の内容が九二年に国連人権委員会で、九三年には国連総会で「国家機関（国内人権機関）の地位に関する原則（パリ原則）」として採択された。以降、各国で設置される国内人権機関はパリ原則にもとづくことが義務化されている。

二〇一二年時点では、すでに一〇〇カ国を超えて国内人権機関が設置されているが、アジア地域では一七カ国にとどまっており、先進国である日本の未設置状況に対して国際的な批判が集中していることは衆知のところである。

二〇〇二年に小泉政権により国会に提出された「人権擁護法案」（廃案）や二〇一二年に野田

16	難民の地位に関する条約	1951.07.28	1954.04.22	145	★ (1981.10.03)
17	難民の地位に関する議定書	1967.01.31	1967.10.04	146	★ (1982.01.01)
18	無国籍の削減に関する条約*	1961.08.30	1975.12.13	68	
19	無国籍者の地位に関する条約*	1954.09.28	1960.06.06	89	
20	既婚婦人の国籍に関する条約*	1957.01.29	1958.08.11	74	
21	婦人の参政権に関する条約	1953.03.31	1954.07.07	123	★ (1955.07.13)
22	婚姻の同意、最低年齢及び登録に関する条約*	1962.11.07	1964.12.09	55	
23	拷問及びその他の残虐な、非人道的な又は品位を傷つける取扱い又は刑罰に関する条約	1984.12.10	1987.06.26	161	★ (1999.06.29)
24	拷問及びその他の残虐な、非人道的な又は品位を傷つける取扱い又は刑罰に関する選択議定書*	2002.12.18	2006.06.22	83	
25	児童の権利に関する条約	1989.11.20	1990.09.02	196	★ (1994.04.22)
26	武力紛争における児童の関与に関する児童の権利に関する条約の選択議定書	2000.05.25	2002.02.12	166	★ (2004.08.02)
27	児童売買、児童買春及び児童ポルノに関する児童の権利に関する条約の選択議定書	2000.05.25	2002.01.18	173	★ (2005.01.24)
28	児童の権利に関する条約の選択議定書（個人通報制度及び調査制度）*	2011.12.19	2014.04.14	32	
29	全ての移住労働者及びその家族の権利保護に関する条約*	1990.12.18	2003.07.01	50	
30	障害者の権利に関する条約	2006.12.13	2008.05.03	172	★ (2014.01.20)
31	障害者の権利に関する条約の選択議定書*	2006.12.13	2008.05.03	92	
32	強制失踪からのすべての者の保護に関する国際条約	2006.12.20	2010.12.23	56	★ (2009.07.23)

＊　日本が未加盟の条約は仮称。
＊＊　「1926年の奴隷条約を改正する議定書」により改正された「1926年の奴隷条約」が「1926年の奴隷条約の改正条約」である。締約国となる方法には、（1）改正条約の締結と、（2）奴隷条約の締結及び改正議定書の受諾との二つがある。
＊＊＊　国連ホームページ上に締約国数の記載がないもの。

資料提供＝一般財団法人アジア・太平洋人権情報センター（ヒューライツ大阪）

国連が中心となって作成した人権関係諸条約一覧（2017年3月1日現在）

	条約名称	採択年月日	発効年月日	締約国数	日本が締結している条約（締結年月日）
1	経済的、社会的及び文化的権利に関する国際規約	1966.12.16	1976.01.03	165	★（1979.06.21）
2	経済的、社会的及び文化的権利に関する国際規約の選択議定書	2008.12.10	2013.05.05	22	
3	市民的及び政治的権利に関する国際規約	1966.12.16	1976.03.23	169	★（1979.06.21）
4	市民的及び政治的権利に関する国際規約の選択議定書*	1966.12.16	1976.03.23	115	
5	市民的及び政治的権利に関する国際規約の第２選択議定書（死刑廃止）*	1989.12.15	1991.07.11	84	
6	あらゆる形態の人種差別の撤廃に関する国際条約	1965.12.21	1969.01.04	178	★（1995.12.15）
7	アパルトヘイト犯罪の禁止及び処罰に関する国際条約*	1973.11.30	1976.07.18	109	
8	スポーツ分野における反アパルトヘイト国際条約*	1985.12.10	1988.04.03	60	
9	女子に対するあらゆる形態の差別の撤廃に関する条約	1979.12.18	1981.09.03	189	★（1985.06.25）
10	女子に対するあらゆる形態の差別の撤廃に関する条約の選択議定書*	1999.10.06	2000.12.22	108	
11	集団殺害罪の防止及び処罰に関する条約*	1948.12.09	1951.01.12	147	
12	戦争犯罪及び人道に対する罪に対する時効不適用に関する条約*	1968.11.26	1970.11.11	55	
13	奴隷改正条約**				
	（１）1926年の奴隷条約*	1926.09.25	1927.03.09	***	
	（１）1926年の奴隷条約を改正する議定書*	1953.10.23	1953.12.07	61	
	（２）1926年の奴隷条約の改正条約**	1953.12.07	1955.07.07	99	
14	奴隷制度、奴隷取引並びに奴隷制度に類似する制度及び慣行の廃止に関する補足条約*	1956.09.07	1957.04.30	123	
15	人身売買及び他人の売春からの搾取の禁止に関する条約	1949.12.02	1951.07.25	82	★（1958.05.01）

政権のもとで閣議決定された「人権委員会設置法案」（廃案）などは、国内人権機関の設置を柱とする法案であり、日本の人権政策確立にとっての試金石である。

3　共同闘争の具体的指針は国際人権基準の現実化

差別認識にかかわる四指標と差別撤廃への五方策を、それぞれの組織や団体、地域において責任をもって足元から具体化していく取り組みのうえに立って、差別撤廃・人権確立への協働行動を推し進めていくことが、これからの共同闘争の内実化をはかっていくうえでの重要指針になると考える。

その意味では、「国際人権基準の現実化」を共同闘争の共同綱領として、「差別撤廃・人権確立・生活権と生存権確保・平和擁護・環境保全」をキーワードに据えながら、広範で重層的な市民ネットワークの形成によって社会連帯・国際連帯をめざしていくことが求められている。

五　「部落解放基本法」制定運動の意義と大きな転換点

「部落解放基本法」制定運動は、第二期部落解放運動の「行政闘争主導」時代における集約的な闘いであったといえる。それは、「基本法」制定でめざした内容においても、闘いの規模と広がりにおいても画期となる闘いであった。

今後の運動的教訓の意味も含めて、とりわけ組織的軋轢《あつれき》をも内包した村山連立政権時における激闘の二年間にかかわる歴史的事実として、その詳細を記しておくことにする。

1 「部落解放基本法」制定運動の開始と広がり

◉「部落解放基本法」制定の必要性と五つの構成部分

一九八五年から開始した「部落解放基本法」制定運動は、同和対策事業特別措置法にもとづいて展開された同和行政では部落差別撤廃へむけての本格的な総合政策を展開するには限界があることがみえはじめ、この限界を突破しようとした取り組みであった。

当時、「部落解放基本法」の必要性について、三つの根拠を提示した。第一に部落差別の現実の直視、第二に同対審答申の基本精神の具体化、第三に国際人権基準の具体化であった。

このような立法根拠から練り上げられた「部落解放基本法案」は五つの構成部分から成り立っていた。第一は、部落差別は許すことができない社会悪であることを明言する「宣言法的部分」、第二は、悪質な差別事象に対する規制と被害者救済を求める「規制・救済法的部分」、第三は、誤った部落差別意識や偏見を克服していくための「教育・啓発法的部分」、第四は、部落差別撤廃にむけて必要な施策を実施する「事業法的部分」、第五は、部落差別撤廃への基本政策の議論を行うための審議会などを設置する「組織法的部分」であった。この五つの構成部分は、一見してすぐにわかるように、前項で詳述した国際人権基準における差別撤廃への基本五方策をふまえたものである。

◉「基本法」制定闘争をめぐる三つの争点

もちろん、「基本法」制定運動をめぐっての論争もあった。大きな争点は三つである。

第一の争点は、糾弾を権力の手にゆだねるのかという問題である。すなわち、差別を法律によって禁止し救済を求めることになると、糾弾の根拠が権力によって奪われることになるのではないかという議論である。この議論は、運動体やその近しい周辺で根強く存在していた。代表的な議論のひとつとして、師岡佑行《もろおかすけゆき》さんは次のように述べている。

差別の法的規制という問題ですが、これは、私ははっきり言って反対ですね。……法的規制となれば、法を運用する国家が前面に出るわけですね。だから法についていえば、宣言的な法ができるというならまあまあですけど、憲法二五条〔健康で文化的な最低限度の生活を営む権利＝谷元注〕で十分だと思いますね。へたをすると、特措法で抱え込まれたものが、直接の差別糾弾にまで及んで民衆の側の自主性がまったく消えてしまうという意味で、差別禁止条例などというものは解放運動の命とりになりかねません。

（『現代部落解放試論』柘植書房、一九八四年、二五五―二五六頁）

たしかに、師岡さんが指摘されていた問題は大切であり、今日はいうに及ばず将来においても常に警戒をしなければならない問題である。事実、「特別措置法」時代に行政依存傾向を深めた側面はあったし、権力の論理を部落解放運動が内面化した誤りもあった。その面では、師岡さんが危惧した指摘が当たっている面がある。

しかし、問題は、そのような危惧が存在するという理由で、「差別禁止」の法制度を求めることは誤りなのかということである。私は、この争点の根底には民主主義の理解をめぐる問題が存在しているように思う。

民主主義の本質は「主権在民」である。すなわち、民衆が権力を掌握しそれを行使する主体であり、そのことを担保する前提として民衆間の「平等の原則」が譲ることのできない原理として存在するというのが民主主義の根源な考え方である。それゆえに、平等の原則を侵害する自由権は存在しえず、差別は禁止され規制されなければならないのである。

差別禁止の法制度を確立することは、民主主義の「平等の原則」を実体化していくうえで避けて通ることのできない課題であり、それを否定することは民主主義の否定につながる論理といわざるをえない。

もちろん、師岡さんが指摘されていたように、権力が民衆の自発性や権利を抑え込み、民衆にものを言わせないような体制をつくりだす危険性は常に存在する。その危険性を排除するために、「権力の濫用を監視するシステム」と「抵抗権の行使である異議申し立てのシステム」をあわせてつくりあげておくことは必要不可欠な課題である。

このような差別禁止にかかわる法制度を整備していけば、差別禁止法ができたとしても、糾弾の権利を権力にゆだねるという事態にはならないし、むしろ糾弾の権利にかかわる法的・社会的根拠をより確かなものにしていくことができるのである。

現在でも、差別言動に対する法的禁止・規制にかかわっては、法曹界や学界の進歩的といわれる人たちのなかにも「権力に個人の自由権を規制・抑圧する口実を与える危険性があるので、いかなる法的禁止や規制をも行うべきではない」という意見が根強く存在している。

しかし、私は、そのような差別の法的禁止に対するきわめて冷淡な意見は、民主主義の原理から逸脱しているし、権力への過大評価と民衆蔑視の自由主義的エリートの論理に道を開くものになるのではないかと考えている。

第二の争点は、「部落解放基本法」というような法律で部落が解放されるのかという問題である。第一の争点ともからむ問題であるが、法律だけで部落が解放されることはありえないことは明白である。それは、一八七一（明治四）年の太政官布告（「賤民廃止令」「解放令」）によっても部落が解放されなかったという歴史的事実が証明している。

部落解放のためには、法律や制度を活用・具体化していく自発的な当事者運動としての部落解放運動の力が不可欠であり、その力を背景に、差別撤廃・人権確立への行政努力を促し、広範な世論（社会的合意・共感）を形成することが必要である。

同時にみておくべきことは、「部落解放基本法」のような法律ができることによって、運動展開や行政努力への強力な法的根拠をつくることになるし、何よりも法律が差別撤廃・人権確立への社会意識を形成していく大きな武器になることである。

このような争点については、当時の「特別措置法」を根拠にして、「行政責任」の名のもとに何でもかんでも要求を押し出していく「行政責任万能論」ともいうべき論調が運動体のなかに流布していたことへの反発から出されていた正当な意見であった側面も見逃してはならないだろう。

第三の争点は、基本法と事業法の関係にかかわる立法技術上の問題である。すなわち、基本法があって、その具体化として事業法ができるのが本来の立法のあり方であり、すでに事業法が存在して一五年以上も経過しているのに、いまさら基本法を要求するのは立法技術上疑問が残るという議論である。これは、主に政府・行政サイドからの問題提起であった。

立法技術論的な面からいえば、政府・行政サイドの問題提起にも一理あるようにみえるが、これは本末転倒の論理である。もともと、同対審答申を受けて「基本法か、特別措置法か」という立法議論があったときに、「特別措置法」で押し切ったのは政府・与党だった。その「特別措置法」の限界が明らかになった状況では、あらためて「基本法」を策定することは立法趣旨からしても当然であり、立法技術論の問題ではないはずであろう。まさに、体裁や体面にとらわれることなく、「過ちては改むるに憚《はばか》ること勿《なか》れ」である。

◉「基本法」制定運動の広がりと政治の地殻変動

さまざまな議論をふまえて、一九八五年に「部落解放基本法案」が公表され、同時に「部落解放基本法制定要求国民運動中央実行委員会」が結成され、浄土真宗本願寺派の大谷光真門主が初代会長に就任し、本格的な制定運動が開始された。中央実行委員会組織に次いで、四〇都府県にも及ぶ地方実行委員会が結成され、大きな広がりをもった。

このような動きに対して、一九八六年の政府地対協の意見具申は、時代錯誤の対応を示した。すなわち、政府は、同和行政を精力的に進めているのに差別が解消しないのは、民間運動団体と地方自治体に問題があるからだとする国策の反動的転換ともいうべき方向を打ち出してきたのである。このような政府の姿勢には、当時の中曽根内閣が推し進めていた「戦後政治の総決算」路線が反映していたことは紛れもない事実であった。日本の政治が、アメリカのレーガン大統領、イギリスのサッチャー首相とともに、新自由主義路線へ舵《かじ》を切ったということである。

まさに、「部落解放基本法」制定路線と八六年政府地対協路線との対決構図が現出したといえる。部落解放運動は、この地対協路線との対決に全力を傾注し、数年後に「立ち枯れ状態」（意見具申の実質的反古《ほご》状態）に追い込むことに成功した。

同時に、地対協路線において運動体や地方自治体への攻撃の対象にされた事態への改革運動に着手した。それが、一九九〇年代初頭から全国的に開始した「同和対策事業総点検・改革運動」であった。

しかし、この「自らの襟《えり》を正す」ための取り組みが所期の目的を十分に果たせなかったことは事実であり、のちの二〇〇六年の一連の不祥事につながっていったことを思えば、痛恨の極みである。（詳細は第二章二－3「二〇〇六年の一連の不祥事と再生改革運動の展開」の項を参照）

さらに、この時期に着手した重要な取り組みは、地方からの「基本法」制定闘争という位置づけで、部落差別撤廃や人権尊重を目的とした「自治体条例運動」を展開したことである。

この取り組みは、一九九三年に徳島県阿南《あなん》市で「阿南市部落差別撤廃・人権擁護に関する条例」が全国で最初に制定されたのを皮切りに、一〇年間ほどの期間に一七一〇の自治体で七五八条例、九五二宣言が採択（二〇〇三年時点）されるという広がりをみせ、今日においても条例制定の動きは続いている。これらの条例・宣言が今日の「人権のまちづくり」運動の強力な根拠になっており、特筆に値する取り組みである。

このような「部落解放基本法」制定運動の裾《すそ》野の広がりと、一九九〇年代から現象してきた政治的地殻変動のもとで、「基本法」制定運動は激闘の二年間を迎えることになる。

この間の詳細については、「閑話休題」第一章を参照していただきたい。いずれにしても、私はこの「激闘の二年間」のあと、中央書記次長の職を辞し、地元の西成に帰って、部落解放運動の原点に立ち返りながら、新たな運動の方向性を模索していくことになった。

第二章　新たな部落解放運動への転機と模索

一　西成の地から部落解放運動の原点を考える
「福祉と人権のまちづくり」運動の醍醐味

1　苦境のなかで仲間のありがたさを痛感

私は、一九九六年二月一九日の緊急中央執行委員会で中央書記次長を辞任し、翌日の夕方に帰阪した。失意のなかで新大阪駅のホームに降り立った私を西成の仲間たちが出迎えてくれた。思いもかけないことで、支部の富田一幸書記長や赤井隆史さんなど、一〇人近くの顔があった。富田書記長が「長い間ご苦労さんでした」と声をかけてきて、私は体中に熱いものがこみ上げてくるのを感じながら、「うん」としか答えられずに、みんなと支部の事務所に向かった。事務所で、私は短く中執会議の内容などを報告し、富田書記長の「これからは西成でがんばってくださいや」ということばで散会した。このときのことを私は終生忘れることができないだろう。西成に帰ってからも、さまざまな攻撃や仕打ちがあったが、西成支部の仲間や多くの友人たちは、老若男女を問わず毅然《きぜん》としてそれを跳ね返し、私を温かく包み込んでくれた。苦境にあるときほど、自分にとってだれが本当の仲間かがよく見えてくるというが、それは事実であることを肌身をもって感じた。

西成支部に帰ってから私は、ただちに「西成地区まちづくり委員会」の仕事に着任した。また、支部の副支部長にも就任して、部落解放運動を地域から見つめ直す機会を用意してもらった。早くから中央本部段階の仕事に就き、長い間その任にあって走りつづけてきた私としては、それまでの活動を検証していくうえでまたとない機会であった。ふたたび中央本部の専従になるまでの六年間は、ほんとうに貴重な時間であったと感謝している。

2　西成地区の取り組みを大きく変えた発想の転換

◉西成は大阪市内における周回遅れのランナー

西成における部落解放総合計画の取り組みは遅々として進まず、大阪市内一二部落の後塵《こうじん》を拝する位置にあった。まさに、全国的に最先端を走っていた大阪市内の同和行政・まちづくりの取り組みのなかでは、西成地区は周回遅れのランナーであった。

大阪市内の各部落では、先進地視察ということで全国から視察団をひっきりなしに受け入れていた。多くの視察団は、先進地として日之出《ひので》地区、矢田《やた》地区、浪速《なにわ》地区などを見て回り、最後に旧態依然とした部落の差別実態を視《み》るために西成を訪れてくる。

地元の西成としては、視察の意義はわかるものの、ギリギリと歯ぎしりするような思いで視察を受け入れていた。また、同和対策事業の進捗状況が毎年、地方自治体から政府に報告され、残事業費がどのくらいあるかを示し、国の予算措置額算出の根拠にされていたが、大阪市からの報告書には、残事業量を示したあと、必ず「但し、西成地区は除く」と注意書きがなされていた。

地区規模が大きすぎて課題も山積しているために、総合計画を立案することができず、全体の事業量算出が不能だという理由である。

◉西成における有効な総計手法は見当たらない

大阪市も、同和行政が本格化して一〇年もの時間が経過しているにもかかわらず、西成地区だけが取り残されている事態を打開しようとして、一九七八年に地元と大阪市による「西成地区総合計画委員会」を設置し、再度、西成地区総合計画の見直しと再立案のために、大阪市立大学工学部の三輪嘉男《みわよしお》教授に環境整備調査と計画手法の選定を依頼した。

しかし、三輪報告書は、実態調査にもとづいて、計画手法の方向性について「土地区画整理法などの大規模な面的整備手法の適用は困難」と結論づけた。要するに、地区が大きすぎて現行の同和対策事業の手法では有効な方策が見当たらないということである。

西成地区は、長い間、一般行政施策の枠外に置かれ、いままた同和行政の枠外に置かれようとしている。地元の西成支部にとっても衝撃的な結論であった。実際にその後、西成における総計画は一〇年以上の中断状況を余儀なくされた。

◉特別対策の手法を脱却した一般対策手法の活用

一九九〇年代のはじめごろに、当時、支部の書記長になったばかりの松岡徹さん、府連専従から支部専従になっていた富田さんと私は、事態打開のために議論を積み重ねていた。

そして、私たちがたどり着いた結論は、同和対策における手法は、もともと「一般対策の活用の手法」と「特別対策の手法」の二つが同対審答申で提示されていたではないか。それが、時間の経過とともに特別対策の手法だけで同和対策を進めるようになってきた。だから「有効な方策が見当たらない」のであって、一般対策の手法を活用すれば知恵は出るはずだということであった。

私にとってこの論理の着想は、富田さんが常々「福祉分野では、同和対策事業なんかよりもはるかに有用な一般対策の事業がたくさんあり、これを活用すべきだ。特別対策の枠組みに固執しているから、運動体のほうもその重要さが見えなくなっている」と言っていたことがヒントであった。

私は、この論理を大賀正行さんに説明し、助力を要請した。大賀さんはただちに動いて「場」を設定してくれた。大阪市の幹部である佐々木さん・柳瀬さん、西成の松岡さん・富田さんと私の三人、そして大賀さんという六人で、非公式の会談を難波《なんば》の「ホテル一栄」で行った。

この会談が、西成で「まちづくり」を柱とした同和行政を進めていくうえでの画期になったと私は思っている。「一般対策を活用して西成のまちづくりを行うべきだ」という私たちの主張に対して、のちに助役になる佐々木さんは「趣旨はよくわかった。やり方を真剣に検討する」と約束してくれた。私は、このときの「井戸を掘ってくれた」人たちへの恩義を忘れてはならないと思っている。西成のまちづくりは、決して地元の力だけで始まったのではないのだ。

◉動きはじめた西成のまちづくり

その後、ようやく一九九二年三月に、大阪市同和対策審議会が「(西成地区にかかわって)現行制度では解決策がないままに、ほとんど改善されていない大規模地区の生活環境整備については、検討機関を設置し、早急に方策を見出すとともに、地区総合計画を策定し、実施すべきである」との意見具申を市長に行った。

その後、大阪市の庁内推進機関として「西成環境整備推進プロジェクト会議」が設置され、大阪市老朽密集市街地開発事業という一般対策事業を西成地区や生野《いくの》地区などに適用して、まちづくりを進める基本方針が提案された。手始めとして西成地区での取り組みが一九九六年に開始され、「未来に輝く人間都市」がまちづくりの基本理念とされた。

◉「西成地区街づくり委員会」の結成

このような行政の動きと連携するかたちで、一九九四年七月に西成支部が中心となって町内会はもとより地区内の各種団体のほとんどを網羅して、「西成地区街づくり委員会」が結成され、「私たちの街は私たちが創る」のコンセプトを確立し、一九九五年から「西成まちづくり研究集会」を毎年開催するなど、多様な取り組みが前進していき、今日にいたっている。

その当時の取り組みについては、『西成の部落解放運動—変身、五年の軌跡』（部落解放同盟西成支部、一九九八年）に詳しい。現在の西成地区におけるまちづくり運動は、部落解放同盟西成支部（寺本良弘支部長）、社会福祉法人ヒューマンライツ福祉協会（摺木利幸理事長）、株式会社ナイス（富田一幸代表取締役）を中心とするトロイカ体制で推進されている。

◉住民自身の手で行った「西成地区生活白書」づくり

そのなかで、私がいちばん強調しておきたいことは、まちづくりを進めていくうえでの基礎資料として「西成地区生活白書」を住民自身の力でつくりあげたことである。

「生活実態調査」（四七〇〇世帯協力）、「重度障害者生活実態調査」（四〇〇人）、「障害者ニーズ調査」（一〇〇〇人）、「高齢者ニーズ調査」（一七〇〇人）、「市営住宅入居者生活意識調査」（一二〇〇

世帯）、「母子父子家庭生活実態調査」（一五〇人）、「若年母子父子家庭生活意識調査」（六〇人）が実施され、すべての調査で住民自身によって調査項目の設定、家庭訪問、調査結果分析の作業が行われた。

◉調査なくして発言権なし

これらの作業を通じて、部落解放運動が深化し、新たな運動形態や組織がつくられていったことは特筆しておきたい。

とりわけ今日、部落の実態が大きく変化していることは事実であるにもかかわらず、行政調査がやられないという事態の前で、運動体が自らの力で「白書」運動をやり抜き、新たな運動課題を把握して、組織のあり方を具体的な事実にもとづいて創出していくことは喫緊の課題であるように思う。「調査なくして発言権なし」である。

3　西成での活動経験から模索した部落解放運動のあり方

◉現場から部落解放運動のあり方を模索

私は、一九九六年四月から二〇〇二年三月まで、西成支部の副支部長として「まちづくり」運動を中心に地域運動にかかわってきた。この経験は、中央本部での活動が中心だった私自身にとってかけがえのない財産になった。

とりわけ、支部書記長であった富田一幸さんからの教訓は、部落解放運動の新たな構想を展望していくうえで刺激的であった。彼は、常に地域での具体的な課題から部落解放運動総体のあり方を考えていたし、部落解放運動を外からの視点で相対化し、その是非を問い直していく発想があった。

そのなかでも、彼の福祉運動や障害者運動、釜ヶ崎《かまがさき》と連動するホームレス問題の視点などからの問題提起は、強烈な刺激であり、部落解放運動の強さと弱さがどこにあるのかも具体的に見えてきたように思う。

◉物事をラディカル（根源的）に考え、現実には柔軟に対応

彼の問題提起は、同和対策の枠内で部落内の生活権を守るという既得権擁護のような運動スタイルでは、部落解放運動に未来はあるのかという暗示的指摘であったように思う。

富田さんは、さまざまな事態に対して熟慮し、物事の本質をラディカル（根源的）にとらえる能力に長《た》けている。ただ、その結論だけを思考のプロセス抜きに語ったり、しかも自明視されているような事柄についてはことさら否定的に語り、ショック療法的に提起する癖があり、周囲から誤解を生むことも多々ある。

けれども、彼の問題提起は多くの場合、正鵠《せいこく》を射ているし、現実的な事態への対処は柔軟である。そのような彼の発想と姿勢から、私自身は多くの学びを得ることができた。とりわけ、福祉

運動と障害者運動に関しては、富田さんは私の「先生」であった。

◉運動と事業の「分離」から「統一」へ

そして、そのような貴重な経験によって、部落解放運動の弱点、そしてそれは私自身の弱さでもあるのだが、「福祉」と「経済」に対する政策関心の決定的な稀薄さを痛感させられた。たとえば、障害者運動や女性運動の論理が、一九九〇年代においてはすでに部落解放運動の論理を多くの面で乗り越えていることを実感した。また、部落解放運動のなかで定着していた「運動と事業の分離」論の不十分性にも気づかされた。

この分離論は、一九七四年、同和建設協会において同和対策事業をめぐって生じた内紛問題への対応策として打ち出されたものであった。たしかに、同和対策という行政事業にかかわる利権争いに運動体が関与することは賢明ではないという側面がある。「君子危うきに近寄らず」の論理である。

しかし、「虎穴に入らずんば虎児を得ず」という論理もある。「運動と事業の分離」の論理は、私的企業の利権がからむ事業に対してはそのとおりであるが、「事業」一般に関してすべからく適用すべきかというと、そうではないと思うようになった。

すなわち、まちづくり運動などのように住民主導で取り組む課題のなかから発生してくる必要事業については、むしろ運動体が積極的にかかわり、「事業」に対する民主的な管理・執行方法を洗練化し習熟化していく必要がある。

もちろんその場合、運動体が直接にということではなく、運動的指導性を発揮できる「公益法人」や「社会的企業体」を立ち上げて、私的利権に走らない経済活動のあり方をしっかり習得しながら関与していくことになる。

◉行政依存体質からの脱却へむけたコミュニティ・ビジネスの創出

この取り組みは、厄介で危険をはらむ仕事を抱え込むことになる。しかし、そのような「運動と事業の統一」をはかって積極的に事業政策へ関与していかなければ、持続可能な地域経営は困難になるであろう。

いわゆる「自らが経営者であり労働者である」という「社会的起業」「社会的企業」といわれるコミュニティ・ビジネスの創出であり、行政依存体質からの脱却への有効な取り組みのひとつになると考えている。

◉見えはじめてきた部落解放運動の方向性

これからの部落解放運動の新たな方向性が、「人権の法制度の確立」運動や「人権と福祉のまちづくり」運動、さらには「人間の真摯な生き方を追求する教育」運動であり、そのような運動を「部落の枠組みを超えた広範なネットワークの形成」によって進めていくことであると確信したのである。

二　新たな部落解放運動構築への模索　共同性に裏づけられた主体性の確立

私は、二〇〇〇年の部落解放同盟第五七回全国大会で中央執行委員に復帰し、二〇〇二年からはふたたび中央書記次長として専従役員の仕事に着任した。

新たな部落解放運動をどのように構築していくかという課題との格闘の日々であった。実に多くの課題と向き合わなければならなかったが、今日につながる大きな課題に絞って述べておきたい。

その第一は「部落解放基本法」制定運動の戦術転換という「人権の法制度」確立にかかわる問題(二〇〇二年)であり、第二は「人権のまちづくり」運動の提起という地域からの人権運動・民主主義運動展開の問題(二〇〇三年)、第三は「二〇〇六年の一連の不祥事」という部落解放運動の解体的出直しの問題である。

1　「部落解放基本法」制定運動の戦術的転換と組織の改称

一九八五年以来、長年にわたって取り組まれてきた「部落解放基本法」制定運動は、日本における人権の法制度のあり方を大きく変えはじめており、二〇〇二年三月末の「特別措置法」失効期ともあいまって、新たな戦術的転換を行った。

それが、二〇〇二年七月二三日に開催された部落解放基本法制定要求国民運動中央実行委員会第九回総会で示された〈「部落解放基本法」制定運動の新たな展開を求めて――「部落解放・人権政策確立」要求運動への発展的改称にあたって〉と題する文書である。

◉「基本法」制定運動一七年間の成果

一九八五年から開始した「部落解放基本法」制定運動は、一七年間に及ぶ闘いのなかで日本の人権の法制度確立へむけて確かな足跡を刻んできたといえる。

具体的な第一の成果は、一九九五年六月に村山連立政権（自社さ）の「与党・人権と差別問題に関するプロジェクト」から〈中間意見〉を〝激闘の二年間〟によって引き出したことである。

この中間意見はのちに閣議決定されたが、人種差別撤廃条約の年内批准、「人権教育のための国連一〇年」の取り組みの必要性、「人権擁護のあり方、実効ある人権侵害への対応のあり方」の検討開始の必要性、「同和問題の抜本的早期解決に向けた方策のあり方」についての十分かつ速やかな検討の必要性を柱としていた。不十分点をもってはいたが、日本の人権行政が初めて国際人権潮流に明確に連動した歴史的転機であった。この〈中間意見〉の基本線に従って、その後の事態が進展していくことになる。

すなわち、人種差別撤廃条約への加入（一九九五年一二月）、「人権教育のための国連一〇年」

政府推進本部の設置（一九九五年一二月）、地対協意見具申（「同和問題の早期解決に向けた今後の方策の基本的な在り方について」一九九六年五月）、「人権擁護施策推進法」の成立（「人権教育・啓発」および「人権侵害救済」にかかわる審議会設置法。一九九六年一二月）、「人権教育・啓発推進法」の成立（二〇〇〇年一二月）、「人権擁護法案」を小泉内閣が閣議決定・国会提出（二〇〇二年三月）、「地対財特法」期限切れ（二〇〇二年三月三一日）という流れになっていくのである。

この流れは、「部落解放基本法」でめざしてきた五つの構成部分の内容が、個別法として実現してきていることを示している。

第二の成果は、地方自治体での条例制定の広がりである。「部落解放基本法」の自治体版として、一九九〇年代はじめから取り組んできた部落差別撤廃・人権尊重の「条例・宣言」制定運動が、一七〇〇を超える自治体で実現したことである。

さらに、これらの「条例・宣言」を具体化していく取り組みとして、「人権のまちづくり」運動が着実に拡大していることである。

第三の成果は、「部落解放基本法」制定運動が、他のマイノリティ運動のサポーター的存在として寄与できたことである。

ハンセン病回復者への差別法であった「らい予防法」の廃止（一九九六年）、同じくアイヌ民族への差別法であった「北海道旧土人保護法」の廃止と「アイヌ新法」（「アイヌ文化の振興並びにアイヌの伝統等に関する知識の普及及び啓発に関する法律」〔略称＝アイヌ文化振興法〕）の制定（一九九七年）、また、人種差別撤廃条約への加入によって在日外国人の権利擁護と拡大をはかる取り組みが活発化してきたこと、さらに障害者差別撤廃運動や女性差別撤廃運動などと連携してきたことである。

以上のような成果と到達点をふまえながら、「部落解放基本法」制定運動は大きな戦術的転換をはかったのである。

◉戦術転換の意味

第一の転換は、「基本法」制定への戦術の転換であった。すなわち、「部落解放基本法」そのものの制定をめざすということではなしに、「五つの構成部分」を個別法として制定していくという方向を明確にしたことである。

これは、すでに「人権教育・啓発推進法」の公布・施行によって「教育・啓発法的部分」が実現しており、「規制・救済法的部分」および「組織法的部分」は「人権擁護法案」の充実・改正によって実現できるとの判断にもとづくものであった。

衆知のように、この法案はその後、「人権侵害救済法案」「人権委員会設置法案」などというかたちで議論されてきたが、いまだに成立しておらず、今後の課題となっている。一方、二〇一六年には「部落差別解消推進法」が成立し、「宣言法的部分」が実現したことになる。

こうしてみてくると、「基本法」の五つの構成内容において、現時点で議論の俎上《そじょう》に乗っていないのは、「事業法的部分」のみである。私は、これについては、従来のような特別対策の事業を求めるのではなく、「人権のまちづくり」を推進し「運動」を支援するような仕組みをもった「人権のまちづくり推進支援法」（仮称）のような普遍性をもった法律を、広範な人々と一緒になって求めていくべきだと考えている。

ある意味で、「部落解放基本法」制定運動における戦術転換というのは、「部落解放」という枠組みを乗り越えて、さまざまな人権の法制度確立への突破口を切り拓《ひら》いていく運動へと舵を切ったということである。

◉重点転換の意味

したがって、第二の転換は、全般的な人権関連法制度の確立への重点の転換であった。新たな「部落解放・人権政策確立」要求運動での基本的な取り組み課題として次の五つの方向が打ち出されたことは、このことをはっきりと示しているといえる。

「日本を真に人権立国にしていくための法律や行政機構の整備」
「国際人権規約や人種差別撤廃条約などの具体化と完全批准」
「同和行政の成果をふまえた人権行政の創造」
「同和教育の成果をふまえた人権教育の創造」
「人権尊重のまちづくりの実現」

参考資料●中央実行委員会歴代会長一覧

	会長所属組織・役職名	就任期間	年数	備考
初代会長	浄土真宗本願寺派門主	1985年〜1992年	7年	
二代会長	曹洞宗管長	1992年〜2006年	14年	5人の管長
三代会長	浄土門主	2006年〜2008年	2年	
四代会長	真宗大谷派門首	2008年〜2014年	6年	
五代会長	高野山真言宗管長	2014年〜		

まさに、部落問題の解決を困難を抱えたすべての人たちの人権課題の解決につなげていく政策の実現へと軸足の重点を明確に転換したのである。

◉組織名改称の意味

第三の転換は、組織の名称変更であった。その要点の第一は、「基本法」そのものの制定をめざすのではなく、「基本法」の中身を個別法の制定によって実現させていくことを明確にしたことである。

第二の要点は、「部落」の枠組みにとらわれることなく、すべての人の権利擁護・伸張につながっていく全般的な人権の法制度確立の取り組みに重点を置いていくことを示したことである。

第三の要点は、従来、部落解放運動のなかでなじんできた「国民運動」という呼称をはずすことによって、国民国家の論理の枠組みにとらわれない、国境を越える人権運動にしていこうとの思いである。

このような意味合いをもって、「部落解放基本法制定要求国民運動中央実行委員会」から「部落解放・人権政策確立要求中央実行委員会」へと組織を改称したのである。

2　地域からの関係づくりを模索する「人権のまちづくり」運動の提起

新たな部落解放運動の方向性としての大きな柱のひとつは、「人権のまちづくり運動」の提起であった。その基本的な考え方が、二〇〇三年五月の部落解放同盟第六〇回全国大会で採択された〈「人権のまちづくり」運動推進基本方針〉に示されている。

私は、その基本方針にかかわって、二〇〇三年一一月発行の『地域に根ざす人権条例―人をつなげるまちづくり』（部落解放・人権研究所編・発行）に一文を寄せた。〈「人権のまちづくり」運動の全国展開にあたって―部落解放運動における「人権のまちづくり」運動の位置に関する一考察〉である。その要点を述べておきたい。

◉「人権のまちづくり」運動の意義

「人権のまちづくり」運動は、一九七〇年代からの同和行政の進展のもとで全国各地で開始された「部落解放総合計画」運動の継承・発展形態として提起された。いわば、同和行政の成果を活用する視点と姿勢からの提起であった。あわせて、地域運動としての部落解放運動の強みを最大限に活かすことができる取り組みである。

すなわち、地域内改善対策の枠内にあった「部落解放総合計画」の取り組みを、周辺地域を巻き込んだ広がりのある取り組みにしていく運動であった。当時、「人権のまちづくり」運動の意義としては、次のようなことが考えられていた。

第一に、従来の同和行政の成果を継承・発展させるとともに、その限界を克服しながら、人権行政の内実をつくりだしていく取り組みであること。

第二に、一七〇〇を超える地方自治体で制定されている差別撤廃・人権確立の「条例・宣言」を具体化させ、促進させる取り組みであること。

第三に、地域共同体が抱える具体的な差別的土壌（同化と排除）に対する変革の取り組みを通じて、特色のある人権文化を地方から創造していく取り組みであること。

第四に、差別撤廃・人権確立への取り組みを共同の取り組みとして前進させるとともに、「逆差別」意識などを具体的に克服していく取り組みであること。

第五に、地方分権における最重要課題である住民参加の地方自治を現実化させていく取り組みであること。

第六に、国際人権基準などの人類が到達した最善のものを自らの足元で具体化し生かしていく取り組みであること。

◉「人権のまちづくり」運動の概略的構想

各地における「人権のまちづくり」運動は、それぞれの地域が抱えている条件によって多様な構想があって当然である。

その意味では、地域特性を生かした「支部自慢」「ムラ自慢」のまちづくりが展開されていくことが望ましい。このことを前提にしながら、「人権のまちづくり」の基本構想を大まかに提示してみると、次のような点をあげることができるだろう。

まず第一に、福祉分野では、ユニバーサルデザイン構想をベースにして、「地域福祉計画」の策定・具体化をはかっていくことである。

第二に、教育分野では、人権文化創造を構想しながら「人権教育・啓発推進法」の活用をはかっていくことである。

第三に、産業・労働分野では、持続可能な地域経営活性化構想を主軸にして、「社会的企業」(コミュニティ・ビジネス)などの立ち上げによる社会的事業を興していくことである。

第四に、環境分野では、ゼロエミッション(排出ゼロ)構想にもとづき、廃棄物のリサイクルや自然との共生活動を展開することである。

第五に、情報分野では、デジタルタウン構想などにより、個人情報保護と情報弱者の一掃をはかる取り組みを進めることである。

◉「人権のまちづくり」運動の可能性

「人権のまちづくり」運動は、部落解放運動における行政闘争の論理を発展させながら、同和行政の限界を運動的に乗り越え、新たな部落解放運動の質をつくりだしていく可能性をもった運動として期待することができる。

第一に、「つながり」の論理による新たなコミュニティの創出である。いいかえれば、自らの生活圏域である地域共同体のあり方を見直し、歴史的な正負の遺産を峻別《しゅんべつ》していく取り組みでもある。「つながり」と「排除」を内包してきた個別共同体が、「排除の論理」や「同化の論理」を克服して「つながりの論理」を継承していくならば、ある意味ですでに崩壊しているといわれる地域共同体内部の「温《ぬく》もり」を回復し、個別共同体を超えた「人と人との豊かなつながり」をつくりだし、一人ひとりの人間（個人性）を大切にした新たなコミュニティ（共同性）を創出していくにちがいない。新たな共同体をつくりだすというときには、排除の論理だけでなく、同化の論理にも最大限注意を払いながら、新たな「つながり」のあり方を模索していく必要がある。いわば、ソーシャル・インクルージョン（社会的包摂）実現の取り組みである。

第二に、複合差別の視点から差別の社会的機能を克服していく可能性である。地域共同体のなかに存在する「豊かなつながり」への阻害要因を一つひとつ具体的に克服していく取り組みは、さまざまな差別問題が社会関係のなかで複合的に存在し交差している「複合差別」の実相も浮かび上がらせ、社会矛盾が集中的に被差別当事者のところに現れるという「差別の社会的機能」への気づきも促していくにちがいない。これは、一人に現れた困難をみんなの問題として徹底的に解決していくという「人権のまちづくり」運動の作業そのものでもあるといえる。

第三に、自助・共助・公助の三位一体の関係づくりの模索である。「人権のまちづくり」運動における問題解決への取り組み姿勢は、「自助・共助・公助」の関係をつくりあげていくことである。すなわち、困難を抱えている当事者が「だれかにやってもらおう」ということではなく、自分自身で何ができるかという「自助」の取り組みを始め、その取り組みを孤立させないようにまわりの人が支えるという「共助」の取り組みを行いながら、個人の努力だけでは解決できない社会的な問題については公的な支援制度（「公助」）をつくりあげていくということである。

第四に、「人権のまちづくり」運動を推進・支援する法制度の確立を地域から求めていく取り組みにすることである。前述した自助・共助・公助にもとづく取り組み方が、「人権のまちづくり」運動として展開されていくことが大切であり、それに対する積極的な支援制度をつくっていく行政責任が確立されなければならない。その意味では、「人権のまちづくり」運動が進展していくなかで、「人権のまちづくり」を推進・支援していくための法律や制度の整備・確立も現実の課題として検討されなければならない。

第五に、「人権のまちづくり」運動が、地域からの日本社会の民主的変革への推進力に育っていくことである。「人権のまちづくり」運動は、各地域において「豊かなつながりを求める新たな地域共同体を独創的に創造」していき、全国的なネットワークによる地域からの差別撤廃・人権確立の力強い草の根運動の取り組みの推進力になりうる。まさに、平等の原則を実現化していくための自治と参加という民主主義の原理に則《のっと》った運動として、日本社会を「自主・共生の真に人権が確立された民主社会」にしていくという壮大な日本社会の民主的変革への原動力になりうる可能性を秘めていると思う。

3　二〇〇六年の一連の不祥事と再生改革運動の展開

二〇〇六年に部落解放運動に惹起した一連の不祥事は、悔やんでも悔やんでも悔やみきれない衝撃的な事件であった。

個人的なことをいわせてもらえば、その年の五月七日に初孫（現在では五人の孫娘）が誕生して、「ついにおじいちゃんになってしまったか」との複雑な思いをもちながらも、喜びに浸っていた。その翌日に、マスコミ各社の紙面やテレビで大阪の「飛鳥会事件」が大々的に報じられたのである。まさに天国から地獄に突き落とされたような気分であった。初孫の誕生日を迎えるたびに、「あの事件から何年経った」と思い出される。

大阪飛鳥会事件から始まって、京都、奈良と次々に不祥事が発覚し、数カ月にわたって連日のようにマスコミで取り上げられ、部落解放運動は危機的状況に陥った。

◉社会的謝罪と部落解放運動における危機の核心に対する共通認識の必要性

この一連の不祥事について、二〇〇七年に開催された部落解放同盟第六四回全国大会は、その基調方針の大部分をさいて〈危機的状況における部落解放運動再生への道〉と題して事件の分析と再生への方向を示した。

その冒頭において、「まず社会的な謝罪を組織としての社会的責任において表明すると同時に、一連の不祥事を生み出してきた運動的・組織的原因を解析して、部落解放運動にとっての今日的な『危機の核心』とは何なのかということを真剣に解明する必要」があるとして、「このことにたいする明確な現状認識なくして、部落解放運動の今後を展望する」ことはできないと切り出している。

◉権力構造の内面化に対する無関心と無警戒

第一に指摘している問題点は、「さまざまな同和対策事業や関連事業を通じて不可避的に生じてくる地域的・組織的な権力構造にたいしてあまりにも無警戒で無関心であった」ことをあげている。

そして、「たしかに『解放が目的、事業は手段』と強調はしてきたけれども、目の前で現世利益である事業が進捗し長期化していけば、無意識のうちに『事業が目的』化してくるという現実（弊害）があることも避けられ」ない面が出てくるが、「そのことにたいする警戒心が希薄になると、事業の導入力や集金能力のみが指導者の資質であると錯覚され、部落解放運動の力の源泉である差別撤廃という社会正義を実現していく指導者としての資質がおろそかにされるという逆転現象が生じて」くることを指摘し、「この事態が、『金と力による支配』という権力構造を生み出し、やがて『権力は腐敗する』という状況をつくり出す」と分析している。

そして、「実は、部落解放運動が『富と権力』とは長い間無縁の存在であり、この権力論の問題にたいする組織的な認識が弱く、無警戒・無関心であったために、よしんば熱心な活動家であったとしても、意見が異なる者にたいして『自分の意見に従えないならムラを出て行け』というような排除と排斥の誤った言動（支配の論理）が出てきたりする」としている。

◉組織倫理の頽廃を招来する「なれ合い的体質」

第二の問題点として、「地域組織特有の『なれ合い的体質』から、権力行使の公正・公平な実現と権力の固定化や濫用を防止するための組織的な仕組みを構築することを致命的に怠ってきた」ことを指摘している。

そして、「『人格高潔』な一握りの人にのみ実践可能である精神主義的倫理観だけに委ねた組織運営では誤りが生じてくる」とし、「なぜならば、部落解放運動は、決して『聖人君子』の運動や組織ではなく、長短あわせもった多様な生活人としての部落住民によって構成される大衆運動であり団体であるということを前提にして運動と組織の組み立てが考えられなければならない」ことに言及している。

◉部落解放運動の歴史や理論にかかわる同盟員教育の不徹底

第三の問題点は、「ある種メニュー化された同和対策事業消化の多忙さのなかで、事業説明はあったとしても、部落解放運動の歴史や理論などに関する同盟員教育がおろそかにされ、差別実態の変化をとらえる視点の教育や実態変化に応じた支部員や部落大衆の意見・要求がていねいに集約されず、新たな日常活動が停滞するという弊害が出ていること」であるとしている。

そのために、「これまでの運動でかちとった『既得権』を守ることだけが幹部・指導者の力の見せ所との勘違いが起こって」きて、「同盟員や部落大衆も幹部・指導者に任せておいて、『もらえるものはもらう』『とれるものはとる』という功利主義的な考えになっていき、創造的な日常活動が停滞し、部落解放運動の活性力が衰退すること」になることを指摘し、「あらためて、部落解放運動のなかでは、『既得権』という考え方は存在しないことを明確」にすると断言し、「私たちが求めているのは、部落差別からの解放であり、現実の差別実態に即してこれを解決していくための社会性のある必要施策だということ」を明確にしている。

第三章　部落解放運動の光と影　取捨選択への決断

一　戦後部落解放運動の社会的貢献と歴史的教訓

1　誇るべき戦後の闘いの成果

戦後における部落解放運動は、三三年間に及ぶ「特別措置法」時代に払拭すべき多くの「負の遺産」も背負い込んだことは事実であるが、同時に「部落の権利をすべての人の権利へ」というかたちで社会的貢献への先駆的な取り組みをしてきたこともまた事実である。これを再確認しておくことが重要である。

◉部落の生活と権利を回復するための闘い

第一に、戦後直後から展開されてきた〈部落の生活と権利を回復するための闘い〉である。この闘いは、非人間的な悲惨な生活実態のもとにおいても、誇りうる人間の血を涸らすことなく、凛《りん》として「人間の尊厳」を求めつづけると同時に、その基盤となる「生存権」確立を具体化していく実践として、住宅建設闘争、生業資金獲得闘争、不就学・長期欠席問題の解決をめざした教育権奪還闘争などを果敢に展開し、確実な成果をあげてきた。

その結果、「団結して闘えば要求を実現できる」という自信を得るとともに、同様の境遇にある他のマイノリティの人たちとも共有することができたといえる。

◉義務教育教科書無償化の闘い

第二に、一九六〇年代から高知・長浜《ながはま》部落の闘いを契機に部落解放運動の全国的課題として展開された〈義務教育教科書無償化の闘い〉は、差別による貧困が理由で教科書も買えない状態は、憲法で保障された教育を受ける権利の侵害だとして、義務教育段階での教科書無償化を要求し、一九六三年に「義務教育教科書無償措置法」を勝ち取った。

この成果は、経済的理由により教育権を奪われてきた多くの人たちの不就学・長期欠席の状態を改善し、今日では「教育権」を保障するための当たり前の権利としてすべての人が享受している。

◉狭山差別裁判糾弾の闘い

第三に、一九七〇年代から本格化した〈狭山差別裁判糾弾闘争〉は、部落差別を利用してつくりだされた冤罪《えんざい》を許さないということで、「一人は万人のために、万人は一人のために」という共通認識を拡大させた。

今日では、警察・検察の取り調べの可視化や裁判における証拠開示の義務化など、司法の民主化を実現していく原動力になってきている。

◉最賃制見直しと前歴換算制度改廃の闘い

第四に、一九七〇年代から大阪を中心に取り組まれた〈最賃制見直しと前歴換算制改廃の闘い〉は、低賃金構造と職業差別撤廃の闘いとして大きな意義をもつものであった。

当時、社外工・臨時工という不安定雇用のもとで低賃金労働を余儀なくされていた多くの部落の人間にとって、最低賃金引き上げは死活問題であった。部落解放同盟は、最賃ギリギリの低賃金でも働かざるをえない未組織労働者の存在が、日本全体の低賃金構造の沈め石の役割を果たしていると、組織労働者のナショナルセンターであった総評（日本労働組合総評議会）に問題提起を行い、共同闘争が開始された。

また、前歴換算制度の改廃の闘いは、雇用促進の取り組みのなかで郵便局に雇用された部落出身の人々を中心に結成されていた「郵便解放研」が、部落解放運動の一環として問題提起を行い、改廃を勝ち取ったものである。

当時、郵便局をはじめ多くの企業では、中途採用者の賃金を決めるに際して、その人のもっている能力ではなく、それまでにどんな職種に就いていたかという前歴によって、自社の賃金体系のなかの同年代賃金の何割を支給するかを決めるという換算表を使っていた。その前歴換算制度のもとでは、部落の人たちがこれまで就労していた現業職種などは最低換算率に位置づけられていた。

その事態に対して郵便解放研は、この制度は本人の能力や適性にもとづく評価ではなく、職業差別による評価制度であるとして改廃を求めて、その実現を勝ち取った。

◉採用選考時の統一応募用紙の闘い

第五に、一九七〇年代の〈採用選考時の応募書類の社用紙から統一応募用紙への切り替えの闘い〉は、本籍欄や家族構成欄など、本人の能力と適性にかかわらない不必要欄を応募書類から削除させ、就職採用時における部落差別はもとより母子家庭差別や婚外子差別などの撤廃にむけ、大きな役割を果たしてきている。

昨今、この統一応募用紙の取り組みが形骸化し、この用紙をかたちのうえでは使用するものの、用紙から削除された不必要事項について面接で質問するなどの違反行為が増えてきており、徹底化をはかっていく必要がある。

◉生活保護費の男女格差是正の闘い

第六に、一九八〇年代の〈生活保護費の男女格差是正の闘い〉は、部落差別の実態に即した生活保護制度改善の取り組みのなかから、生活保護の支給額に男女格差が存在することは女性差別であるとして男女同額をかちとり、生活保護世帯の女性や母子家庭に福音をもたらした。

◉成績条項撤廃の高校奨学金制度の一般化の闘い

第七に、二〇〇二年の〈成績条項撤廃の高校奨学金制度の一般化の闘い〉は、「特別対策」として実施されてきた解放奨学金制度の趣旨はすべての奨学金制度にも必要であるとの観点から、日本育英会の奨学金制度の改革と連動させた取り組みを進め、高校奨学金制度から成績条項を撤廃させて、すべての高校生を対象にした「一般対策」として制度化することに成功し、今日では部落外の多くの高校生が活用している。

◉国際人権諸条約批准と具体化の闘い

第八に、〈国際人権諸条約批准と具体化の闘い〉は、部落解放運動が先駆的役割を果たしてきたといっても過言ではない。国際人権規約（一九七九年批准）や人種差別撤廃条約（一九九五年加入）の締結によって、アイヌ民族差別や在日コリアン差別、外国人差別などの差別撤廃と人権確立にむけた取り組みに弾みがついてきている。

また、国連人権委員会に部落問題を持ち込んだことにより、今日では「職業と世系にもとづく差別」が主要なテーマとして取り上げられ、インドをはじめとするアジア各国のダリットの人たちや同様の問題で苦しんでいるアフリカの人たちの差別撤廃運動に大きな勇気をもたらしている。

さらに、多くの人たちの関心が国際人権諸条約に向けられ、女性差別撤廃条約や「子どもの権利条約」「障害者権利条約」など、次々と取り組みの輪が広がってきている。二〇一三年の、ヘイトスピーチを違法とする一連の画期的な司法判断や、婚外子差別に対する最高裁の民法違憲決定と民法の当該条項改正、「障害者差別解消法」の制定、二〇一六年の「ヘイトスピーチ解消法」の制定などは、これらの取り組みの延長線上に位置づけることができる成果である。

●自治体における部落差別撤廃・人権条例制定の闘い

第九に、〈自治体における部落差別撤廃・人権条例制定の闘い〉（一九九〇年代）は、地域からの差別撤廃・人権確立を進める取り組みとして「部落解放基本法」制定運動と連動して着実に前進させてきた。

一九九三年に徳島県阿南市で最初に「阿南市部落差別撤廃・人権擁護に関する条例」が制定されてから、現在までに約四〇〇自治体（市町村合併前では約七六〇自治体）で人権関係条例が制定されている。この取り組みが、さらに障害者差別撤廃や女性差別撤廃などの個別分野での人権条例化へと広がってきている。

◉人権の法制度確立の闘い

第一〇に、〈人権の法制度確立の闘い〉は、「部落解放基本法」制定運動でめざしてきた内容を「人権教育・啓発推進法」（二〇〇〇年）や「部落差別解消推進法」（二〇一六年）などの個別法として制定させながら、さらに現在では「人権侵害救済法」「人権委員会設置法」「差別禁止法」の制定などを求める運動として継続されている。

また、これらの運動と連携して、各界の広範な人たちの結集によって〈人権の法制度を提言する市民会議〉（人権市民会議）が二〇〇六年三月に結成され、一二月に〈日本における人権の法制度に関する提言〉を策定・公表してきた。

国や地方自治体の今後の人権政策立案にあたっての指針的役割を果たすとともに、人権運動諸団体の共同綱領として積極的に活用されていくことが期待されている。

◉「人権のまちづくり」運動の闘い

第一一に、〈人権のまちづくり運動〉は、同和対策事業の主要な一環であった環境改善事業を契機に、部落住民の主導による「部落解放総合計画」にもとづく地域内まちづくり運動を継承・発展させていく取り組みである。

そこでは、隣接地域、校区地域、行政区へと対象領域を拡大しながら、〈人間を尊敬する〉ことを基本にした「人づくり」や「関係づくり」を大切にしていくまちづくりをするなかで、生活領域から差別撤廃や人権確立を具体化していこうとするものである。

すでに多くの地域において「人権のまちづくり」運動が開始されており、福祉分野・教育分野・労働分野などを中心にして、部落内外の協働の取り組みが進展してきている。

2　闘いの歴史から汲み取る運動的教訓

◉「人間性の原理に覚醒」した運動の展開

以上のような部落解放運動の歴史的役割と社会的貢献にかかわる取り組みに共通していることは、〈部落問題解決の仕組みを困難を抱えたすべての人たちの問題解決につなげる仕組みとして押し出す〉ということである。

この姿勢こそが「人間性の原理に覚醒し人類最高の完成に向って突進す」という全国水平社綱領の立場につながるものであり、これを今後の部落解放運動展開における不可欠の姿勢として確認しておくことが大事である。

◉部落解放運動の三大戦略課題

部落解放運動は、これまで果たしてきた歴史的役割と差別撤廃・人権確立にむけた取り組みに揺るぎない誇りと自信をもって、今後の運動を推し進めていくことである。

とりわけ、「人権の法制度」確立の取り組み、「人権のまちづくり」運動、「人権教育・啓発」

運動は、これからの部落解放運動の大きな戦略的課題として、部落内外の協働の取り組みで目的意識的に推し進めていく必要がある。

二　捨て去る勇気とつくりなおす気概

1　部落解放運動における危機の核心

◉危機の核心＝「特別措置法」時代の弊害

戦後部落解放運動は、長い闘いのなかから多くの成果を勝ち取り、運動的教訓も引き出してきたが、同時に他方で危機的な「負の遺産」を抱え込んできたことも事実である。

二〇〇六年の一連の不祥事に集約される部落解放運動にとっての「危機の核心」は、「特別措置法」時代の弊害を払拭しきれていない運動と組織の体質であった。

◉権力構造を内面化した運動と組織の体質

その運動と組織の体質とは、同和対策事業を通じて生じた権力構造に起因するものであり、権力行使の公正・公平さの確保と、権力構造を固定化させない仕組みと、あらゆる権力関係を対等に保持する努力を担保することができなかったことによって形成されてきたといえる。ある意味で、権力と無縁の状況に置かれてきた歴史の裏返しともいえる。

◉行政闘争理論の教条的理解

同時に、それらのことを間接・直接に支えてきた行政闘争理論の教条的理解があったのではないかと考える。この旧態依然とした運動と組織の体質を払拭しきれなかったがゆえに、傲慢と怠慢が派生し、新たな運動への対応が遅々として進まない状況をつくりだしてしまい、結果として一連の不祥事につながっていき、部落解放運動の社会的信頼を失墜させてしまった。これを認識することが大事である。

◉「組織総点検・改革」運動はいまなお途上

部落解放同盟は、このような問題認識に立脚して、全国的な「組織総点検・改革」運動を二年間で四回にわたって実施し、外部有識者による「部落解放運動に対する提言委員会」の〈部落解放運動への提言〉(二〇〇七年一二月一二日)を真正面から受け止めて、運動と組織の体質改善のために懸命の取り組みを展開してきた。

これらの取り組みの結実として、綱領・規約の改正、統制委員会にかわる規律委員会の創設などが実現した。実に五年間にわたって一連の不祥事と向き合ってきた結論ではあるが、ほんとうに不祥事に対する社会的謝罪と社会的責任を果たし、部落解放運動を再生することができたのかというと、一〇年の歳月が経過したいまも、まだ途上であるという思いが拭いきれない。

2　再生への道——捨て去る勇気とつくりなおす気概

◉再生への道は自主解放精神と他者との共感による共同闘争

部落解放運動再生への道は、これまでの部落解放運動の豊かな経験のなかからつかみ取ることができるという確信はあるし、現実にそのような力強い動きが各地に存在している。しかし、部落解放運動総体が「胸を張れる」状態になってきているかというと、「否」といわざるをえない。

何が問題なのだろうか。率直にいえば、「行政依存体質」と「部落第一主義的体質」であるといえるのではないか。

この体質は、部落解放運動の基本ともいうべき自主解放の精神や他者との共感にもとづく共同闘争の広がりにとって支障となるものである。

◉行政依存体質という人間的頽廃

行政依存体質は、「特別措置法」時代に形成されたものであり、自分たちにとって困った問題・不利益な問題に直面すると、すぐに問題を行政に丸投げして何とかしてもらおうとする体質である。

この背景には、「部落問題の解決は行政責任」との同対審答申の指摘を拡大解釈した行政責任万能論ともいうべき誤解と、「部落民にとって不利益な問題はいっさい差別である」という解放理論への短絡的な曲解がある。この体質が行き着く先は、部落解放という歴史的任務を行政にゆだねて、一人の人間として、また当事者運動としてもその自主性・自立性・自発性を自らの手で封じ込めてしまう人間的頽廃《たいはい》を招くことになる。

◉部落第一主義体質という排外主義

部落第一主義的体質は、部落問題の独自性に対する過度でいびつな強調によって醸成されていく体質である。同時にこれが、長い間排除され孤立させられてきた差別の歴史のなかで培われてきた側面があることも理解しておく必要がある。

全国水平社創立当時から常に運動体のなかに抱え込んできた問題であり、「アナ・ボル論争」などにも投影されてきた問題である。だがやはり、「独自性に対する過度でいびつな強調」は、過敏な他者区別による排外主義的対応を生み出していく危険性を内在させる。

この意識が国家レベルに持ち込まれると、「伝統的美風をもつ大和民族」としての同化強制とそれに属さない人たちへの民族排外主義的対応が出てくるという歴史の教訓を忘れるわけにいかない。部落解放運動と国家レベルでの排外主義の問題を同次元で乱暴に扱うことはできないとは思うが、同質性を有していることへの警戒心は大事であると思う。

多くのマイノリティ運動が長い「沈黙の文化」を脱して人間としての血の叫びを発しはじめる

ときは、まず自らの存在の肯定とそれを抹殺しようとするものへの鋭い告発から闘いが開始されるのは、ほぼ各国共通のプロセスである。

その意味で、「部落第一主義」的な傾向は、部落解放運動のみの特異な現象ではなく、あらゆるマイノリティ運動にとっては避けて通ることのできないプロセスであるといっても過言ではないだろう。

問題は、運動における指導的な幹部活動家がこれらの弱点やズレを十分に認識し、運動の発展過程（社会性の増大）に応じて的確に克服し、社会的連帯を形成していく目的意識性をもっているか否かが問われるということである。

◉既得権や特権は存在しない

とりわけ、同和行政が本格化し、各種の特別対策事業が展開されはじめると、それらの事業を部落の人間だけの「既得権」や「特権」のように錯覚し、これを守ることに固執するという部落第一主義的傾向が部落解放運動のなかに顕在化したことは、率直に認めておかなければならない。

同和対策特別事業は、累積的な部落差別の結果によってもたらされた不利益な格差状況を是正するための限時的対処である。所期の目的を達成したならば、すみやかに終了すべき性格の事業である。

当然、同和対策事業の立ち後れが出ている地域では、引き続き一般対策事業の集中的な投入による是正措置が必要であることは多言を要しない。

◉自主解放への矜持を堅持

いま大切なことは、行政依存体質と部落第一主義的体質を明確に否定して、鮮明な自主解放の矜持《きょうじ》を堅持しながら、広範な人たちとの共同の力によって社会連帯を実現していくという活動スタイルをつくりあげていくことである。

部落の人間だけが享受するような既得権や特権はすでに存在しないし、存在させてはならない。そのようなものが存在するという幻想と錯覚を捨て去る勇気が必要である。

3 行政闘争にかわる新たな活動スタイルの創出

◉自助・共助・公助にもとづく活動スタイル

これからは、自分にとって不利益な問題や困難な課題があるときは、自らの力による自助努力と周辺の人たちとの相互扶助的協力とで問題解決をはかることを基本にしながら、それを行政が支援するという活動スタイルにつくりなおす気概が求められている。いわば、自助・共助・公助の活動スタイルである。

◉「新たな公」をつくりだす「行政協議方式」への転換

このためには、従来の行政闘争方式を見直し、「新たな公」をつくりだす「行政協議方式」とでもいうべき新たなやり方を確立していく必要がある。

もちろん、行政闘争を放棄しろといっているのではない。行政の姿勢や施策に差別性が認められる場合は、断固とした差別行政糾弾闘争（行政闘争）を展開しなければならないことはいうまでもない。

◉部落解放運動をとりまく困難な条件

たしかに、いま部落解放運動は困難な条件のもとに置かれている。一連の不祥事により社会的信頼が失墜していること、同和・人権行政が不当に縮小・後退していること、格差社会・経済不況のしわ寄せが部落に押し寄せていること、メディア関係の一部に非合理な「同和」バッシングの姿勢が存在していること、社会的意識として差別的偏見や逆差別的意識が潜在的に根強いこと、そして何よりも組織内において行政依存体質や部落第一主義的体質が克服しきれていないことなど、直面する課題は多い。

◉広範な人々とのネットワークの形成が喫緊の課題

だからこそ、「夢よもう一度」とばかりに「特別対策的事業」の復活に執着するのではなく、新たな活動スタイルを創出することによって、部落解放への条件整備を着実に前進させ、部落の抱える困難な課題解決を同様の課題で苦しむ人々の課題解決につなげていく取り組みとして大胆に推し進めるべきである。

そして、「困難な課題」だけでなく、「人間としての豊かな生活」を生み出していく幸福権追求の政策提起と実現という課題を、広範な人々とのネットワークで取り組むという建設的な方向性を提示していくことが喫緊の課題となっている。

◉部落解放運動再生への道

このような方向性を部落解放運動が日常運動化したとき、「特別措置法がなくなったから運動も終わり」といったような意識を払拭し、行政依存体質や部落第一主義的体質からも脱却し、直面している困難な条件も克服して、部落解放運動がほんとうに社会的信頼を勝ち得て再生したといえる段階を迎えるのだと思う。

三　検証されるべき運動と組織にかかわる理論的諸課題

これからの部落問題解決への方向性が、「社会連帯」というかたちで他のマイノリティやマジョリティとの強い「つながり」（共同闘争）のなかに求められるとき、部落解放運動自身が「つながりあう」ために整理しておくべき運動論的・組織論的な理論的諸課題が存在しているように思われる。
すでにほかのところで記述している課題項目もあり重複するところもあるが、敢えてそれらも含めてもう一度、検証課題として提起しておきたい。

1 「つながりあう」ために共通認識としておくべき今日的な課題

◉部落問題は「部落の問題」ではなく「社会の問題」

まず最初に確認しておきたいことは、部落問題は、「部落の問題」ではなく「社会の問題」であるということである。

さまざまなマイノリティ問題にかかわって、「女性問題」とか「障害者問題」というように、マイノリティ当事者の名称を冠にして「○○問題」という言い方がされてきた。しかし、マイノリティ当事者に何らかの「問題」があって差別や排除が起こるわけではない。マイノリティ問題は、マイノリティであることを事由として、これを差別・排除してきた「社会の問題」であることをはっきりさせておく必要がある。

別言すれば、マイノリティ問題の根源は、マジョリティ問題であるということができる。その意味では、マイノリティ問題は、社会の人すべてが当事者なのである。

これまで、部落問題にかかわる研修会などで、「部落差別の実態に学ぶ」ということで、被差別部落の当事者から差別された体験や部落の置かれている実態を聞くという作業がなされてきた。

この作業自体は重要であるが、部落問題を解決するというならば、ほんとうは「差別されている側の実態や論理」だけではなく、「差別している側の実態や論理」こそを明らかにしていく作業が求められる。

この双方の「実態」が明確にされることによって、問題解決の方向性も具体化されるし、部落問題が被差別部落の当事者だけの問題ではなく、すべての社会の構成員の問題として共有化されていくことになる。

とりわけ「差別の双方悲劇性」についての理解も進み、マイノリティ問題が「他人事」ではなくなってくると思われる。差別の双方悲劇性とは、差別される者は人間の「尊厳性」が破壊されるし、差別する者はその「人間性」を喪失していくということである。

また、この「差別－被差別」の悲劇が、単なる区別を差別に転化させていく社会関係（社会構造・社会意識）のなかで惹起していくことを考えるならば、まさに部落問題は「部落の問題」ではなく「社会の問題」なのである。

◉「共生・共同」の論理に潜む危険な「落とし穴」

最近、「共生」とか「共同・協働」などのことばが頻繁に使われるようになってきている。人と人との豊かな関係づくりのキーワードが日常語として定着してきていることは喜ばしい状況であると思う。

お互いに「違い」を認め合いながら、「人間の尊厳において対等・平等」であるという認識にもとづいて、共に生きていく、あるいはお互いに助け合いながら関係づくりをしていくという思いが、「共生・共同」の論理に込められている。

喜ばしい状況ではあるが、気をつけておかなければならない「落とし穴」（陥穽《かんせい》）が潜んでいると思う。

とくに若い世代にあっては、「自分たちは、古い世代と違って、被差別当事者であっても気にせずに、同じ人間として同じように接していく」という姿勢が顕著になってきているように思う。人権意識や民主主義的意識の反映とみることができるが、「気にしない」という部分に陥穽がある。

私は、「気にしてほしい」のである。本当の「共生・共同」は、「違い」がなぜあるのかという、被差別当事者が背負わされてきた歴史と生活背景の実情に対する真摯な認識と理解があったうえで、お互いを「認め合う」関係を築き上げていかなければならないのだと考える。共生・共同は、相互理解のうえに成り立つ関係性である。

「違い」に対する無視・無関心から発する皮相的な「みんなで一緒に！」とか「みんな同じように！」などの関係性は、マイノリティの存在そのものを否定し、問題の所在を糊塗《こと》・隠蔽する危険性があるといわざるをえない。

このような関係性は、容易に「同化の暴力」と「排除の論理」に転化し、権力構造をともなう関係性へと転落していく「落とし穴」に陥ることになるのである。

◉部落差別把握における「複合差別」の視点の必要性

第一部第三章「部落差別を生み出し温存・助長する社会的背景への考察」で、社会意識、社会構造、人間存在のあり方という三つの側面からアプローチをし、今日の部落差別意識が日本社会における伝統的な差別思想（浄穢思想・貴賤思想・家思想）や近代的な差別思想（衛生思想・優生思想）などを内包する複合的意識の産物であることを指摘してきた。

このような観点から部落差別意識をとらえていくと、部落差別を生み出し支えていく根っこの社会的土壌（社会意識や社会構造を含む）が、実は他のさまざまな差別をも生み出しているのだということがわかる。すなわち、個々の差別問題は、それぞれの現れ方において独自性をもっているが、差別を生み出す原因ともいうべき根っこの部分では共通性をもっているという認識が決定的に重要である。

そのことは、個々の差別問題は単独では存在せず、さまざまな差別問題との「交差」「複合」状態で存在しているということを意味する（差別の交差性・複合性）。部落差別が存在するような社会においては、女性差別や障害者差別、民族差別など、他の差別が複雑にからまり合い、交じり合っているのである。

したがって、部落差別だけが単独に解決されることはありえず、他の差別問題の解決も同時に推し進めていく取り組みなしには、部落差別は解決しない。ましてや、部落差別に反対しながら、女性差別や障害者差別、民族差別など、他の差別を容認しているようでは、部落差別を生み出す社会的土壌を自らが支えていることになるのである。このような自覚を研ぎ澄ませておくことが必要である。

差別の交差性・複合性への認識は、必然的に反差別の取り組みをマイノリティ間の共同の取り組みへと導いていかざるをえないし、目的意識的なマイノリティ間のネットワーク形成、およびマイノリティとマジョリティ間のネットワーク形成への取り組みが追求されなければ、それは効果的な取り組みにならないことを教示している。

とりわけ、差別を生み出す社会関係が存在するかぎり、社会的マイノリティとみなされる個人や集団に対して差別的な扱いや不利益が集中していくという「差別の社会的機能」を見据えるならば、今日の政治経済状況のもとでは、反差別の広範な共同闘争の構築は喫緊の課題である。いずれにしても、マイノリティの側に視点を置いた従来の「二重の差別」論や「被差別のなかの差別」論から、差別の社会的機能や社会構造に視点を置いた「複合差別」の視点を確立することが必要である。

◉「差別の痛みは差別された者にしかわからない」か

「足を踏まれた痛みは踏まれた者にしかわからない」というのと同様に、「差別の痛みは差別された者にしかわからない」というのが「差別の痛み」論である。この論理は、部落解放運動や他のマイノリティ運動においてよく使われてきた。

この「差別の痛み」論は、ひとつの真理が他の真理を排除して、結果として人々の間に分断と分裂を持ち込む危険性を内包していることに、反差別運動を担う人々は自覚的であらねばならないと思う。

たしかに、差別された痛みは差別された者にしかわからないというのは真理である。その人の原体験は、どこまでいってもその人にしかわからないことは事実である。

しかし、人間は追体験できるということもまた真理であろう。すなわち、ほかの人の原体験を聞いたり見たりすることで、限りなく自分のものとして理解できるということである。この能力こそが人間としての重要な力である。ほかの人の差別の痛みに限りなく共感・共鳴して、反差別の取り組みに共に参加できるということが決定的に大事なのである。

前に述べたように、「気にしない」のではなく、「差別の歴史と実態に深く学び」「差別の痛みに共感・共鳴」しながら、真の連帯をつくりだしていく。この「差別の痛み」論は、本来そのように理解されるべきだと思う。

ところが、被差別者としての自分の思いを押し通すために、「差別の痛みをわかっているのか」と言って、相手を押さえつける武器として使うという誤った理解が、行政闘争や共同闘争の場で散見された。

被差別当事者からこの論理を発せられると、まじめな人ほど良心の呵責《かしゃく》に耐えきれず「沈黙」させられてしまい、対話が断絶する。この場合、「わからないこと」は当然なので、「わからない」とはっきりと言い、「反差別への連帯の思いはあるので、しっかりと説明してもらいたい」と言うべきである。

ましてや、「差別の痛み」は被差別当事者同士でもそれぞれに違いがあり、一人の人の話がすべての人の「差別の痛み」を代表しているわけでもないのだから、なおさらである。

被差別当事者にしても、「差別の痛みは当事者にしかわからないのだから、当事者の言うことを聞け」というような論理に終始すると、自分が当事者ではない他の被差別問題については理解できないことになる。これでは、マイノリティ間の対等な関係での連帯もできなくなるし、さらにマジョリティとの連帯はいっそう困難になり、問題解決を彼岸の彼方に押しやる結果になってしまう。これを肝に銘じておくべきである。

「差別の痛み」論が、「連帯」を求める論理としてではなく、「断絶」の論理として作用するようなことはあってならない。

また一方で、非マイリティの側から「私たちは、反差別運動を支援はするけれど、差別の痛みは究極のところでわからないから、当事者運動の隊列には入れない」というような「善意ぶった」離脱の論理として「差別の痛み」論が使われる場合もある。これは、被差別問題の解決を当事者任せにする「逃げの論理」である。

以上のような「差別の痛み」にかかわる誤った理解は、排他と離脱というかたちで反差別運動を分断・分裂させる論理に転落していくことを認識しておくことが大事であると思う。

◉「部落差別は日本社会においてもっとも深刻で重要な課題」か

これは、「部落問題は、日本社会においてもっとも深刻にして重大な社会問題」という、いわば「部落問題最深刻」の論理である。たしかに被差別部落当事者にとってみれば、まさに「部落問題はもっとも深刻にして重大な」問題であることは間違いない事実である。

しかし、想像力を働かさなければならないことは、同様に他のあらゆる被差別問題の当事者にとっても、それぞれの問題がもっとも深刻で重大な問題であることもまた事実であるということである。

「人権問題に軽重はない」といわれるが、ある問題が他の問題と比べて「もっとも深刻にして重大」ということはなく、すべての差別問題は深刻にして重大であるという同質性をもっているという認識が大切であろう。

ただ、差別実態の深刻度に応じて問題解決への政策展開の優先順位を決めていくことが避けられない国政や自治体の現実が存在しているだけのことである。

このときに、自らの政策課題を最優先させるために、「部落問題最深刻」論を持ち出して他の被差別課題を後回しにさせる姿勢をとるならば、これは「部落エゴ」の誹《そし》りを免れない。

同時に行政側も、その論理を使って他の被差別課題を放置する根拠とするならば、それはマイノリティ間の「分断」であり、人権行政としての「怠慢」と「責任放棄」である。

部落問題「最深刻論」とよく似た論理として、「部落問題はあらゆる差別問題の原点」という部落問題「原点論」も存在している。いずれにしても、他の被差別問題の排除のために使うようなことがあってはならないことを肝に銘じておく必要がある。

◉「部落民アイデンティティ」はひとくくりにできない多様性をもつ

激しく時代が変わろうとするとき、大きな社会変動が生じてきたとき、あるいは個人の人生が大きな転機に立ったとき、人間は「自分は何者なのか」という問題に往々にして直面する。

たとえば、歴史的に「日本人論」が議論されてきたのは、大ざっぱにいって、古代の奈良時代に中国大陸や朝鮮半島との関係で日本列島の独自性を意識したとき、幕末から明治期にかけて鎖国から開国に移行したとき、第二次世界大戦での敗戦による混乱のとき、一九九〇年前後からのグローバル化のもとで国民国家のあり方が揺れ動いているとき、などであった。

危機の時代であれ、好機の時代であれ、従前の価値観が大きく変わろうとするときに立ち現れてくる議論であり、いわば「日本人とは何者なのか」というアイデンティティをめぐる議論である。アイデンティティは、「帰属性」とか「自己同一性」「自己存在理由」など、さまざまに訳されている。

部落問題にかかわっても、一九七〇年前後から同和行政の個人給付事業の対象者問題や地区指定論議が起こったとき、さらには一九八〇年代半ばごろから部落差別の実態が大きく変わりはじめたころから「部落民とは何者なのか」という議論が盛んに論じられ、今日にいたるまで継続している。

二〇一一年に改正された部落解放同盟綱領は、社会的・集団的アイデンティティとして「部落民」を次のように定義している。

部落民とは、歴史的・社会的に形成された被差別部落に現在居住しているかあるいは過去に居住していたという事実などによって、部落差別をうける可能性をもつ人の総称である。

一般的に、個人的・自我的アイデンティティを構成する要素は、「生育環境」「他者評価」「自己認識」であるといわれる。生育環境とは、個々人が生まれ育った環境（家庭・地域）のもとでの体験（原体験・追体験）である。他者評価とは、第三者である他人がその個人や家庭・地域をどのようにみているかという世評である。そして自己認識とは、生育環境での体験や他者評価をふまえたうえで、その当該個人が自分自身の存在をどう認識するかということである。この自己認識が「個人的・自我的アイデンティティ」においては決定的要素である。私自身も、この三要素を不可分の関係として個人の「アイデンティティ」は語られるべきだと考えている。

部落解放運動のなかでは、部落民アイデンティティの問題は、「社会的立場の自覚」ということで語られてきた。この関係でいえば、「部落民アイデンティティとは、被差別の体験・追体験・可能性への意識化された感覚を共有し、反差別への自覚を形成していく継続的な努力のこと」といえるのかもしれない。

しかし、いま重要なことは、このような社会的・集団的アイデンティティとしての「部落民アイデンティティ」の定義の仕方は運動論的なものであって、これ以外の定義の仕方も可能であり、ましてや、個人としての「部落民」アイデンティティはもっと多様であり、運動論的アイデンティティの概念に収斂《しゅうれん》しきれるものではないという事実を認識することである。

私たちは、「部落＝悪の温床」といったようなスティグマ化されたステレオタイプの安易で偏見に満ちた「ひとくくりの概念」は「差別による不当な一般化」であり、「排除の論理」であるとして断固否定してきた。この姿勢は、今後も貫徹されるべきである。

だが、同時に考えなければならないことは、運動体自身が「運動による不当な一般化」によって、運動に結集しきれていない部落民を排除してきたのではないかということである。運動体の主張に同調できない人が存在していることを意識して、その人たちも巻き込めるような場や課題を設定しながら、運動を展開してきたのかを反省しなければならない。端的にいえば、差別の論理である「同化と排除の論理」を私たち自身も内面化していたのではないかということである。

もちろん、運動体が差別をなくすという目的をもった機能体組織であるかぎり、その運動論に同調しない人たちの意見や見解を否定することは、当然ありうべきことである。問題は、否定することが排除につながらないようにすることである。現実にはなかなかむずかしい課題である。

だが、この困難な課題を乗り越えていくところに、民主主義運動としての部落解放運動の真髄があるのだと思う。

◉多様性の承認と譲ることのできない原則

多様なアイデンティティや多様な価値観を認めるということは、異なる意見や見解も認めるということである。

しかし、「認めること」と「否定すること」とは、二律背反ではなく両立しうる。両立の担保が、民主主義が求める「少数意見の尊重」であり、異なる意見や見解をもつ人との「対話の継続」である。

対話を通じて、異なる意見や見解をもつ人たちとの「合意」を丁寧に見つけ出していく過程そのものが民主主義である。民主主義を成り立たせる前提としての「平等の原則」は譲ることのできない原理であるが、それを実現していくための主義・主張に関しては、いかなる主義や主張にも「絶対的正義」や「絶対的正統性」を認めないという「絶対性の否定」が民主主義の根本であることを考えれば、これは当然のプロセスである。

ただし、確認しておかなければならないことは、多様で多元的なアイデンティティや価値観を認めることを前提にしながらも、民主主義の原理である「平等の原則」から逸脱するような意見や見解は、断固として「否定」されなければならず、それなくしては民主主義の前提が崩れてしまうということである。

いずれにしても私は、「アイデンティティ」論が、他者との関係性を切り離した「絶対的個の存在」を強調するようないびつな論理に陥ることなく、「共同的関係性に裏づけられた主体性」の視点に立脚して論じられるべきだと思っている。

それは、人間が一人では生きていくことができない他者との関係性を前提にした社会的存在であるという真実に由来する。すなわち、「人類性」や「人間の複数性」に依拠した個人としてのアイデンティティ以外は、実際には存在しえないことをはっきりさせておくべきだと思う。その事実を捨象して個人の絶対的存在を主張することは、対等・平等である「他者の存在」を否定しかねない危険な全体主義的主張に陥るという危惧がある。

その意味では、アイデンティティの問題は、個人的アイデンティティだけではなく、社会的・集団的アイデンティティも射程に入れて語らなければ、本当の意味での「関係性」をみえなくしてしまうのだと思う。

なお、この問題とかかわって、さまざまな論者が問題提起をされているが、詳細については『差別とアイデンティティ』（畑中敏之・朝治武・内田龍史編著、阿吽社、二〇一三年）などを参照していただきたい。

◉部落問題解決への「責任の所在」と行政責任万能論からの脱却

何度も繰り返してきたが、行政責任万能論では部落問題の完全解決は不可能である。問題解決への第一義的責任は、差別を制度化したり放置したりしてきた行政が負うべきであり、その責任性を微塵《みじん》も揺るがしてはならないが、「部落問題の解決は国民的課題」であるという認識にもとづく社会的役割分担と責任遂行が重要である。

すなわち、部落問題解決にむけた行政責任・当事者責任・市民責任（住民・企業・宗教・各種団体）の明確化をはかり、それぞれの立場における取り組み課題を具体的に提示していく必要があるということである。

同時に、企業界・労働界・宗教界といったような主要な社会の集団構成員、さらには地域社会の集団や個人なども、それぞれに責任遂行のための取り組みを主体的に行っていくことが求められる。

このことは、差別を温存・助長してきたのは、そのような社会的土壌を支えている社会的な集団や個人であることからすれば、当然の帰結である。

◉「誇りの戦略」と「隠しの戦略」に対する動揺的戦術への決別

いま、「部落」の所在地情報への対応策をめぐって、部落解放運動において「揺らぎ」が生じている。この「揺らぎ」は、単なる戦術的な対応策の問題ではなく、部落解放運動の根本的なあり方にかかわる戦略的な問題である。

すなわち、部落の存在を胸を張って名乗ることができるように、差別の関係性をなくすことによって部落問題の解決をはかるという「誇りの戦略」をとるのか、それとも部落の存在を隠すことによって、いわば「寝た子を起こすな」的方法によって部落問題の解消を期待するという「隠しの戦略」をとるのかという問題である。

その二つの戦略の間で、近年の部落解放運動は戦術的動揺を繰り返しているのではないかと思われる節がある。

このような状況に対して角岡伸彦さんは、『ふしぎな部落問題』（ちくま新書、二〇一六年）のなかで次のような提起を行っている。

> 差別をなくす過程で、部落を残すのか、それともなくすのかという課題を、私たちは整理できていないのである。現在起きているさまざまな問題は、この部落解放運動が抱える根本的矛盾から派生している、と私は考える。

はっきりとさせておくべきは、水平社以来、「吾々がエタである事を誇り得る時が来たのだ」（水平社創立宣言）という「誇りの戦略」のもとに部落解放運動は進められてきていることである。

すなわち、部落解放運動は、「部落の存在」をなくすことをめざしているのではなく、「部落」

であっても差別されない社会関係をつくりだすことを求めているのである。それは、被差別部落としての辛い差別の歴史と現実を真正面から引き受け、そのような「呪われの夜の悪夢のうちにも、なお誇り得る人間の血は、涸れずにあった」ことを誇りとする基本姿勢と一体化した「誇りの戦略」である。

これに対して「隠しの戦略」が存在する。「部落の出自を隠し、黙っておれば、そのうち差別はなくなる」とか「部落から分散していけば、部落は消滅する」といった「寝た子を起こすな」論や部落分散論に代表されるのが「隠しの戦略」である。

これは、明治以降長きにわたって多くの被差別部落当事者の心情を支配してきた考え方であり、今日も完全には払拭しきれていない根強い心情である。この事実は、差別が存在していることの証左でもあり、差別への恐れと不安の心情の裏返しでもある。しかし、この戦略は、部落差別の不当性をそのままにした逃げの姿勢であり、部落問題の真の解決にはつながらないことを、歴史も現実も証明している。

ただし、「誇りの戦略」が部落解放運動の基本姿勢であるとしても、差別語や被差別部落の地名・人名などが慎重に取り扱われなければならないことはいうまでもない。現実に差別が存在し、そのことで苦しんだり不安をいだいている被差別部落当事者がいて、差別を悪用する人間が現にいるからである。

「誇りの戦略」としての運動論と、「寝た子を起こすな」意識が根強い現実に配慮ある対応が必要だという実態論とは、次元の違う問題として明確に区別しつつ、慎重に議論をする姿勢が不可欠である。

したがって、これらの問題にかかわって部落解放同盟中央本部は、「誇りの戦略」を堅持しながら、時々に見解や考え方を表明してきた。〈差別語問題についてのわれわれの見解〉(一九七五年)、『差別表現と糾弾』(一九八八年)、〈古地図・古絵図刊行および展示に対する基本的考え方について〉(二〇〇三年)などがそれである。

そこでは、「差別される可能性という幻影の前に縮こまっているよりは、みずから打って出て反差別の可能性を広げ深めていこう」との基本的な考え方が繰り返し強調され、具体的な対応策も提示されている。なお、この問題にかかわっては、渡辺俊雄さんの「歴史的史料・文献の扱いについて」「歴史的史料・文献の扱いをめぐって」(『現代史のなかの部落問題』部落解放研究所、一九八八年)が詳しく論述している。

部落解放運動は、この「誇りの戦略」を継承し、首尾一貫した戦術展開が求められている。ところが、「部落地名総鑑」差別事件(一九七五年)、戸籍等個人情報大量不正取得事件(二〇〇五年～二〇一一年)、インターネット上での「部落地名総鑑」流布事件(二〇〇〇年以降)、鳥取ループ・示現舎による「全国部落調査」復刻版出版策動事件(二〇一六年)などにみられるように、被差別部落の所在地情報が差別に悪用される許しがたい事件が相次ぐもとで、所在地情報そのものへの敏感な反応によって、「誇りの戦略」から逸脱するような事態も生じてきており、部落解放運動に若干の混乱がみられる。

たとえば、「市販地図で隣保館などの公的施設を表記すること」「隣保館などの所在地を行政広報やホームページで公表すること」「部落実態調査を公表したり、図書館で報告書を閲覧させること」、さらには「部落解放同盟の事務所所在地を公表すること」は、「部落地名総鑑」につながる差別になるのではないかという議論である。私は、これらの議論は「羹《あつもの》に懲りて膾《なます》を吹く」類ではないかと思う。

もちろん、被差別部落にかかわる地名や人名、所在地を公表することには慎重にならなければならない。部落差別が存続している社会では、常にそれらの資料が差別的に悪用されるという現実が存在する。それは、「差別される可能性という幻影」ではなく、現実のものであろう。

したがって、部落差別が存続するかぎり、「部落差別を克服するために必要な資料の有効性」は、どのようなものであろうとも常に「差別的に悪用される危険性」と表裏一体であるとの認識が前提とされなければならない。

その認識のもとに、資料の有効性と危険性をしっかりと検討し、公表の方法論を熟慮しつつも、差別的な意図が明確に存在する場合をのぞいては「原則的には公表」するという決断が必要であると私は考える。この決断がなければ、部落差別撤廃の取り組みは足踏み状態にならざるをえず、部落差別の現実を打ち破っていく勇気ある一歩を踏み出すことができなくなってしまう。

公表後に差別的問題が生じたら、その事態にすみやかに対処すればよいのであって、そのために運動団体は存在しているのである。公表自体をとりやめる安易な行為は、有効性を危険性の名のもとに封じ込めてしまう「差別撤廃への自殺行為」であり、「誇りの戦略」路線を損なわせることになると思う。

◉「貧しきを憂えず等しからざるを憂う」(「不患寡而患不均」孔子)の検証

格差拡大が進行し、貧困層が拡大していく政治経済状況のもとで、このことばが再浮上してきている。

本来の読みは「寡《すく》なきを患《うれ》えずして均《ひと》しからざるを患う」で、政治や行政にかかわる為政者の心構えや姿勢を説いたことばであり、国や自治体の収入が少ないときでも、為政者は、社会的に弱い立場にある人に配慮して、実質的平等を実現するようにすることが大事であるという意味である。

しかし、この論理が、為政者ではなく貧しい庶民の心得に歪曲《わいきょく》され、貧しくても我慢して、貧しいもの同士のなかで平等に分け合うことが肝要だという道徳として、忍従を強いる論理にすり替えられている。

そのような論理の延長線上で、被差別当事者の不利益な差別実態を改善していくための行政的な差別是正の積極的措置を、「特権」であり、平等の原則を踏みにじる「逆差別」であると言って攻撃してくる事態が生じている。

私は、差別撤廃の積極的措置は、平等の原則に反しないし、逆差別にも当たらないと考える。人種差別撤廃条約もその第一条において「必要に応じてとられる特別措置は、人種差別とみなさない」と定義しているように、長い差別の累積結果としてもたらされている不利益な差別実態を是正することは、平等を実質化していくために必要な措置であり、平等の原則に何ら抵触しない。ましてや「逆差別」などという表現は「差別の歴史と実態」を無視した暴論である。

もちろん、「特別措置」とか「積極的措置」という差別是正のための施策は、不利益な差別実態を是正する目的を達成したら、ただちに終了するという限時的なものでなければならない。これは自明であり、人種差別撤廃条約が定義しているとおりである。

あわせて指摘しておきたいのは、部落解放運動が求めてきた「平等の実現」は、形式主義的・画一主義的な絶対平等主義ではないということである。それは、人間の尊厳における平等であり、適正な競争努力の結果生じる格差は一定是認するということであると私は考えている。別言すれば、「平等の原則は競争の論理を排除せず」ということである。

一人ひとりの「違いを認め合う」ということは、それぞれに得手・不得手の分野があるということであり、どのような時代であろうとも、結果として富の分配などにおいても何らかの経済的格差は生じざるをえない。

問題は、そのような状況のもとで、あらゆる人が人間としての尊厳を喪失させられることがないような社会的仕組みを構築しておくことである。

すなわち、「社会的に許容できる格差の範囲」を設定することである。この「許容できる格差の範囲」がどのように設定されていくかが、民主主義の社会的成熟度を測るひとつの重要な指標になる。

私は、社会的弱者を排除しないソーシャル・インクルージョンの視点に立脚した社会的セーフティネット構想（最低賃金制度・生活保護制度・年金制度の大胆な改善）の具体化によって、人間の尊厳を重視した収入・所得の下限を制度化することが大事であると思慮する。

同時に、差別などによって不当な超過利潤をあげる収奪システムを排し、厳格な累進税制などによって所得の上限を制度化することが必要である。さらには、富者の既得利権を流動化させることによって格差の固定化を解消していく政策も重要だと思う。

もうひとつ付け加えるならば、「貧困が貧困を呼び寄せる」という負の連鎖を断ち切り、不当な格差を是正していくためには、「子どもの貧困」をなくすことが大事である。次世代を担う人材育成に力を注ぐべきであり、教育の充実は格差是正と切っても切れない政策である。

義務教育課程の一切の就学関係費の無償化はいうに及ばず、高等教育の無償化や就学援助体制を整えることが重要である。単に形式的な教育の機会均等の保障だけに終始せずに、意欲があるのに経済的理由で就学を断念しなくてもいいような実質的平等を実現するシステムを整えていくことが、不当な格差是正につながる道であると思う。

◉差別の完全解消は可能か（「差別の常態化」に対する透徹した認識）

大学の講義やさまざまな人たちとの会話のなかで、「部落差別はなくさなければならないと思うが、差別が完全になくなるなんてことはありえないのではないか」という質問や意見がよく出される。「差別の完全解消は可能か」という問題である。私は、結論からいうと、「不可能」であると考えている。

人間が類的存在であり集団的・社会的存在であるかぎり、他者との関係で「感情と利害」の対立が生じるのは、いかなる時代においても不可避であろう。したがって、感情（恐怖や不安）と利害（他者排除と自己保存）に根拠を置く差別は、何らかのかたちで常に生起することは必至である。いわゆる「差別の常態化」という状況は、今後もなくならないと考える。

しかし同時に人間は、個人的な「感情」に支配されるとともに、類的な「理性」にもとづく判断能力をもっており、他者との関係において互助・対等・共生を希求することも事実である。それゆえに、個々の人間は、自らのなかに包蔵する「排除」と「互助」の二項対立による葛藤と相克を繰り返していくことになるだろうと思う。

では、「差別をなくさなければならない」という議論と「差別はなくならない」という議論はどのように整理したらよいのだろうか。私は、「私的差別」と「社会的差別」とを峻別して議論することが重要ではないかと考えている。

すなわち、私的差別は、偶発的・単発的・個人的な性質をもつ差別であり、人間が類的存在であるかぎり、感情と利害の対立によって常に起こりうる危険性が存在する。他方、社会的差別は、歴史のなかで法制度によって固定化されたり社会的に慣行化されたりする差別であり、本来、既存の私的差別を利用して人為的につくりだされたものであるがゆえに、人為的に克服することは可能である。

したがって、社会的差別は克服できるが、私的差別は常態化するという認識が必要である。同時に、私的差別が社会的差別に転化していく可能性があることを考えれば、いかなる差別（イジメなども含めて）にも対応できる、「差別禁止」「被害救済」などの人権の法制度を確立しておくことが重要である。差別の現れ方に対する明確な認識としなやかな対応のあり方について真摯な検討が必要であるということになってくる。

アルベール・メンミは、次のように述べている。

人種差別に対していかに有効に戦うか。道徳的憤慨や単なる説得ではもちろん十分ではないだろう。問題の根本を押さえねばならない。つまり、人間を攻撃と支配に向かわせる源である恐怖、根本的不安、経済的貪欲である。攻撃と支配に対して戦い、これらを予防せねばならない。自然なのは人種差別主義であり、反人種差別主義が自然なのではない。文化的成果がすべてそうであるように、反人種差別主義は長くて困難な戦いの賜物なのであり、つねに脅かされている獲得物なのだ。（『人種差別』菊地昌実・白井成雄訳、法政大学出版局、一九九六年）

その際、気をつけなければならないことは、「差別の常態化」に対して生物学的なＤＮＡ論や人間の本能論にもとづく根拠づけがなされ、「差別は人間の本能であるから仕方がない」という完全に誤った見解が流布されることである。

差別問題は、人間の本能・本性によって生じるのではなく、人間の関係性によって生じるのだということを明確に押さえておかなければならない。

私的差別が、恐怖や不安という感情から生み出され、自己保存と他者排除という利害から起こるものであるとするならば、安全と安心を生み出す社会的条件を整えることがもっとも重要な課題となってくる。

その根本的な担保は、人類的英知（理性）である民主主義の大前提である「平等の原則」の実質化への絶えざる取り組みであり、国際人権基準における「差別撤廃への五方策」などの継続的実行であると私は考える。

結論として、「差別の常態化」に対する透徹した分析と、差別は許されないという「平等原則の実体化」への実効力ある政策提起が必要となってくる。

2　新たな理論構築が必要とされるテーマ

以上のような、部落解放運動の運動論・組織論にかかわる理論的諸課題の整理をふまえたうえで、今後の新たな部落解放運動を進めていくための理論構築にむけたテーマ設定を検討してみたい。

◉差別実態の実相に迫る徹底的な解明

第一は、差別実態の精確な解明にかかわるテーマである。本稿では、「五領域・五形態」論からの差別実態の全体的把握を提起したが、とりわけ、「差別する論理」としての社会の仕組みと意識の理論的解明が重要だと考える。

同時に、「部落の階層構造の変化」にかかわる精確な実態把握が不可欠である。都市部落にかかわる調査研究報告が部分的になされはじめているが、農山漁村部落の階層構造の変化にかかわる調査研究は乏しく、部落実態の全体像をとらえきることができず、部落問題の性格にかかわる今日的な定義を困難にしていることは否めない。

◉人権の法制度確立にかかわる理論的整理

第二は、人権の法制度にかかわる理論的整理のテーマである。日本における人権擁護・促進のための法制度の確立と整備について、二〇〇六年一二月に〈日本における人権の法制度に関する提言〉が公表された。これは、「人権の法制度を提言する市民会議」が行った日本で初めての体系的な人権の法制度に関する提言である。

江橋崇さん（法政大学教授）、江原由美子さん（首都大学東京教授）、武者小路公秀さん（元国連大学副学長）が代表世話人で、山崎公士さん（新潟大学教授）が事務局長であった。提言後は「人権市民会議」（山崎公士代表）として活動を継続したが、いまは活動を停止している。提言は、きわめて具体的であり、理論的裏づけもしっかりされた示唆に富んだものであった。その活動再開が強く望まれる。また、新たな同和・人権行政のあり方をめぐっても理論的整理が必要とされている。

これらの課題にかかわって、国際人権基準を生活圏域において具体化していく国際的責務の徹底という観点が不可欠であるが、国民国家の枠組みを超える法制度論の理論構築が必要であるし、多様な政治的立場から打ち出されている差別解消方策や人権政策論についての検討が望まれる。

◉「人権のまちづくり」運動の展開にかかわる理論的整理

第三に、「人権のまちづくり」運動にかかわる理論的整理のテーマである。そこでは、平等・参加・自治の原則にもとづく住民主導のまちづくり運動のあり方が整理される必要があるし、新たな「公」創出にむけた自助・共助・公助の関係の問題と公的支援の責任が問われることになる。

そして、「人権のまちづくり」運動が、地域からの民主主義確立にどのように寄与するのかという整理も必要である。

◉人権教育・啓発運動における内容づくりへの論点整理

第四に、人権教育・啓発の内容づくりにかかわる理論的整理のテーマである。すでにこの分野では、自立と共生にもとづく人と人との豊かな関係づくりの推進を中心として多くの論述がなされてきており、さらに深められることが求められている。

また昨今、政府サイドから道徳教育が強調され、教育現場に持ち込まれているが、これに対する生理的な反発ではなく、道徳教育の内容的主柱として同和教育・人権教育で培ってきた内容を押し出していく理論展開が要請されている。

同時に、差別の社会的背景を克服していくことに焦点を当てて、伝統的差別思想や近代的思想の問題点を具体的に抉《えぐ》り出す教育・啓発の内容づくりが重要である。

◉民主主義運動としての部落解放運動の再構築

第五は、部落解放運動にかかわる理論的整理のテーマである。これにかかわって、いま重要であると思われることは、部落差別撤廃における民主主義の位置と役割を明らかにすることであり、そのためにも民主主義の原理をふまえた根源的民主主義論を再構築することが喫緊の課題である。

今日、「民主主義」に対する否定的な主張が氾濫《はんらん》してきている状況では、とくに急がれなければならない。その作業のもとで、根源的民主主義論を実現化していく部落解放運動へと再編・再構築していくという課題も、明確な姿を浮かび上がらせていくことができるのだと思う。

閑話休題

〔忘れえぬ人と出来事〕

第一章　連立政権下での「基本法」制定運動と激闘の二年間

一　世界規模での歴史的な政治的経済的地殻変動

1　「東西冷戦構造の終焉」と「五五年体制の崩壊」

◉激変する国内外情勢

一九九四年から一九九六年にかけての二年間は、「部落解放基本法」制定をめぐっての激闘の時代であった。

一九八〇年代末から一九九〇年代はじめにかけて、世界は大きな変革の時代を迎えていた。「ベルリンの壁の崩壊」「ソ連邦の解体」「東西冷戦構造の終焉」などで世界は揺れ動いていた。国際的な政治動向に大きく影響を受けながら、日本の政治経済も、「バブル経済の破綻」「五五年体制の崩壊」にみられるように、地殻変動を起こしていた。

このような激変含みの政治経済情勢のもとで、部落解放同盟の運動も組織も大きく揺れ動いたのである。

◉部落解放運動内で惹起する運動と組織の対立

とりわけ、政治状況が大きく変わった連立政権のもとで、一九八五年から開始されていた「部落解放基本法」制定運動は、その制定をめぐって激闘が展開された。その過程で、組織的にもさまざまな対立が起こった。

辛い体験を含むものではあったが、二〇年以上もの時間が経過していることもあり、自らの反省もふまえて、敢えてその経過の詳細を記し、部落解放運動の後学に資したい。

この章は、一九九六年九月、全国大会で上田卓三《うえだたくみ》・中央執行委員長が就任した直後に記しておいた記録に、若干の加筆を行ったものである。

◉小選挙区制問題と小森書記長の辞任

一九九三年八月に成立した細川連立政権のもとで、衆議院選挙への小選挙区比例代表並立制の導入をめぐる国会論議が戦わされ、衆議院議員としてこれに反対する小森龍邦《こもりたつくに》書記長（広島）は、自らの政治家としての信念を貫きたいが、部落解放同盟に迷惑はかけられないということで、同年一一月に書記長職の辞職願を提出した。

この問題をめぐり同盟内に混乱が生じたが、同年一二月に開催された中央執行委員会ならびに中央委員会は、この辞職願を正式に受理することを決定した。その際、書記長ポストは一九九四年三月に予定している全国大会まで空白として、そこで新書記長を選出する運びとなった。

この小森書記長辞職問題にかかわって、広島県連は中央本部に対する批判を「解放新聞」広島版で繰り広げ、広島県連と中央本部の不幸な対立の時期が相当期間、続くことになった。胸が痛む思いである。

◉上田書記長の誕生

新書記長として、一九九三年の総選挙で落選していた上田卓三・副委員長を最有力候補とする線で水面下の工作が行われるが、上田副委員長はこれを固辞して、工作は難航する。

しかし、一九九四年一月九～一〇日に開催された中執会議（大阪「つる屋」）の際に中央本部三役会議がもたれ、最終調整を行った結果、上田副委員長が書記長候補として立候補することが確認された。

一九九四年三月に開催された部落解放同盟第五一回全国大会は、上杉委員長－上田書記長の新体制を決め、ただちに谷元書記次長を選任し、最重要課題である「部落解放基本法」制定を闘う体制を整えた。

その後、一九九四年四月には羽田連立政権が成立し、同年六月には村山連立政権、一九九六年一月には橋本連立政権が成立するというかたちで、政局がめまぐるしく変わるなかで、「基本法」闘争は激烈に展開された。

二　村山政権下での「基本法」制定をめぐる激烈な闘い

1　「基本法」をめぐる与野党の熾烈な駆け引き

◉「与党・人権と差別問題に関するプロジェクト」の発足

とりわけ、自社さ（自由民主党・日本社会党・新党さきがけ）の連立による村山政権の成立は、「基本法」制定への千載一遇のチャンスとして強力な取り組みを行った。

一九九四年一二月七日に発足した「与党・人権と差別問題に関するプロジェクト」（座長＝上原《うえはら》康助《こうすけ》・社会党副委員長、岩崎《いわさき》純三《じゅんぞう》・自民党参議院議員〔元総務庁長官〕、鳩山由紀夫《はとやまゆきお》・さきがけ代表）を大きな足がかりとして、第一三二通常国会（一九九五年一月二〇日～六月一六日）での闘いは、歴史的な大闘争として展開された。それだけに、闘いの過程では紆余曲折もあり、さまざまな軋轢も生じたことは事実である。

第一三二国会闘争の基本は、村山政権がいつまで存続するかわからない状況のもとで、何としても「基本法」制定を実現することをめざし、最悪でも法制定への確かな橋頭堡《きょうとうほ》を固めることであった。

そのために、連立政権を組んでいる社会党を中心にして、さきがけの協力を得ながら、腰の重い自民党を追い込んでいく戦術をとっていった。それは同時に、与党プロジェクトでの議論を先行させせながら、それを地対協の審議に反映させせていくことをねらったものである。

◉「基本法」制定への戦術的駆け引きの与野党応酬

しかし、「部落解放基本法」制定という直截的な結論を与党プロジェクトで得ることは困難を極めた。

そこで、全国自由同和会などと調整合意した「社会的差別撤廃法」を与党プロジェクトに提示するも受け入れられず、国会終盤では「基本法の内容を損なわない分割三法案構想」を押し出すものの、事態を決定的に好転させるにはいたらなかった。

この段階で、与党が明確な姿勢を打ち出さないのであれば、野党・新進党との連携のもと、議員立法による「基本法」制定をめざすことも辞さないという戦術を、われわれは採用した。これには、国会期間中の三月に交わされた「基本法」制定への協力約束である「小沢幹事長–上田書記長覚書」が活用された。

◉先鋭化する戦術論

もちろん、野党・新進党による議員立法という戦術は、あくまでも「基本法」制定への与党合意を前進させるという戦略的枠組みのなかでの牽制《けんせい》的戦術であった。しかも、この戦術は、社会党を中心とする与党内に賛成議員が多数存在するという前提があって初めて成り立つものである。

したがって、この戦術は当然にも、野党議員立法であっても与党の社会党は党議拘束をはずして賛成に回ってほしいという要求になり、それができないならば、社会党単独立法を追求すべきだという議論になっていくのである。

◉新進党の裏切り的政治駆け引き

いずれにしても、社会党としては、連立政権の根幹にかかわる選択を迫られる状況であった。新進党は、与党の分裂を射程に入れつつ、「社会党が単独立法を提案するなら全面的に協力する」と公言していた。まさにこの状況こそが、社会党をして与党プロジェクトのなかで必死のがんばりを行わせるとの判断が、われわれの側にあった。

ただし、新進党は、最初から議員立法をする腹はなく、政治的駆け引きに使っただけである。われわれも、うすうすそれに気づいていたが、新進党の独自法案を公表した時点で、新進党として議員立法を提案することはしない旨、自民党に約束していた事実を、われわれは国会終了直後につかんだのである。

◉与党プロジェクトの薄氷を踏む運営

このギリギリの戦術設定は、与党プロジェクトの議論をジワリと前進させはじめたが、同時に関係者の間に極度の緊張関係もつくりだしていった。その典型が、国会最終盤における上原座長辞任問題であった。

上原座長辞任を契機にして、前進しつつあった与党プロジェクトの議論は硬化していき、崩壊の危機に直面することになった。

すなわち、「上原座長が辞任しなければならない理由があるとすれば、いままで一緒にやってきたわれわれにも連帯責任がある。辞めるなら一緒だ。与党プロジェクトの審議も、上原座長在任までの合意事項以外は、信義上認めるわけにいかない。それ以上のものを望むならば、与党プロジェクトは解散だ」というかたちで、自民党・さきがけは社会党に迫ってきた。

◉与党プロジェクトを存続させるのか否か

これらの一連の事態のなかで、解放同盟のやり方に対する不信と不安が高まってきた。「解放同盟は孤立するのではないか」「このままでいくと、何の成果も勝ち取れないまま国会が終了し、運動は足がかりを失うのではないか」という思いが、組織内外に充満しはじめていた。

この時期、上杉委員長の考えは、「絶対に与党プロジェクトをつぶしてはならない。そうなると、われわれは基本法の展望を失うことになる」ということであった。一方、上田書記長は、

「与党プロジェクトからは基本法は望めない。与党プロジェクトをつぶして、議員立法の道を追求すべきだ」との考えであった。

現実路線と原則路線の狭間《はざま》で、現場は苦渋の選択を迫られつつあった。与党プロジェクトへ社会党の委員として参加していた和田貞夫《わださだお》・衆議院議員（大阪）の苦悩は最たるものであった。

◉決定的になった与野党対決構図のもとでの袋小路

与党プロジェクトの合意内容を前進させる取り組みが一方にあり、野党・新進党による議員立法を探る取り組みがもう一方にあり、さらに最後の切り札として社会党による単独立法もしくは有志立法を追求する取り組みが同時進行する状況であった。

この状況のなかで、新進党も党内不統一で議員立法を提出するのは困難であり、社会党も、単独立法は連立政権離脱を意味することからできないという意見が党内の大勢を占めているとの情報も仄聞《そくぶん》していた。

しかも、新進党が六月一四日に内閣不信任案を提案する事態のなかで、与野党の対決は決定的となり、いかなるかたちでの議員立法も多数派形成は不可能な状況となってきていた。

◉和田貞夫議員の決断

第一三二通常国会における「基本法」闘争の決着の仕方についての最終判断の時期は、まさに六月一四日であった。

この日、中間意見をまとめる最後の与党プロジェクトが開催されることになっていた。この会議は、社会党に匕首《あいくち》を突き付けての会議であった。すなわち、中間意見の内容は上原座長在任中の合意の線までで、それ以上の内容を要求するのであれば、いままでの審議はご破算にし、プロジェクトは解散するということを、社会党が飲むのかどうか。その返事を持ってこいというものであった。

和田議員は、解放同盟と与党プロジェクトの狭間で、迷いに迷っていた。会議に出席すれば中間意見の内容を飲まざるをえない、出席しなければ与党プロジェクトは解散になり、元も子もなくなる。

和田議員の状況を察して、私と松本龍《まつもとりゅう》・衆議院議員（福岡）の二人が和田議員室に行った。会議開催時間は間近に迫っていた。

和田　中間意見の内容も相当のところまで前進してきている。この与党プロジェクトをつぶすということになれば、残念な思いやな。
谷元　上杉委員長の考えは、与党プロジェクトを存続させろということでっせ。
和田　しかし、上田書記長は違うやろ。彼は、わしにプロジェクトに出るなと言ってるらしいぞ。……上杉委員長の考えは間違いないか。

谷元　間違いないです。

和田　わかった。この問題の判断は、現場の運動家に泥をかぶせるわけにはいかん。政治家が泥をかぶるべきや。……わしはいまからプロジェクト会議に行ってくる。

松本　よろしく頼みます。

◉与党プロジェクト中間意見の合意

私は、この経過を上杉委員長にただちに報告をした。上杉委員長は、「それでよか。上田君には不満が残るだろうが、最後の判断はわしに任すと言ってたんだから、あとで報告するようにしたらよか」ということであった。

その後、会議を終えた和田議員から上杉委員長に電話連絡が入り、中間意見が合意され、六月一六日（国会閉会日）の与党政策調整会議に報告されて正式了承される旨、報告があった。この中間意見がのちに閣議決定され、正式に政権の基本路線に位置づくことになる。

与党プロジェクトの中間意見の合意内容は四点であった。第一点は人種差別撤廃条約の年内批准、第二点は「人権教育のための国連一〇年」の取り組みと「人権教育・啓発のあり方」への検討、第三点は「人権擁護のあり方、実効ある人権侵害への対応のあり方」への検討開始の必要性、第四点は「同和問題の抜本的早期解決に向けた方策のあり方」について十分かつ速やかな検討の必要性、である。

◉亀裂

その直後、上田書記長から私に連絡が入り、「井上一成《いのうえいっせい》議員が上田事務所にきているので、上杉委員長と一緒にきてほしい。和田議員もきてもらうようにしている」ということで、上田事務所に集まった。冒頭、井上議員が口火を切った。

井上 解放同盟はいったいどうなってんや。有志立法ということで工作していたら、急に解放同盟の中央執行委員会はそれを中止して、和田さんはプロジェクト会議に出ているという報告が党から入ってきたやないか。わしはええ恥さらしやないか。

和田 あんた、何ええ格好言うてんねん。有志立法の見通しはあんのかい。無責任なこと言うな。人が泥水かぶって汗かいてるとき、涼しいこと言うな。

和田議員は、激しい剣幕でまくし立てて席を立とうとするが、みなの制止で着席した。気色ばんだ重苦しい雰囲気のなかで、長い沈黙の時間が続いた。上田書記長が口を開いた。

上田 要するに、わしらが知らんとこで議員立法の道はつぶされたということや。だれがどうしたとかこうしたとか、もうええがな、なあ委員長。そういうことなんやから……。

上田書記長の憮然《ぶぜん》とした面持ちのなかで、みな後味の悪い思いを引きずりながら散会した。

三 「中間意見」を武器にした闘いへの路線転換と組織内の軋轢

1 「基本法」を「分割三法案」で時間差をもっての成立をめざす

◉与党プロジェクト中間意見を闘いの武器として――錯綜する思い

第一三二通常国会終了後に開催された中央執行委員会は、与党プロジェクトの中間意見を闘いの成果として確認し、この具体化を今後の方向として意思統一した。

その後、上田書記長は、「やる気をなくした」「後ろから鉄砲を撃たれた」「梯子《はしご》をはずされた」ということで、七月から八月の間、海外旅行に出かけて、ほとんど国内にいない状態となった。

上田書記長のそのような状態を見るにつけ、私の胸は痛んだ。「運動の判断において誤りはなかったという自負心はあるものの、最後の最後まで上田書記長を密接な意思統一で支えきれなかった」という自責の念があった。一時は書記次長を辞任しようと思ったことも事実である。しかし、取り組み課題は山積しており、辞任は無責任だ、上田書記長時代に「基本法」闘争の決着をつけることこそが、書記次長の任務だと考え直した。

第一三三臨時国会にむけた準備での最重要課題は、三座長辞任で崩壊状態にあった与党プロジェクトを一日も早く再開させることであった。そうしなければ、「基本法」への足場固めをする中間意見の内容を前進させることができないからである。

そのネックが上原議員であった。七月段階で「上原―上杉会談」が実現し、再開にむけた努力が約束され、臨時国会開会中の一〇月にやっと新体制で再開されることになった。

この間、解放同盟内部においても、人種差別撤廃条約の臨時国会での批准、「国連人権教育の一〇年」の早期具体化の取り組みを推し進めるとともに、「基本法」闘争の具体化方針の議論が煮詰められはじめた。

◉中間意見の具体化と「基本法」制定の現実的戦術＝「分割三法案」の模索

この方針は、「基本法」のめざす具体的な内容を、「分割三法案」として時間差をもって成立させていくことが、もっとも現実的な闘いであるというものである。同時に、各府県の「必要事業量」を早急に集約して闘いの武器にしなければならないというものであった。

この方向を、一一月・一二月の中央執行委員会、および一二月の中央委員会で決定した。さらに、一九九六年一月の中央執行委員会でも再確認され、第一三四通常国会闘争の基本方向として「第一九派基本法中央集会」においても確認された。

2 私の解任問題

◉上杉委員長の入院とアンケート問題

残念なことは、一九九五年一一月下旬に上杉委員長が入院し、手術をしたあと、長期療養せざるをえなくなったことであった。もちろん、「基本法」闘争の基本方向については、一一月の中執には出席しており、一二月以降の方針に関してもすべて熟知していたことはいうまでもない。ただし、一九九六年二月一日付の全国自由同和会との連名による「同和対策事業の必要性に関するアンケート調査実施について（協力要請）」の地方自治体への送付は、手続き的には私の独断専行であったことは事実である。

アンケート調査の問題で独断専行した理由は、次のような判断であった。①与党プロジェクトがぜんぜん動かない状況が続いている。②地対協で起草委員会が二月から始まり、事業の一般対策への移行検討が開始される。③われわれの側は、要請していた各都府県連からの必要事業量がぜんぜん集約できていない。④地方自治体の動きもなかなか活性化しない。そこで、われわれの行政闘争強化旬間（二月一～一〇日）の一環として、事業量集約を取り組む必要がある。⑤与党や地対協において、運動体の意見がまとまっていないという認識が存在している。⑥来年度予算の概算要求が六～七月から始まるので、今国会で事業関係の基本方針を勝ち取っておく必要があり、そのためにも事業量集約を急ぐ必要がある。

以上のような状況のもとで、事業調査アンケートのかたちで全国自由同和会と連名することにより、運動体の意見はここまでまとまっているということで膠着《こうちゃく》状態を打ち破り、あわせて事業集約も早期完遂をはかろうとの判断をもって、時間的な問題もあり、独断専行したものである。しかも、そのことは事後承認で処理できる許容範囲にあるとの判断もあり、ただちに全中執・都府県連委員長にも協力要請内容を送付した。その後、上田書記長にも概要説明を簡単に行った。

◉上田書記長による谷元書記次長解任問題

しかし、二月一三日に開催された中央執行委員会で、アンケート問題を説明したところ、協力要請文書によって混乱が生じていることが二、三の中執から報告された。その直後、上田書記長から行われた「谷元書記次長解任動議」は、まさに青天の霹靂《へきれき》であった。

二月一七日（土）午後一時ごろ、松岡徹・中執が中央本部大阪事務所にきて、「いま上田書記長が東京から電話をしてきて、〝谷元書記次長を解任する。理由はアンケート問題だ。了承してほしい〟と言ってきた。とにかく、唐突で理由もよくわからないので、谷元と一緒に明後日の朝一〇時に上田書記長に会いに行くから話し合いをしたいと伝えた。上田書記長は〝話し合いはいいが、わしの考えは変わらんぞ〟と言っていた」との報告を受けた。私は、「アンケート問題は解任の口実であり、本当の理由は第一三二通常国会でのシコリによる意趣返しだろう」と答えた。

●解任通告の電報

二月一七日（土）午後四時ごろ、上杉委員長より電話が入った。「上田君が電話をしてきて、アンケート問題がどうのこうので、お前を解任するとか言ってきたが、どういうことか」と聞いてきた。私は経過を説明し、「一九日に話し合うことになっている」と報告する。上杉委員長は、「それじゃ、わしもそこに同席して話をする」と言ってくれた。

二月一八日（日）午前九時すぎに、自宅に上田書記長名で「解任通告」の電報が届いた。私はそのとき、長野県の御代田町《みよたまち》での集会に行くために電車内であったが、家族からの連絡でそのことを知らされた。信じられないような異例のやり方だと思いながらも、その時がきたのだと腹を固めた。

谷元昭信 殿

中央本部書記次長解任決定通告

貴殿に対し、中央本部書記次長とそれに伴ういっさいの本部役職の任を解くことを通告いたします。

なお、二月一九日午前一一時より緊急中央執行委員会を開催いたしますのでご出席をお願いいたします。

一九九六年二月一七日

部落解放同盟中央本部
書記長　上田卓三

◉一時、辛抱しておけ

二月一八日（日）午前一一時ごろに上杉委員長より電話が入った。「昨夜遅くに、上田君から電話があった。谷元解任の件で全中執の了解をとったので、とにかくわしに了承してくれということだった。わしは、細かいことがわからないし、全中執が了解しているということなので、書記次長はやむをえないが、中執の地位はそのまま残すようにと言っておいた。お前の気性からすると、中執も辞めると言いかねないが、絶対にそれを言うたらつまらんぞ。一時、辛抱しておけ。上田君が何を考えているかの察しは、だいたいついている。わしが時期をみて必ず整理する。わしは、明日の話し合いにも、中執会議にも出席しないぞ」とのことであった。

◉信念は捨てず「責め」を負う

この時点で、私は次のような判断を行った。まず第一に、「基本法」闘争の重要な局面で、組織に混乱が起これば決定的に不利な状況に陥る。この事態を回避するためには、上田書記長の〝後に引かない〟性格からして、自分が書記次長を辞任して、混乱を最小限に食い止めること。第二に、そのためにも、上杉委員長の「一時、辛抱しておけ」という指示に従って、〝自分自身に固執する〃ことを絶対にしないこと。

第三に、第一三二通常国会における自らの判断に誤りはなく、アンケート問題においても「手続きを踏まないことによる若干の混乱」に対する反省はあるものの、現場を預かる指導者の一人として「必要な指示を時期をはずさずに出す」責任を怠ることのほうがより大きな罪であるとの信念は捨てず、そのことが批判され責めを負わなければならないとすれば、それは甘んじて受けるということ。

第四に、中執役員の人事は委員長専権事項であるにもかかわらず、書記長が解任通告を行ったことは、越権行為という重大な組織規律違反行為であるが、自らは異議申し立てをしないこと。

◉上田書記長との最後の話し合い

二月一九日（月）午前一〇時に上田書記長の事務所に到着した。三〇分ほど前に到着して上田書記長と少し話をしていた松岡中執が、「上田書記長は〃谷元を辞めさせる〃の一点張りで、いっさい聞く耳をもたないという感じや」と耳打ちしてくれた。ただちに、上田書記長と谷元・松岡の話し合いが行われた。

上田　自分、役員を辞めえ。ほかの役員や書記の人気も、自分はないぞ。わしが、自分を辞めさせると言って各役員の了承を取り付けたときも、だれ一人として反対する者はおらんかったぞ。まあ、松岡君は別やけどな。
谷元　わかりました。経緯・経過についての申し開きはいっさいしません。理由はともかく、書記長の気持ちをここまで追い込んだということは、書記次長としての責任を感じますし、いたらなかったことをお詫《わ》びします。今日の中執会議で辞任表明します。
上田　そうしてくれるか。それやったら、わしも解任ということは言わんとくわ。そんでええやろ、松岡君。
松岡　はい。
上田　何やったら、ここで辞表を書いて、わしに預けるか？
谷元　いや、直接に口頭表明します。
上田　そうか。ところで、書記次長だけ辞めて中執でおるというのも変な具合やろ、それはどうする？
谷元　私の身柄は書記長に預けておいて、中執会議の決定に従いますから……。
上田　そうか。じゃあ、いまから本部に行こう。

◉中央書記次長を辞任

二月一九日午前一一時、緊急中央執行委員会が開催された。私は、しばらく外で待機したあと、会議場に入り、辞任表明を行った。「アンケート問題でいろいろと混乱が起きていることの責任をとり、書記次長の役職を辞任したいと思いますので、よろしく審議をお願いします。みなさんに迷惑をかけたことをお詫びするとともに、長い間支えていただいたことに感謝します」と表明して会議場を出た。

中執会議終了後、辞任が正式に受理され、中央執行委員の役職だけが残されたことを聞かされた。さらに、上田書記長から「今後の君の生活は、わしが面倒をみる。それから、中執会議のとき、川口・駒井・組坂君らが君のことを擁護する発言をしていたから、お礼を言っときや」と言われた。

◉西成支部の専従

その後、中央本部専従職も三月末をもって辞め、四月から西成支部の専従となった。この間、上杉委員長および上田書記長との話し合いをそれぞれ数回にわたって行った。この直後、五月一〇日に上杉委員長が逝去されたことは、ご苦労ばかりかけた思いで、痛恨の極みである。

〔以上、一九九六年一〇月の記録〕

四　不幸な対立を乗り越える努力が運動の底力

1　路線をめぐる意見対立は組織の活力の証

◉運動発展への内部矛盾であって敵性矛盾ではない

私は、「部落解放基本法」制定運動の路線をめぐって、上田書記長との間に軋轢をきたし、不幸な対立状態に陥るという辛い経験をした。

しかし、思うに、部落解放という目的のために結集して闘いを進める機能体組織であるかぎり、路線をめぐる意見対立は不可避である。むしろ、その事態は組織が生き生きとした活力をもっている証《あかし》であり、路線論争や意見対立が起こらないほうが機能体組織にとっては憂慮すべきである。

それは、運動としての発展への内部矛盾であって、決して敵性矛盾ではない。

◉路線対立や意見対立には「対話の継続」が必要

だが、路線対立や意見対立という事態になると、往々にして敵性矛盾であるかのような状況に陥りやすいものである。

自らの主張する路線や意見が「絶対的に正しい」という主観的思い込みと感情的な昂《たか》ぶりが敵

対的な状況に追い込んでいくのだと思う。ほんとうに正しいかどうかは、その後の結果によってしか判断できないのであって、「歴史の検証」にゆだねられる必要がある。

もちろん、明確な達成目的をもって運動する機能体組織であるからには、歴史の検証を悠長に待っているわけにはいかないので、当然、その時々に路線や意見を決めていく必要に迫られる。やむをえず、多数決という手法でどの路線や意見を採択するかを決していかざるえないが、多数決はとりあえずの選択であって、決定後も、論点や争点を大事にしながら対話を継続していく場を意識的に設けておくことが大事である。これを学ばされた思いである。

◉「絶対性」の論理への警戒と拒否

私は、そのとき以来、物事の判断における「絶対性」の論理に警戒をいだくようになっている。いや、絶対性の論理は拒否すべきだと思っている。絶対性の論理は、揺るぎない信念を生み出すかのようにみえるが、畢竟《ひっきょう》、それ以外の論理は認めないという排外性を帯びざるをえない。そして、排除の論理が働くと敵性矛盾に転化していくし、排除の論理が前面に出てきはじめると、讒言や強権的運営がまかり通り、独裁的支配に道を開く危険が生じてくる。

その意味では、いつの時代においても機能体組織にあっては、路線論争や意見対立を敵性矛盾に発展させない「知恵」と、排除の論理を押さえ込む「努力」が必要なのだとつくづく思う。

路線論争や意見対立の事態に臨むとき必要なことは、自らの主張に主観的な思い込みをもったり、絶対性の論理に固執することなく、論点を相対化し客観化していく努力を忘れないことである。「余裕」のある論争を心がけたいものだと思う。

2　器量不足への自省と友好関係の再構築への努力

◉対立回避ができなかった器量不足への反省

そう考えると、あのときの私自身は、組織ルールをも無視した上田さんの理不尽なやり方への反発から、このような仕打ちに絶対に屈しないとの意地張りが支配的になり、上田さんとの対立を修復するための「知恵」と「努力」が欠如していたと自省する。自分の器量不足を痛感した事態でもあった。

◉友好関係の再構築への努力が喫緊の課題

しかし、辛い対立に陥ったけれども、私は個人的には上田卓三さんをいまでも尊敬しているし、憎めない人柄を好ましく思っている。とりわけ、中企連活動や「いのくら」活動で発揮した上田さんの先見の明には感服するものがある。

私の中央書記次長辞職問題以降、部落解放同盟と上田さんグループの間にはさまざまな対立的問題が生じ、感情的なしこりを残した。あれから二〇年の歳月が流れ、上田さんがつくりあげてきた「ティグレグループ」は、今日では中小企業の強力な支援・育成団体として存在感を増してきている。従来のイメージから大きく脱皮して、基本的には合法的で洗練された組織として機能し、部落解放運動における中小企業運動部門とも重なり合う活動を展開している。

今日の状況は、部落解放同盟とティグレグループとの以前のような友好関係を一日も早く回復することが喫緊の課題となっていると痛切に感じている。そのための機はすでに熟している。

3 「基本法」制定運動の戦術転換は既定路線化

◉「基本法」制定運動は個別法制定運動へと戦術転換

付言ながら、「部落解放基本法」制定運動は、一九九〇年代半ばをもって、「基本法案」そのものの制定をめざす闘いから、「基本法案」を構成していた五つの構成部分（宣言法的部分・規制救済法的部分・教育啓発法的部分・事業法的部分・組織法的部分）を個別的な法律として制定していく道へと実質的に転換し、あわせて他の諸課題をも含めた反差別・人権確立にかかわる包括的な人権の法制度確立の路線へと舵を切っている。

◉残された個別法の制定へ広範なネットワークによる協働行動

その路線のもとで、二〇〇〇年には「人権教育・啓発推進法」（教育啓発法的部分）が成立し、長い紆余曲折を経ながら、二〇一六年には「部落差別解消推進法」（宣言法・教育啓発法的部分）が制定された。

残されている課題は、「差別禁止法」（規制法的部分）や「人権委員会設置法」（救済法的部分）などの課題であり、この実現のためにはもう少し時間がかかるであろうし、広範な関係諸団体を網羅したネットワークによる協働行動が要請される。部落解放運動の共同闘争における質的変革が否応《いやおう》なしに求められてくるであろう。

第二章　上杉佐一郎委員長

その思想と行動

私が部落解放運動にかかわってもっとも充実していた時間は、上杉委員長のもとで活動した二〇年余であった。一九七〇年代半ばから逝去される九〇年代半ばまで、私は、常に離れることなく、上杉委員長のそばにつきそいながら行動してきた。

その意味では、部落解放運動の最前線の動きを肌身で学ぶ貴重な体験をさせていただいた。この時期の部落解放運動の歴史を、「上杉佐一郎」（一九一九年—一九九六年）という稀有《けう》な指導者の思想と行動を追いながら記しておきたい。

本章は、一九九八年五月一〇日の「上杉委員長の三回忌」に寄せて個人的に書き残しておいた原稿を基本にして、若干の加筆を行ったものである。

上杉佐一郎委員長（1984年11月）

一　巨星墜つ　涙を力に変えて

1　その日――一九九六年五月一〇日

◉四度の死線を乗り越えさせた解放への思い

一九九六年五月一〇日午後一〇時四四分、福岡済生会病院三〇七号室で、上杉委員長は家族や知人の見守るなかで静かに息をひきとった。私は、おしゃれであった委員長の自慢の白髪を櫛《くし》で梳《と》かしつけたあと、委員長の左手を握ったままで「その瞬間」を見つめていた。

四月一一日に入院してから一カ月後であり、闘病のなかで四月一六日に七七歳の齢《よわい》を数えていた。一九八六年に胃の三分の二を切除して以来、腸の手術、肝臓の手術二回と、一〇年間に四回のポリープ摘出手術を行ってきており、そのたびに驚異の回復力で大手術を乗り越えて、運動の第一線に復帰してこられた。部落解放への燃えるような執念が、その生命力であった。

◉「基本法」闘争にわれとわが身を焼き尽くして

しかし、今回の入院は、いままでと事情が違っていた。その前年の一一月中旬にニューヨークで開催されたＩＭＡＤＲ総会について「体がきついから出席しなくてもいいいか」と言われたとき、私は〝基本法闘争でかなりの無理がきている〟と思い、即座に「今回は体を休めたほうがいいです」と答えた。「私も人種差別撤廃条約の批准問題がありますので、日本にいます」と言いながら、〝いままでＩＭＡＤＲ総会を欠席すると言ったことはなかったのに、よほどきついな〟と感じていた。

心配は現実となり、委員長はＩＭＡＤＲ総会の期間中に具合が悪くなり、福岡に帰って入院した。ニューヨークに行ってなくてよかったと、私は胸をなでおろした。一二月に、前回手術した肝臓の再手術を行った。「基本法」が山場にきている状況のもとで、委員長は「基本法闘争に命をかけている」という日ごろのことばを地で行くかのように、一月には周囲の反対を押し切って退院され、戦線復帰への養生をされていた。福岡の楢崎秀治《ならざきひではる》さんからも「委員長の気持ちがはやっているので、止めることができないが、今回の手術は相当きついものだったので、くれぐれも無理をさせないでほしい」との要請があった。

そのこともあり、私は委員長からの度重なる電話連絡にも「現場は順調に行っている。心配しないでほしい」と言い、最低限の重要なこと以外は言わないことにしていた。

◉胸を焼かれる思いをもって

しかし、私が二月一九日に突然「辞職」する事態になった。このことは、委員長の心を深く煩わせることになってしまった。私の身はともかくも、そのことが委員長の寿命を縮めた一因であると思うと、悔やまれてならず、断腸の思いであった。

その後、何回か委員長と会って話をし、三月の末には委員長から「四月には二人で花見にでも行こう」と言われ、楽しみにしていた。ところが、その〝花見時期〟に委員長は突然、再入院し、「今度は時間の問題だ」と聞かされ、全身に悪寒が走った。

相当の覚悟をもって「その瞬間」を迎えたとはいえ、「委員長の死」という冷厳な事実を前に、私は涙すら出ない深い悲しみのなかにたたき込まれていた。わが身が「書記次長辞職」という境遇に置かれていたことが、なおさらその思いを強くいだかせた。

委員長が亡くなる前夜に、娘さんの隆子さんから病室で「お父さんは、最後まで谷元さんのことを気にかけて、わしが何とかすると言っていた」という話を聞かされており、胸が焼かれる思いであった。

2　上杉委員長の志を受け継いでこそ

◉悲しみを力に変えて

中央本部書記長一四年間、委員長一四年間という実に三〇年近くにわたって、名実ともに部落解放運動の牽引車として疾走してきた偉大な指導者を失い、残された者として、その悲しみもさることながら、その偉業と遺志を継承していく重責と困難さに押し潰されそうな「めまい」を感じていた。

二十有余年にわたって、常に委員長のそばにあり、時には怒られ、時には殴られながら、部落解放運動の何たるかを身をもってたたき込まれてきた私としては、個人的にも委員長との思い出が多すぎる辛さを感じる。

◉上杉路線の誤りなき継承・発展を

しかし、重責にたじろいだり、個人的な感傷に溺《おぼ》れていては、またぞろ委員長に怒鳴りつけられ、殴られそうである。「わしが〝生涯一筋〟にと心血を注いだ部落解放運動の〝道〟はどうなるのか。お前らが団結してしっかりせんでどうするのか！」。そんな声が聞こえてくる。

上杉委員長がわれわれに示した遺志とは何であったのか。部落の完全解放へむけて上杉委員長が切り拓いてきた路線とは何であったのか。われわれはこのことを明確に学び取って、その路線を誤りなきように継承・発展させていくことが任務である。

この任務を遺された者が全《まっと》うしていくことこそがもっとも重要である。肉体は死んでも思想は残る。その思想を継承し、十全に発展させることが、上杉委員長の遺志に応えることであると思う。

二　上杉路線とは何か

1　部落解放運動の「優しさと良心」を体現

◉優しさとは人を生かすための配慮

私は、部落解放運動が本来的にもっている「優しさと良心」を体現していたのが上杉委員長であったと思っている。「人間を勦《いたわ》る」ことと「人間を尊敬する」ことという運動のもつ本来的な性質と個人の人柄とが同化していた。

委員長に接した人は、その人柄を見て部落解放運動を理解し、運動への偏見をもっていた人は、委員長に会ってその誤解を解くということが多々あった。そのような場面に、私は数限りなく遭遇してきた。

委員長は私によくこう言っていた。

〈部落解放運動が人間の優しさ（温かさ）を失ったら、何の取り柄もなかぞ。どんなに激しい闘いをしとっても、それを失《な》くしたらつまらんばい。優しさというのは、一人ひとりの人間の得手を生かしてやるための思いやりと深い配慮たい。そのとき大切なのは、人を信じ切る気持ちをもつことばい。これはむずかしかぞ。自分から人を信じんかったら、人も自分を信じてはくれんや

け。信義がないところに人間関係は成り立たんばい。〉

委員長は、人を信じて裏切られることもよくあったが、そのときには激怒しても、時間が経つにつれて、またその人のいい面だけを思い出して、〈やっぱり、人間にはどこか取り柄があるもんたい〉とよく語っていた。私は、〝この人は、とことん人間が好きなんやなあ〟と常々感じたものである。

◉「人間になりなさいよ」——逃げ道を用意した糾弾

この考えは、委員長の日常の言動にもよく表れていたが、真骨頂は糾弾闘争の場面で発揮されていたと思う。差別言動そのものに対しては、赤鬼のように顔を紅潮させて激怒したが、「あのねえ、君……」と言いはじめるとトーンが変わって、差別の不当性と差別がお互いにとって悲劇であることを諄々《じゅんじゅん》と説き、「人間になりなさいよ」ということばでしばしば締めくくったものである。

ここには、委員長の次のような考え方がある。

〈糾弾という人間変革の場において、差別者だからといって絶対に逃げ場のないような追い詰め方をしたらいかん。それは相手の全人格を否定することになる。全人格を否定されたら、だれでも〝開き直る〟か〝面従腹背〟になるしかない。窮鼠《きゅうそ》が猫をかむようでは糾弾は失敗だ。人間ならだれでもがもっている良心に向き合わせるように、〝逃げ道〟をつくっておいてやらんといかん。そこで、差別したことへの本当の反省が始まる。糾弾された人間が、何らかのかたちで部落解放運動にかかわってくるようになる糾弾がほんまもんたい。〉

◉上杉委員長の師匠たち

そして、〈実はなあ、この糾弾の考え方は、朝善（朝田善之助）さんから学んだ〉と言って、茶《ちゃ》目《め》っ気たっぷりに肩をすくめながら笑う委員長の大らかな実直さが、私はたまらなく好きであった。

さらに、〈糾弾は朝善さんからだが、大衆運動のやり方は松田喜一さんから教えてもらった〉と言って、福岡県連書記長時代の行政闘争にかかわるエピソードなどを聞かされた。

私が「松本治一郎さんからは何を学びました?」と聞くと、〈松本のオヤジからは、すべてといっていいぐらい多くのことを学んだので、一言では言われんばい〉と言って、遠くを見つめるような眼差《まなざ》しをした。

委員長は、松本治一郎さんの話になると、決まって遠くを見つめるか、ジィーッと下を見つめるかの仕草をするのが常であった。畏怖に近い敬愛の深さが思い遣られた。

◉松本治一郎大先輩の遺影の前で見せた涙

このことで思い出されるのは、松本治一郎大先輩の写真の前で委員長が一人立って泣いていた姿である。委員長がまだ書記長であった一九七〇年代末のことで、東京の六本木《ろっぽんぎ》にある旧松本邸を中央本部事務所として使っていた当時の応接間でのことである。

全国で組織問題が続発し、最初の「特別措置法」の期限切れを迎えて激しい国会闘争を展開していたころである。用事のために応接室に入った私は、委員長の泣いている姿に出くわし、立ち入りがたい空気に慌てて外に出ようとしたが、「よか！」と言われ、招き入れられた。

二〇代後半の若造であった私は、金縛りのような緊張のなかで、委員長と二人でソファーに腰かけ、用事も言わず押し黙ったまま、委員長の口元を下向きかげんに見つめていた。しばしの沈黙のあと、委員長がポツリとつぶやくように口を開いた。

〈つらいねぇ。情けなか〉

私は、息を飲むようにして次のことばを待っていた。

〈部落の大衆の将来を決する闘いをしているとき、幹部同士が、大衆とは関係のない次元で対立ばしとる。自分のことばかり考えて大衆のことを忘れているから、こげな組織問題が起きとる。組織を預かっている書記長として、わしの責任が大きい。わしは、悩んだり迷ったりしたとき、いつもオヤジの写真の前で〝オヤジならどうしただろうか〟と問いかけて、考える。考えれば考えるほど、オヤジの偉さばかりが見えてきて、自分の力のなさが情けなくて辛くなるばい……〉

そう言いながら、また委員長は涙ぐんでいた。

私は、〝こんな人でも悩んで泣くことがあるのか〟と不思議な感慨が込み上げてくるとともに、何ともいえない人間くささを感じて、ほっとした気分であった。この人間くささは、委員長の終生の体臭であり、「優しさと良心」と不可分の体質であったように思う。

◉誠意をもって当たれば、人間は胸襟を開く

こんなこともあったのを、私は思い出す。一九七〇年代の半ばすぎのことである。全国大会開催の前夜、ある県連の組織問題のために、大会が開催できるかどうかというほどに混乱していた。中央本部の組織調停は暗礁に乗り上げ、きわめて険悪な空気が漂っていた。

当時、書記長であった委員長が、一人で動きはじめる。私は慌てて後を追った。「もめている県連の一方の幹部たちのところに行く」と言うのだ。私は、何かあれば体を張って飛び出す覚悟で、委員長に従う。二〇人近い県連幹部が集まっている畳の部屋に入る。中央本部への不信が渦巻いており、まさに〝一触即発〟の状況であった。私のなかに緊張が走り、身構えているのがわかる。

委員長が言う。「みなの言い分は、書記長である上杉が責任をもって、じっくり聞かせてもらう」。ほんとうにじっくりと辛抱強く聞いている。その後、「よくわかった。あとの処理は上杉に任せてほしい。全国の仲間に迷惑をかけるわけにはいかんので、処理は大会後にしてほしい」と言ったあと、委員長は突如、胡座《あぐら》から正座になって、「頼む！」と手をつき頭を下げたのである。

私は、驚いた。〝全国書記長ほどの人が……〟という思いであった。ほかの人たちも同様で

あった。一瞬、場が静まり返った。県連の幹部たちは、「わかった、書記長。もうわかったから頭を上げてくれ！」と慌てて言い、場が収まった。

〈誠意をもって当たれば、人間は胸襟を開くもんたい〉

あとで、委員長が言ったことばである。

◉人間の強さは人を信じる優しさと良心——岡映さんとの再会

私は、委員長の責任感や胆力、そしてその強さに舌を巻いた。この捨て身の強さはどこから生まれるのだろうと、よく考えたものである。そして、その委員長の強さは、やはり「人を信じる優しさと良心」からきているのだと、いまの私は思っている。

こんなことがあった。一九七八年、同和対策事業特別措置法が最初の一〇年の時限を迎える直前に、NHK大阪放送局の福田雅子さんが同和三団体（部落解放同盟・全国部落解放運動連合会［全解連］・全日本同和会）の座談会による特集番組を企画した。この番組に出席する上杉委員長（当時、書記長）に随伴して、私はNHK大阪放送局に出向いた。早めに到着した私たちは控え室で談笑していた。そこへ、岡映《おかあきら》さん（全解連委員長。岡山出身で、元部落解放同盟中央副委員長）が入ってきた。

上杉委員長は、「おお、岡君。元気やったか！」と立ち上がって、岡さんのところに歩み寄り、抱き合った。岡さんも「上杉く〜ん……」と言ったまま、ことばが詰まった。見ると、二人とも涙を流している。私は、当時あれほど激烈な対立を続けていた両団体のトップが、涙を流しながら抱き合っている姿を呆然《ぼうぜん》と見守っていた。同時に、これが部落解放運動の本当の姿なのだと心に刻んだ瞬間でもあった。

二人並んで腰を下ろすと、岡さんが堰《せき》を切ったように上杉委員長に語りかけた。「上杉君。わしは悔しんじゃ！　差別と闘う組織が、党中央の指示で差別糾弾闘争ができなくなっている。こんなむちゃな話があるか」と、涙ながらに訴えている。岡さんがその年の年頭に機関紙で委員長あいさつとして「多発する差別事件に対して糾弾闘争を強化しよう」という趣旨の文章を掲載したら、共産党中央から国民融合路線に逆行する主張だとして撤回を求められたのだという。

上杉委員長は、「岡君の悔しい気持ちは痛いほどわかる。しかし、君も悩んだ末にいまの立場を選んだんだから、差別をなくすために辛くてもがんばらんとな」と言う。岡さんは、「ありがとう。ありがとう」と繰り返しながら、上杉委員長の手を握りしめていた。

上杉委員長が私のことを「谷元も岡山の出身だ」と紹介すると、岡さんは「そうか、そうか。谷元君、上杉君のもとでがんばってくれ」と私の手を握った。私は、対立する組織のトップから励まされることに複雑な思いをいだきながら、「はい」と答えた。

だが、番組の収録が始まると、岡さんは「差別はなくなっている」と国民融合論の立場から発言した。番組収録後、私が、控え室での話と番組での話が違いすぎると憤慨すると、上杉委員長は「岡君も立場があるからな。あれの苦しい胸の内もわかってやれ」と諭される。

私は、主義主張によって人間を判断するのではなく、その人の人間性や人格によって判断しなければならないのだということを学んだような気がする。

私たちが継承すべき上杉路線の第一は、部落解放運動の「優しさと良心」を、一人ひとりが自分の持ち味を生かしながら、自分らしく体現していくことであると思う。

2　部落解放運動は「自力自闘」が基本

◉行政施策に依存ばかりしてたら人間は腐ってしまう

〈いつまでも行政施策に依存しておったら、部落の人間は腐ってしまう。自分が独り立ちする力をつけるための努力をせんとつまらん。何でもかんでも行政に頼んだらええと勘違いしている。人間は楽なほうへ流れやすいからなあ。〉

「特別措置法」の二回の延長を勝ち取り、地域改善対策特別措置法が施行されたころから、委員長は、〝行政施策への依存状況からの脱却〟を強く意識されだしたように思う。一九八二年に書記長から委員長になり、名実共に組織のトップとして部落解放運動の舵取りに全責任をもつ時期である。

このまま「事業法」の延長を繰り返していたら、部落解放運動が事業要求運動に堕してしまう。現実にその弊害が現れてきている。差別撤廃への壮大な社会変革の闘いが、物取り主義や功利主義に変質してしまう。このことに、委員長は強い危機感をいだいていた。問題は、どのようにしてこのような状況を変えていくかということであった。

◉仕組みと仕掛けを変えなければ運動は変わらない

このころ、委員長によく聞かされたことがある。

〈ええか。運動の流れを変えるときは、なんぼ理屈や説教をコネてみたかて変わらせんとやけ。いままでの運動のやり方とは違う仕組みと仕掛けをせんといかんような課題を設定せんと、つまらんばい。体を動かすことでしか大衆運動は変わらんとやけね。〉

私は、〝なるほど〟と思いつつ、理念や政策で動いていく政治運動と違って大衆運動は、具体的でわかりやすい課題（夢や理想）を提示し、それを実現するために運動に参加する一人ひとりが自分の身近な問題に引き寄せて考えることができるような運動のつくり方をしないと、改革はむずかしいということを学んだ。

◉新たな時代への第三期部落解放運動の胎動

委員長がこのような考え方にもとづいて打ち出した方向が、「部落解放基本法制定運動」と「世界の水平運動」であった。

この取り組みを通じて委員長がめざしていたものは、まさに「事業法依存から基本法を武器に自主解放へ」「差別の結果から原因に対する取り組みへ」「部落の内から外へ」ということであった。

新しい時代に対応しようとする第三期部落解放運動への胎動であった。委員長は、一九八四年に自らスイス・ジュネーブの国連欧州本部を訪れ、国際的な人権運動の状況把握を手始めに本格的な「世界の水平運動」に乗り出すとともに、一九八五年には「部落解放基本法案」を公表し、制定運動の先頭に立った。

◉敵の攻撃の手口のなかに自らを強める課題を知る

しかし、部落解放運動も新しい方向を模索しはじめたが、政府も同和対策への新たな対応を打ち出してきた。それが、「八六年地対協」路線にみられる国策の反動的転換であった。

従来の同和行政の基本であった同対審答申を否定し、糾弾のあり方をはじめとして部落解放運動への攻撃を行い、行政施策にかかわって「個人給付事業」や「税問題」など、九項目にわたって是正措置を提起してきた。われわれは、ただちに大反撃を行い、この反動路線を事実上、封じ込めることに成功した。

このとき、委員長がいみじくも私に語ったことばを忘れることができない。

〈よう考えんといかんとやで。敵がこちらを攻撃してくるときは、こちらのいちばん弱いところを突いてくる。とりあえず、反動攻撃は抑え込んだが、こちらの弱いところを改革しなければ、また攻撃されるとぞ。今回の攻撃を利用して、危機感をもって同和対策事業の改革と同盟の意識改革をやりきらんといかんたい。国鉄の民営化に反対をしていた国労が、不祥事を徹底的にマスコミでたたかれて壊滅状態にさせられた轍《てつ》を踏まんようにせにゃ。多少の痛みをともなっても運動の大転換を急がんとつまらんばい。〉

◉共同闘争主導の新たな運動を提案

私は、時代の流れを的確に読みながら部落解放運動の改革への強い決意を語る委員長のことばに、〝武者ぶるい〟する思いを感じながら、大きな喜びを覚えていた。新しい部落解放運動の時代を委員長の指導のもとで切り拓いていく喜びであった。

このような問題意識をもちつつ委員長は、一九八八年の第四五回全国大会で、部落解放運動が第三期の新たな時代に入ったとの認識を明らかにし、共同闘争主導の新たな運動をめざすことを提案した。そして、そこには従来の部落解放運動のやり方（仕組みと仕掛け）を変えていかざるをえないように仕向ける委員長の思惑が存在していた。

〈共同闘争を展開しようと思えば、共闘を組む相手に迷惑をかけないためにも、自らの〝襟を正す〟ことをまずやらんといかん。こちらが〝後ろ指〟を指されるようなことではいかん。社会的信用をもたなければ、共闘する相手かて腰が引ける。それと、ウチの人間も、自分の問題だけでなく、いろいろな問題を取り組むことで視野が広がってくるし、意識も変わってくる。そのことによって、部落解放運動も質的に強化されることになるたい。〉

◉部落問題解決の鍵は部落の外にある

〈もうひとつ大事なことは、部落のなかがなんぼようなっても差別はなくならんと。部落差別は部落の外にあるとやけ、そこの構造を変えにゃ問題は解決せんばい。これは、部落の内と外のモンが共同で差別撤廃の取り組みをせんといかんということたい。〉

私は、決して論理的ではないが人間を見据えながら本質をとらえる委員長の慧眼《けいがん》に、痛く感服した。第三期の新たな時代という認識のもと、委員長は次々と改革への方向を指示してきた。「反差別国際運動（ＩＭＡＤＲ）」（一九八八年結成）および「反差別国際運動日本委員会（ＩＭＡＤＲ－ＪＣ）」（一九九〇年結成）を中心とした国際連帯活動の展開、「同和対策事業の総点検・改革運動」の推進（一九九〇年）、第三期運動論の内容づくりの作業をするための「中央理論委員会」の設置（一九九二年八月）等々であった。改革を貫く基調は、自力自闘であり、自主解放であった。

◉現行「事業法」の再延長は要求しない

しかし、これらの改革の方向は、なかなか同盟内において共通の認識とはなりえなかった。「特別措置法」時代を〝当たり前の時代〟として受け止めている幹部・活動家の「ぬるま湯」的体質に、委員長は〝このままでは部落解放運動は大変な事態になる〟との強い危機感をもった。

この反映が、大阪全研（部落解放研究第二六回全国集会。一九九二年九月）での〈事業法の再延長は要求しない〉との強い決意を込めたあいさつであった。それは、「基本法要求の本音は、事業法の延長だ」という同盟内外の誤った考えに対する明確な回答であった。

実は、このときの委員長あいさつの原稿の下書きをいつものように私が作成したのだが、「事業法の再延長は要求しない」という結論部分は、さまざまな反響が出てくるであろうことを想定しながら、迷いに迷ったうえで書き込んだ。委員長がどのような判断を示すか、私は不安であった。原稿を渡すと、委員長は読み終えたあと、しばらく黙考していた。私にはとてつもなく長い時間のように思えたのだが、実際には四〜五分ほどもない時間であったと思う。〈これでよか。これでいく〉と迷いもなく決断された。私は、委員長の決断力のすごさにあらためて感服した。

委員長はよく言ったものである。

〈惰民をつくる事業法を継続させるより、法律がなくても、部落民の自立にとって必要な事業は自らが闘い取るほうが、部落解放運動にとってはなんぼマシかわからんたい。物貰《もら》い根性を捨てんとつまらんばい。事業の点検・改革についても、ウチの弱みをさらすことにもなるから内々でやったほうがよいとか、方針を公表すると利敵行為になるとかの意見もあるが、それはまちごうとる。差別をなくすための事業はどうあるべきかということを、堂々と議論したらよか。わしらは、コソコソと裏取引をしているんじゃない。権利のための闘いをしとるとやぞ。正義の闘いをしとる同盟の考えを内外にはっきりさせることで、緊張感をもった改革ができる。それが事業に社会性を生むし、社会性をもたない事業はすべきじゃなか。幹部・活動家が私利私欲を捨てて真剣に説明すれば、そのことを大衆はわかってくれると。ところが、〝大衆が納得しない〟とい

うかたちでそれをやろうとしないのは、ほんとうは大衆じゃなくて幹部・活動家の責任たい。〉

◉運動の社会的責任と人間的自立を鮮明に

私は、これらの一連の委員長の考え方には「部落解放運動の社会的責任」と「部落民の人間的自立」という課題が根底に据えられていると考えている。そして、その課題を私たちが具体的に追求・発展させていくことが、今後の部落解放運動の基本方向の柱のひとつであると考えている。したがって、私たちが継承すべき上杉路線の第二は、「部落解放運動の社会的責任」の中身をより明確にし、それを全うしていくための具体的なプロセスを明らかにするとともに、「部落民の人間的自立」への努力を部落解放運動の全領域にわたって貫徹しつづける自力自闘の部落解放運動である。

3　部落解放運動の醍醐味は人と人との関係づくり

◉多士済々の人脈の広さ

私が驚いたことのひとつとして、委員長の人脈の広さがある。その顔触れはまさに〝多士《たし》済々《せいせい》〟であり、各界にわたっていた。

〈差別をなくすためには、いろんな人間と付き合って、こっちの考えを知ってもらうことぞ。どんな人間に対しても、こっちから垣根をつくることはなか。垣根をつくられることの辛さは、

わしらがいちばんよう知っとるとやけ。〉

委員長は、こう言いながら、どんどん人との輪を広げていかれた。端的にいえば、どんな人に会うのも躊躇《ちゅうちょ》しなかったし、会えば自分の尺度だけで人を推し量ることをせずに、相手を理解するためにじっくりと相手の話に耳を傾けた。その姿勢が人の信頼を勝ち取り、多くの人とのつながりをつくりだしたといえる。委員長は、人の輪の広がりこそが差別撤廃運動をする者の財産だと考えていた。

〈差別をなくすということは、人とのつながりが回復していくいうことやけ、解放運動しよる者は、付き合いが広がらんかったらおかしいばい。その広がりが部落解放運動の財産たい〉とよく言ったものである。

◉国際活動のなかで始めた自分自身の識字運動

委員長の信念でもあったこのような考え方は、部落解放運動を共同闘争主導の時代へと導いていった。労働関係、宗教関係、企業関係、教育関係、学者・文化人関係、市民運動関係と、多岐にわたる共闘組織を生み出し、地域周辺共闘を推し進めた。

この広がりと深まりのうえに立って、国際共闘組織としての「反差別国際運動（ＩＭＡＤＲ）」が結成され、〝世界の水平運動〟が展開されている。二〇一八年には、結成三〇年を迎えることになり、歳月の流れの速さに驚きつつ、感慨深いものを私は感じている。委員長に従って国際活動に乗り出したころのことを、いまでも鮮やかに私は思い出す。

〈おい、ここにわしの名前を、エイ・ビィー・シーで書いてくれ〉と、私にメモ用紙を渡しながら、〈自分の名前ぐらい横文字で書けんと、外国にも行けれんからな。わしの識字運動たい〉と言って、委員長は笑った。笑いながらも、眼鏡の奥には、反差別国際連帯活動にかける闘志を漲《みなぎ》らせる眼光があった。

部落差別撤廃という独自課題を徹底的に追求しつつ、国際人権基準という普遍的課題につなげることをもって部落解放運動の質的転換をはかるというのが、委員長の活動のねらいのひとつであった。

◉長い間の胸のつかえ＝戦争責任への深い思い

もうひとつは、〝松本治一郎の世界の水平運動〟の志を継承し発展させるということであった。ここには、個人的にも組織的にも第二次世界大戦において日本のアジア侵略に加担したという戦争責任への深い思いがあった。

〈松本先生は、戦争責任を償う取り組みとして日中国交回復に尽力され、次は日朝だと言われていたが、志半ばで倒れられた。わしはまず、戦争の痛手で国交のない北朝鮮に行き、侵略行為のお詫びをしてから、人権の国際活動を始めたい。戦争責任を頬被《ほおかぶ》りして、人権はなかろうもん。〉

第４回世界宗教者平和会議（WCRPⅣ）で（1984年、ケニア・ナイロビ。左から友永さん、松本さん、上杉委員長、筆者）

委員長は、ジュネーブで国連人権活動を勉強した翌年（一九八五年）には、部落解放同盟訪朝団を組織し、その団長として金日成《キムイルソン》主席に会い、朝鮮人民への反省の意を表明し、南北統一と民間レベルでの日朝連帯の取り組みの努力を約束した。

訪朝後、〈やっと、長い間の胸のつかえが少しだけとれたような気がするばい〉と言いながら、自分の中国戦地での話や、タコ部屋に入れられた北海道のダム建設現場に大勢連行されてきていた朝鮮人の話を、パイプの煙をジィーッと見つめながら、苦しそうに辛そうに語った姿を、私は思い出す。

◉セーシェル島ステッキ事件

それからの委員長は、ことばの障壁や六〇歳半ばすぎという体力的な問題を厭わず、実に精力的な国際人権活動を続けられた。とはいえ、やはり一カ月近い海外出張のときには、相当のイライラがたまり、ついに爆発したことがあった。「セーシェル島ステッキ事件」である。

一九八四年の夏のことであった。ジュネーブでの国連人権活動を中心に、人権委員会事務局次長であった久《く》保《ぼ》田《た》洋《よう》さんのアドバイスを受けながら強行スケジュールをこなし、そのまま「第四回世界宗教者平和会議（ＷＣＲＰⅣ）」への参加のため、ナイロビ（ケニア）に飛んだ。

セーシェル島の日本食レストランで上杉委員長と筆者（1984年）

いよいよ長旅を終え、飛行機便の接続が悪く帰途二泊、セーシェル島に寄ったときのことである。ロッジ風のホテルに昼間到着して、一息いれようとコーヒーに誘ったところ、委員長は「疲れたから、部屋で横になっとく」と言われ、私は、松本龍さん、友永健三さん、小西辰郎さん（通訳）とで喫茶店に行った。あまり早く帰って委員長を起こしてはいけないと思い、ゆっくりと二時間ほどして部屋に引き返した。

すると、委員長は、部屋の前の通路の椅子《いす》に腰かけていた。私は寝起きで機嫌でも悪いのかと思ったが、すぐそばに近づいて松本さんが「ジャンボッ！」（東アフリカ地域の共通語であるスワヒリ語で「ご機嫌いかが」の意味）と親しみを込めて言った途端に、委員長のステッキが飛んできた。

最初に私がステッキの洗礼を受け、松本さん、友永さん、小西さんへと続いた。何があったのかわからずに面食らっていると、委員長は、一息入れたあとに「すまんやった」と言いながら、事情を説明した。

説明によると、四人が出かけたあと、ベッドで横になろうと思ったが、暑いので風に当たろうとして外に出たら、部屋のドアが風で閉まって自動ロックされてしまった。ことばがわからず、鍵を開けてもらうこともできず、二時間近くも外でほったらかしにされた。この苛立《いらだ》ちが、長旅の疲れもあり、四人の顔を見た途端に爆発したのである。

話を聞きながら、私は〝ことばが通じない〟ことの苛立ちや辛さをあらためて思い知らされた気がした。このあと、私と松本さんの二人が委員長の部屋に呼ばれ、また怒られることになる。

〈お前ら二人を殴ったときに、なんでお前らはわしを止めんやったか。そのために、ほかの二人まで殴ってしもうたとぞ。そのくらいの判断ができんでどうすっとや。〉

このむちゃくちゃな理屈に、二人は思わず顔を見合わせながらも、委員長の心情が思いやられ、「すいませんでした」と言って部屋を辞した。

私は、この事件で、字が読めない、ことばが通じないことへの配慮の足りなさを反省させられた。それ以降、この教訓を胸に刻みつつも、外国語を勉強することへの怠慢を覆い隠す口実にも使わせてもらっている。曰く、「文字やことばがわからない人への配慮を忘れないために、敢えて自分は語学を勉強しないことにしている」。

反差別国際運動（IMADR）結成総会（1988年）提供＝IMADR

◉名は体を表す――「反差別国際運動」のネーミングの意味

このような取り組みを積み重ねながら、一九八八年一月に日本に本部を置く国際人権NGOとして「反差別国際運動（IMADR）」を結成した。「名は体を表す」というが、ここでは名称論議にからんで重要な議論がなされた。

第一点は、〝人権〟ではなく、なぜ〝反差別〟なのかということである。ここには、具体的な人権を確立するためには、具体的な人権侵害＝差別の実態に立脚した取り組みが必要であり、とりわけ被差別当事者の自覚的・自立的運動をネットワークすることが重要であるとの思いが込められている。この思いが当事者運動としての〝反差別〟である。

〈人権を掲げる団体はたくさんある。しかし、被差別当事者が中心になっている国際人権NGOは少ない。被差別当事者の自主解放運動に依拠した組織にすることが大事ばい。それでないと特徴も出ないし、部落解放同盟が中心的役割を担う意味合いも薄れる〉というのが、委員長の考えであった。

第二点は、〝国際〟ということであった。すなわち、活動の視点という意味合いもあり、活動の拠点・範囲という意味合いもあり、組織の構成地域という意味合いもある。国際人権組織の本部を初めて日本に置いたのは、アジアに活動拠点を置くことが重要だと、委員長をはじめわれわれが認識していたからだ。それは、この地域が人権状況が悪く人権活動もきわめて弱いという理由からもそうであるし、また〝日本のアジア侵略という戦争責任〟に真正面から向き合いながら人権活動を行うことが大切だという理由からもそうであった。

したがって、名称のどこかに〝アジア〟を明記すべきだというのが、委員長の意見であった。しかし、結成当時は、日本以外のアジアのNGOの参加がなく、大勢が欧米関係のNGOということもあり、とりあえず〝国際〟を使うことになった。

第三点は、〝運動〟ということの意味である。これは、〝反差別〟の考え方ともあいまって、「反差別国際運動」は、決して被差別当事者の権利擁護の代行機関や、ましてや人権に関する研究機関、評論機関ではなく、被差別当事者自らが主体となった組織、あるいはそれを支援する組織として運動を展開していこうということであった。まさに、具体的に行動する組織として自らを規定したのである。

◉人権は世界を動かす

委員長は、こう言ったものである。

〈わしらは、国連に勉強しに行くのが目的ではない。そこで確立している人権基準を武器にして、差別に苦しみ、ほんとうに人権を必要としている人たちとしっかり手をつなぎ、具体的に差別を撤廃していく運動を起こしたり、支援活動をすることが重要たい。ウチの七〇年の運動の経験が大きな意味をもつ。〉

南アフリカ共和国やネパールなどでの識字プロジェクトの取り組みや、ドイツのスィンティ・ロマ中央委員会の資料文化センター建設支援の取り組みなどに、委員長は大きな期待を寄せながら、同時に、日本へきているアジアからの出稼ぎ労働者や移民の人たちの相談活動ができる体制をつくって、人権活動ができないものかと腐心していた。

「反差別国際運動」結成二〇年にあたり、これらの発足当時の趣旨をふまえて、新たな人と人との関係づくりを真剣に模索し、発展させることが大切である。

〈日本はもとより世界の差別がなくならないと、部落差別もなくならんと。このことを、ウチの人間が理解して部落解放運動をするようになったら、ウチの運動も大きく変わるばい。まず周辺地域との関係をつくる。そして行政区、日本、世界へと人間関係を広げていく。これは、運動

をしている者の喜びであり、〝人権が世界を動かす〟ということを身をもって感じる醍醐味《だいごみ》があるたい。〉

委員長はこう言いながら、続けて、〈それにしても、国際活動は忍耐と金が必要たい〉と言って苦笑していたのを思い出す。

◉人と人との豊かな結び合いこそ

われわれが継承すべき上杉路線の第三は、自らに誇りをもって、あらゆる人々を対象にして「人と人との豊かな関係」づくりに積極的に努力することであり、その広がりが差別解消の度合いを示しているということである。

4　部落解放の展望は「人権社会の確立」

◉水平社七〇周年に打ち出した「三つの提案」

委員長は、綱領・規約改正を射程に入れた中央理論委員会の活動に大きな期待をいだいていた。「部落解放基本法」制定運動と「反差別国際運動」の成果をふまえながら、二一世紀にむけた部落解放運動の基本戦略を打ち立てようと考えていた。

この考えが、全国水平社七〇周年にあたる一九九二年の第四九回全国大会で、「三つの提案」として提起された。

〈そこで、私は、代議員のみなさんに、三つのことを提案したいと考えます。第一は、「基本法」要求は、伝家の宝刀ではなく、私どもの現実的な要求であります。それゆえに、現実的に実現できる方法を大胆に論議していただきたいのであります。

第二に、「基本法」と関連づけながら、私どもが要求している「部落の完全解放」の状態がいかなるものであるかということを具体的に明確化していくことが重要であります。そして、そのための条件整備はいかにあるべきかということを、現行の一つひとつの事業との関連で明確にしていくべきであろうと思います。

第三に、これらの作業のなかで、お互いが各自の地域の実態を正確にとらえ直し、それぞれの「村自慢の運動」を創造的につくりあげてほしいのであります。そのためには、沈滞と保守主義を排し、旧態依然とした「部落観」や闘争スタイルから自らを解放していくことが急務であります。〉

この「三つの提案」を基調にして、中央理論委員会が「第三期運動論部会」「差別実態論部会」「同和行政論部会」「解放教育論部会」を柱に精力的な活動を展開し、翌年の一〇月に開催した名古屋全研（部落解放研究第二七回全国集会）で「新たな解放理論の創造にむけて」というタイトルの提言を公表し、組織内外の議論を呼びかけた。ここには、部落解放運動は、部落解放同盟の専売特許ではなく、多くの人々の参加によってつくりあげられ推進されるべき「国民的課題」であり「国際的課題」であるとの、委員長の思いが込められている。

◉新綱領策定への視点

これらの議論は、一九九四年の「綱領・規約検討小委員会」（駒井昭雄《こまいあきお》委員長）へと受け継がれ、具体的な綱領・規約の改正作業がなされていくことになる。改正作業にあたって、委員長は私に次のような視点を示唆してきた。

〈いちばん大切なことは、二一世紀へのキーワードが〝人権・平和・環境〟であることをちゃんと押さえて、いままでの階級闘争史観から脱却すること。部落解放の展望を〝人権社会の確立〟というところに位置づけたら、だれも否定できんとやけ。このことが、これからの部落解放運動の広がりと発展をつくりだすことになる。これが〝二一世紀は部落解放運動の出番〟という意味たい。

次に大切なことは、新綱領のもとに部落内の諸潮流を再統一して大同団結させながら、部落から一大人権運動のうねりを全国と世界にむけて起こしていくことたい。これまで運動が分裂してきていたのは、政治主義的な引き回しと利害対立による人間関係の崩れが大きな原因やけ、差別撤廃・人権確立をただひとつの共通項にしたらよか。

三つめは、戦後五〇年を期にして、戦争は最大の人権侵害だという観点からも、全国水平社が侵略戦争に加担してしまったという歴史的事実をちゃんと自己批判しておく必要がある。そうでないと、大手を振って〝世界の水平運動〟に乗り出すことができないからなあ。〉

◉人権の旗を高く掲げて

委員長は、新綱領によって、いままでに運動の弊害として現れてきた〝功利主義〟〝セクト主義〟〝部落第一主義〟を徹底的に排し、人権確立社会の実現という壮大な理念を掲げ、市民運動的な展開のもとに、部落の内外・国の内外を貫く共同闘争を具体的な課題を通じて推し進めようとしていた。

そして、委員長は私にこう言った。

〈こういった運動が具体的になってくると、部落解放同盟の組織のあり方や名称変更の問題も出てくることになる。しかし、規約については、とりあえず部落の外に出ている人間も組織に入れるようにしておいて、徐々に変えていったらよか。組織名称については、運動と組織の実態に応じて、お前ら若い者の時代に考えて変えていったらよか。まあ、もう少し時間がいるばい。〉

そして、続けてこうも言った。

〈人権の旗をわしらが高く掲げて先頭に立たんといかんばい。そうすることで、人権が抽象的なものではなく、常に現実的な課題に密着することになり、ほんとうに〝人権〟を必要としている者の武器になる。〝人権〟か〝同和〟かというような議論に固執していると、訳のわからんのが人権の旗を掲げて、中身の薄っぺらなものにされてしまうぞ。差別との具体的な闘いが人権の中身をつくりあげてきたとやけね。そのことに自信をもって、わしらが人権の旗を振らなつまらんばい。〉

◉部落解放の展望は人権を軸とした社会システムの創造

委員長は、この部落解放同盟の綱領・規約の改正を見ることなく逝かれてしまった。しかし、われわれは、綱領・規約の改正にかけた委員長の思いをしっかりと受け止めた運動を展開していく必要がある。

われわれが継承すべき上杉路線の第四は、人権を軸とした社会システムの創造を通して、人権確立社会の実現に邁進《まいしん》していくことである。そのことのなかに部落解放の展望をきっちりと位置づけることである。そして、その過程で、必要に応じて組織のあり方や組織名称を大胆に改革していく勇気をもつことである。

三　上杉委員長にみる指導者としての器量

1　気持ちのなかにいつも抱えていた「辞表」（責任）

◉「わしは辞める」をやめる

委員長は、三〇年近く組織のトップとして運動の先頭に立ちつづけてこられた。書記長時代には、何か運動がうまくいかなかったり、腹の立つことがあると、〈もう辞めた。わしは辞める！〉とよく言ったものである。そのことによって、問題になっている事態の大きさにみんなの注意を喚起するというのが、委員長の常套《じょうとう》手段であった。

そのことをよく知っている役員たちは、「上杉の癖がまた始まった」と腹のなかでほくそ笑みながら、親しみをもって眺めていたという。それがわからなかった私などは、最初のころ、どうしたものかと右往左往したものである。それでも、二回、三回とそのような場面に出くわすと、「上杉癖」がだんだんと飲み込めてきて、〃やってる、やってる〃と思いながら、神妙な顔をしていた。

しかし、この「上杉癖」も、委員長になってからはピタッと止まった。自らの出処進退を組織の引き締めの道具に使ってはならないという考えが、委員長のなかにあったと思われる。

〈それは、指導責任の放棄であり、いったん辞めるということばを口にしたら、必ず辞めんといかんばい。委員長の座にある者の一言の責任は大きいとやけね。そやけんわしは、いつも背広の内ポケットに辞表を入れとる気持ちでおるたい。〉

◉指導者の責任は運動の展望を明確に指し示すこと

私は、組織のトップに立つ者の責任の重さということを、つくづくと考えさせられた。そういえば、委員長は、委員長に就任してから全国大会などの重要な公式の場でのあいさつや発言などには、必ず原稿を用意するようになった。

私が「委員長は、原稿がないほうが迫力があっていいですよ」と言うと、〈最高責任の座にある者が、公式の場において、そのときの気分や雰囲気で物を言うたら、運動が間違いを起こしやすい。しっかり考えて、運動の展望を示すのが、指導者の責任たい〉と、委員長は真顔で答えられた。

私が好きだった「ど迫力の上杉節」をほめるつもりで言ったのが、委員長に真顔で応じられ、私は多少面食らったが、委員長の自らの責任への自覚の強さに驚かされた。

◉責任感を包み込む人情味

一九八九年に、フランス革命二〇〇年祭があるということで、ＩＭＡＤＲ総会をパリで開催したことがあった。日本からの参加者二十数名は、総会に先立って、国連人権活動を視察するためにジュネーブに立ち寄った。そのときの日曜日、一行はモンブランに観光に出かけた。委員長と私は、以前に行ったことがあるし、委員長が疲れているので休みたいということもあって、ホテルで待機していた。

ところが、帰る予定の午後六時を過ぎても、一行は帰ってこない。八時になっても、一〇時になっても帰ってこない。委員長は心配して、食事もせず、ホテルのロビーのソファーに陣取って動こうとしない。私は、軽食を買ってきて委員長に渡しながら、「いいおとなばかりで、ガイドもついてるんだから、事故でもあったら連絡が入るはずだから、部屋で休んでいてください」と言うが、「万が一、何かあったら大変なことばい」と言って、委員長はジッと座って動かない。

夜中の一二時すぎに、一行が無事に到着すると、「おお、帰ったか！」と、委員長は笑顔で迎えた。モンブランで落雷があって、一行がロープウェイに閉じ込められて帰りが遅くなったことなどを聞きながら、「よかった、よかった」と繰り返している。自分が六時間以上もホテルの入り口のソファーで待っていたことなど、一言も言わない。私は、委員長の人情味あふれる責任感の強さを、目を細める思いで眺めていた。

●危険にさらされる仲間を守るのは当然

また、パリでの総会に臨んだとき、ドイツのスィンティ・ロマ中央委員会議長のロマニ・ローゼさんが、委員長に真剣な顔をして頼み事をしてきた。

東西ドイツの統一の動きのなかで、ネオ・ナチの動きが活発化しており、いつ自分たちが襲われるかもわからないから、危ないと判断したときは、自分の家族を日本で面倒をみてほしいということであった。いまでも自分は護身用のピストルを携帯している状態だという。委員長は即座に答えた。

〈もちろんだ。われわれの仲間が危険にさらされているとき、それを守るのは当然だ。いつでも家族を日本に寄こしてもらってよか。〉

ロマニさんは、ほっとしたような顔で、委員長の手を何度も何度も強く握りしめていた。ことばも通じない委員長に、自分の家族を託すという頼み事をしてきたロマニさんは、委員長の人柄からにじみ出る優しさと責任感に無類の信頼を感じていたのだと思う。

2　山より大きいシシは出ない（胆力）

◉闘争相手のなかに味方をつくれ――田中角栄との攻防

委員長は、闘いの場面でよく言ったものである。

〈山より大きいシシは出やせんとやけ。相手を過大評価せずに、相手のなかに味方をつくることを真剣に考えにゃ勝たれんと。相手が強けりゃなおさらのこと、どんなに弱い相手でも、力だけでねじ伏せるのは骨が折れるたい。〉

一九六〇年代のはじめ、国策樹立を求めて、政府・自民党に対する激しい闘争を展開していたころ、自民党がなかなか腰を上げないことに業を煮やし、委員長は単身で自民党本部に乗り込んだという話を聞かされた。相手は、田中角栄《たなかかくえい》幹事長だったという。守衛の制止をふりほどき、幹事長室にいきなり飛び込むや、「国の恥である部落問題を解決する国策を樹立することに、自民党はなぜ反対なのか！」ときりこんだという。田中幹事長は、「君一人か？」と驚きながらも、じっくりと委員長の話を聞いて、「よっしゃ、よっしゃ」と言ったかどうかは知らないが、問題解決への努力を約束したという。同和対策審議会設置にいたる闘いの一幕である。

二人はその後会うこともなかったが、二十数年後にあるパーティー会場で偶然に出会ったときに、「上杉君じゃないか」と田中元総理が声をかけてきて、その当時のことを鮮明に覚えていたのに驚いたと、委員長が語ってくれた。まさに、闘争に突入したときの委員長の胆力を物語るエピソードである。

◉状況判断の的確さと行動の果断さ――第二次総理府占拠闘争

一九七八年一〇月の「第二次総理府占拠闘争」も圧巻であった。同和対策事業特別措置法の最初の期限切れを控え、強化・延長を求めての闘いであった。政府・自民党の厚い壁がなかなか突破できず、実力闘争で局面打開をはかることを決定した。私は、当時書記長であった委員長の指示で、総理府を占拠するための綿密な作戦計画を策定した。ただちに五〇人程度の青年行動隊が組織され、決行日前夜に品川プリンスホテルに招集された。

「同和対策事業特別措置法を強化延長せよ!」などの垂れ幕が下ろされた総理府の中庭を部落解放同盟員が埋め尽くした（1978年、第２次総理府占拠闘争）写真＝青智鉉

委員長がおもむろに口を開く。

「三〇〇万人の兄弟姉妹の運命が、青年諸君の果敢な行動にかかっている。作戦計画は、組織防衛のためにすべて回収する。自分の任務を完全に頭のなかにたたき込んでもらいたい」

話を聞いていた全員の顔が、任務の重大性と困難性に強張《こわば》っている。

「今日、このようなホテルに集まってもらったんは、水杯を交わすためだ。明日の行動では、何人かはしばらく家に帰れないようになるかもわからん。逮捕されたら、すべては上杉の指示で動いたと言うように」

みんなの覚悟が決まった瞬間である。

この実力闘争を背景にした硬軟織り交ぜた陽動作戦は大成功であった。総理府屋上からタレ幕が次々と下ろされ、中庭は仲間で埋め尽くされた。機動隊の装甲車が周辺を取り巻いていたが、一人の逮捕者も出さなかった。

この行動に翻弄された政府は、われわれとの大衆団交に応じることを約束した。ただちに総理府地階の講堂で、稲村《いなむら》佐近四郎《さこんしろう》・総理府総務長官を相手に、五〇〇人規模の交渉が始まった。

当時、大臣が大衆団交に応じることも異例なら、それが政府の中枢施設で行われることも異例であった。ましてや、総理府屋上の「日の丸」が下ろされ、荊冠旗が掲げられたのはまさに異変であった（これは予定外であった）。

交渉が始まって一〇分ほど経《た》ったとき、当たり障りのないあいさつを終えた大臣を一刻も早く出させようとする黒川同対室長が、「大臣はもういいでしょっ!」と出口の扉を開けに行こうとしたとき、委員長の大声が飛んだ。「話は終わっていない! 出させるな!!」。弾《はじ》かれたように、出口付近にいた青年行動隊員が黒川室長を引きずり倒していた。この状況を見ていた稲村長官は「私はかまわない。話し合いを続けよう」と言い、一時間近い交渉が行われた。ついに長官は「所管大臣である私が責任をもって〝延長〟の方向で検討する」と約束した。

後日、霞ヶ関周辺で、施設管理の問題として「日の丸の旗を下ろされた事態」などに断固とした処置をとれとの声が大きくなっていることを察知した委員長は、稲村長官のところに出向き、「この前は、やむにやまれぬ気持ちからとはいえ、たいへん失礼な行動をとった。申し訳ない」と切り出した。長官は「いやいや、わざわざきてもらって恐縮だ。あとの処理は任せてほしい。それにしても、あんたのところは元気な者が多いな」と応じ、コーヒーにブランデーを注いで「ロイヤルコーヒーだ」とすすめたという。「稲村長官もなかなか腹がすわっとるばい」。委員長は後年、このときの闘いを実に愉快そうに何回も何回も語ったものである。

◉人間的信義が「味方」をつくる

闘いを仕掛けるときの状況判断の的確さと行動に移ったときの胆力と果断、そして闘い終えたときの相手との人間関係の修復の機微、これらの要素が、闘うたびに敵味方を問わず委員長への人間的な信義を深めさせていったものと思われる。

私は、「敵のなかに味方をつくる」ということは、政治的工作よりはむしろ人間的信義の結果として成功するものだと、委員長の姿を見ていて確信するようになった。

もっというならば、敵とか味方というのはとりあえずの立場の違いを表しているだけであって、主義主張によるヘタな色眼鏡で判断せずに、一人ひとりを人間として見据えることが重要だと思う。そのことが、人間としての真の胆力を生み出し、「山より大きいシシは出ない」という腹構えを育てるのだと思う。

3 わしらの時代は終わった（世代交代）

◉人間、引き時が肝心

卓越した指導力で部落解放運動を牽引してきた委員長も、〝水平社七〇周年〟（一九九二年）のころから真剣に世代交代のことを考えはじめていた。

私が「まだまだ委員長にはがんばってもらわんとダメですよ。みんな〝上杉委員長は終身委員長〟だと思っています。死ぬまでコキ使わせてもらいますんで、よろしく……」と言うと、委員長は笑いながらもしんみりと語った。

〈わしらの時代はもう終わった。若い者にバトンタッチして世代交代せんといかんばい。自分の頭では正しいと理解できても、気持ちのなかにスーッと入らずしっくりこんやったら、もう感覚的には古くなっておるとやけ。まあ、基本法の目途が立ったら引け時たい。〝立つ鳥、跡を濁

さず〟というが、人間、引き時が大切やけんね。〉

委員長は、ふっと寂しそうな表情を浮かべながらも、「その（世代交代）ために、いま、わしらはがんばっとるとやけ。若い者がボーッとしとったらつまらんばい」と言って笑ったのを思い出す。

◉世代交代が最後の任務

私は、解放同盟のトップの交代を二回、目の当たりにしてきた。朝田善之助委員長から松井久吉委員長、そして上杉佐一郎委員長である。それぞれのむずかしさはあったものの、運動の同時代・同世代を生きてきた者同士の間での交代であった。

しかし、委員長が考えていたのは、新しい部落解放運動の第三期を担う新しい世代への交代であった。それだけに、いままでにないむずかしさがあったと思われる。そのためにも、第三期の運動路線の基本方向を明らかにして、バトンタッチを準備することが自分の最後の任務だと、委員長は考えておられた。その志を遂げずに逝かれてしまったのは、返す返すも残念である。

委員長が晩年ふと漏らしたことばが、いまも私の耳に残っている。

〈委員長を辞めたら、娘や孫から口やかましく言われてたボロ家を甘木のほうにでも建て直して、のんびりと家族孝行のまねごとでもするかねえ。いままで家族に対しては何もしてこんやったとやけね。〉

四　上杉路線の継承・発展へ思いを馳せる

1　上杉委員長三回忌にあたって

◉上杉路線を全国の仲間と共有するために

上杉委員長の三回忌にあたって、〈上杉佐一郎――その思想と行動〉をまとめておこうと思い、筆を執った。それは、新しい時代の部落解放運動の基本方向を上杉委員長がどのように考えていたかをあらためて検証・確認しておこうと思ったからである。

同時に、部落解放運動の稀有の指導者であった上杉委員長の運動路線を全国の仲間と共有し、第三期の運動を創造的に発展させていくための糧としたいと思ったからである。

そのために、できるだけ客観的に記述しようと心がけたが、しばしば私的な思いに耽《ふけ》ってしまい、中途半端なものになってしまった。また、思い出が次々と連なってくるために、何を選択するかに苦労せざるをえなかった。これらの作業は、自分のなかで上杉委員長の存在がいかに大きな位置を占めているかをあらためて思い知らされるものであった。最後に、そのことを記しておきたいと思う。

◉オヤジさんとの出会い

私は、上杉委員長が委員長になったころから、二人で私的な話をするときは「オヤジさん」と呼んでいたので、そう書くことにしたい。

オヤジさんと私が直接ことばを交わすようになったのは、一九七五年に私が中央本部の書記になってからである。それまでは、集会などの壇上や「解放新聞」で見かけるぐらいの遠い雲の上の存在であった。白髪でパイプをくわえたオヤジさんは、威風堂々としていて、とにかく〝格好よかった〟。獅子《しし》が吼《ほ》えるような演説に魅了された。そのオヤジさんと直接、話ができるだけでも感激であった。いろいろな話をすればするほど、オヤジさんの人間くさい魅力にどんどん引き込まれていった。

私は、一九七〇年に大阪市立大学法学部に入学すると同時に、部落問題研究会に入部し、部落解放運動にかかわりはじめた。ここで、大賀正行さんを中心にした諸先輩から解放理論の洗礼を受けた。

高校時代まで岡山で生まれ育った私は、部落出身であることに悶々《もんもん》とし、その解決の道すじが見えない苛立ちのなかで、大阪の解放運動と解放理論に出合った。長い暗闇のトンネルのなかから光が満ちあふれた世界に連れ出されたような喜びであった。

部落研活動や、大学のすぐそばの浅香支部の子ども会活動に熱中しながら、すでに大学一年生のときに部落解放運動に身を投じる決意を固めていた。弁護士になろうという思いは早々に砕け散った。それ以上に部落解放運動に大きな魅力を感じ取ったからである。

大学三年生のときから部落解放研究所でアルバイトをし、一九七四年からは職員として友永健三さんのもとで政策立案と実務処理の仕方を教えられた。その年の八〜九月に全国大行進・四国隊（隊長＝西村渉さん）に参加し、九〜一〇月にはそのまま狭山中央オルグ団（団長＝西岡智さん）として東京の産業労働会館に常駐し、全国運動にかかわりだした。その後、部落解放研究所の出版部から独立した解放出版社に移籍した直後に、中央本部に勤務することになった。ここからが、オヤジさんとの直接的な出会いである。

2 オヤジさんにたたき込まれた運動と人間のあり方

◉信頼に応えることのむずかしさ

私は、オヤジさんから運動と人間の生き方について多くを学ぶことになる。オヤジさんのもとで、私は実にのびのびと仕事をさせてもらった。

〈一所懸命がんばっているかぎり、あとの責任は心配するな〉。オヤジさんは、いつもそういう具合に声をかけてくれていた。実際に失敗したときにも、〈わしが何とかする。これから同じ過ちをしたらつまらんとぞ〉と言って笑っていた。

このやり方が、私には怒られるよりもこたえた。失敗したこともさることながら、任されている信頼を裏切ってしまったという反省のほうが強かった。私は、信頼回復のために、それまで以上に発奮したものである。失敗したときの責任を償うよりも、信頼されていることへの責任を全うするほうがもっとむずかしいとよく思った。

◉「猫ばばするじゃなかよ」

私の親父《おやじ》が五四歳で死んだとき（一九八三年）、「おやじと呼べるのは、オヤジさんだけになりました。よろしく」と私が言うと、〈よか。これからは母親を、早死にした親父の分まで大事にせんといかんばい。お前を大学まで行かせたとは、そうとう苦労しとるやけ〉、そう言って、オヤジさんはいろいろと気遣ってくれた。

正月や盆、子どもの入学・卒業時には、必ず〈お前にやるとやないぞ。猫ばばするじゃなかよ〉と言いながら、心付けを渡してくれた。私は、忙しいなかでも細やかな心配りをしてくれるオヤジさんに、心から感謝した。

同時に、オヤジさんが若いときから家にほとんど帰れないような生活をし、家族へ苦労をかけてきたという思いが、私の姿にダブッて見えていたのかもしれない。

オヤジさんが、一九八五年に奥さんを亡くされたとき、〈おい、つれあいが入院した。ダメかもわからんから、できるかぎり、そばについていてやりたい。あれには苦労だけをさせて何もしてやれんかったからな。最後だけはそうしてやりたい。すまんが、そういう日程にしてくれ〉と言って、奥さんの病床にしばらくつきっきりで看病された。

◉稲穂は実をつけるほどに頭を垂れる

オヤジさんは、私が三〇半ばを過ぎたころから、よく言ったものだ。

〈お前も、そうとう力がついてきたと思うから言うとくが、絶対に中央本部の力を自分の力と思い間違いをしたらつまらんとぞ。力がつけばつくほど、お前が意識せんでも、まわりの人間はそう見るとやけ、気をつけんといかんたい。稲穂は、実をつけるほどに頭を垂れるとぞ。実のない稲穂ほど反り返るたい。〉

私は、組織と個人との関係や人間のありようを、オヤジさんから折にふれ教えられてきたような気がする。それらのすべてが自分の血肉になっていないことが悔やまれ、反省させられる。

◉引責覚悟で仕事をするのが役員

私が四〇歳のときに中央執行委員になって、さまざまな任務に就くとき、先輩役員に遠慮していると、オヤジさんから懇々と言われたことがある。

〈ええか、役員というのは、名誉のためになるとじゃなかぞ。役員という以上、先輩も後輩も責任はみな同じたい。仕事をするために役員になっとるとやけ、無用な気遣いをして仕事ができないなら、役員をせんほうがいいたい。任務に就いたら、引責覚悟で仕事をするのが役員たい。〉

私は、役員の責任とは何かということを、オヤジさんから就任当初からたたき込まれたのである。しっかりとした仕事もせずに、安閑と役職だけに固執するようなら役員になるなと言われた思いであった。

◉あらためてオヤジさんの大きさを噛みしめる

私は、公私ともにオヤジさんに面倒をかけ通してきた。三回忌にあたり、そのオヤジさんの大きさをあらためて噛みしめるとともに、オヤジさんの偉業・遺訓の一端を少しでも明らかにして、具体化していくことが、恩返しになると思っている。そのために、自分なりの最善の努力を続けていきたいと思う。

最後に、私が〈上杉佐一郎――その思想と行動〉をまとめようと思ったのは、西成支部の仲間や大阪ならびに全国の仲間の支えによることが大きかったことを感謝し、上杉委員長のご冥福を祈りたい。

〔以上、一九九八年五月一〇日の記録〕

3　いま、あらためて上杉路線を心に刻む

◉上杉路線はいまも解放運動の指針

上杉委員長が亡くなられてから、すでに二〇年という歳月が流れた。私が上杉委員長とともに歩んだ時間と同じ時間が過ぎ去ったことになる。部落解放運動にかけた上杉委員長の思いをどこまで実現できているかと問い返すと、背中に冷たい汗が流れる思いである。

上杉路線は、いまも部落解放運動のなかに深く根づいているし、しんどい状況に立たされている今日段階の運動にあっても、それを乗り越える指針として生きつづけている。このことだけは明言できると思っている。

ただ、上杉委員長も、一人の人間としてみれば、聖人君子のような完璧な人間ではない。むしろ、多くの弱点や泥臭い面も持ち合わせていた。しかし、それらの面も含めて魅力ある人間であることは紛れもない事実である。

ところが、最近、上杉委員長にかかわる悪質な誹謗《ひぼう》・中傷《ちゅうしょう》の出版物が出回ったりしており、部落解放運動のすぐれた指導者としての生き様をおとしめるような試みがなされている。私は、このような現状をみるとき、一人でも多くの人に上杉委員長の実像を知ってもらいたいという思いを強くしている。

◉部落解放運動史上の「五人の逸材」

上杉委員長は、部落解放運動の歴史において、松本治一郎さん、朝田善之助さんなどと並び立つ最後のカリスマ的指導者であったと思っている。付言ながら、部落解放運動史上の傑出した逸材の名前を五人あげるとするならば、私個人としては、西光万吉《さいこうまんきち》（一八九五年～一九七〇年三月二〇日。奈良）、松本治一郎（一八八七年～一九六六年一一月二二日。福岡）、朝田善之助（一九〇二年～一九八三年四月二九日。京都）、上杉佐一郎（一九一九年～一九九六年五月一〇日。福岡）、森田益子《もりたますこ》（一九二四年～二〇一六年七月一五日。高知）の大先輩を推したいと思っている。森田益子さんに関しては、『自力自闘の解放運動の軌跡―被差別部落に生まれ、育ち、闘う』（森田益子著、解放出版社、二〇一二年）を参照していただきたい。

◉いまはネットワーク的な集団運動の時代

これからの部落解放運動は、すでに多くの人材を輩出しており、以前のようなカリスマ的指導者を必要としなくなってきている。多くの人の英知を結集する集団的な指導体制というか、個々人を大切にしながらのネットワーク的な集団運動が要請される時代だと思う。

〔以下「下巻」〕

谷元昭信（たにもと あきのぶ）

1951年　岡山県北部の農山村の被差別部落で生まれる。
1970年　大阪市立大学法学部に入学と同時に、部落解放運動に参画。
1973年　部落解放同盟大阪府連合会西成支部青年部に所属。
1974年　部落解放研究所に勤務。
　　　　部落解放全国行進隊および狭山中央オルグ団に参加。
　　　　解放出版社に勤務。
1975年　部落解放同盟中央本部に勤務。
1982年　部落解放同盟中央本部事務次長に就任。
1988年　反差別国際運動（IMADR）事務局次長に就任。
1990年　部落解放同盟中央本部事務局長に就任。
1992年　部落解放同盟中央執行委員に就任。
　　　　部落解放同盟大阪府連特別執行委員に就任。
1994年　部落解放同盟中央書記次長に就任。
1996年　上記役職辞任。
　　　　部落解放同盟西成支部副支部長に就任。
　　　　ヒューマンライツ教育財団理事に就任。
1998年　大阪市立大学非常勤講師に就任。
2000年　部落解放同盟中央執行委員に再就任。
　　　　同　大阪府連特別執行委員に再就任。
2002年　部落解放同盟中央書記次長に再就任。
　　　　反差別国際運動日本委員会（IMADR-JC）事務局次長に就任。
2004年　部落解放同盟西成支部特別執行委員に就任。
2012年　部落解放同盟関係役員を退任（3月31日）。
　　　　（社）部落解放・人権研究所 運動理論部会副部会長に就任。
　　　　（株）ナイス 政策研究室室長に就任。
　　　　〔ナイスは「Nishinari Inner City Enterprise」の略〕
現　在　大阪市立大学非常勤講師（1998年～現在）。
　　　　関西学院大学非常勤講師（2017年～現在）。

冬枯れの光景——部落解放運動への黙示的考察（上）

2017年7月31日　初版第1刷発行

著者　谷元 昭信

発行　株式会社 解放出版社
大阪市港区波除4-1-37 HRCビル3階 〒552-0001
電話 06-6581-8542　FAX 06-6581-8552
東京営業所
東京都千代田区神田神保町2-23 アセンド神保町3階 〒101-0051
電話 03-5213-4771　FAX 03-3230-1600
郵便振替 00900-4-75417　HP http://www.kaihou-s.com/

印刷　モリモト印刷

ISBN978-4-7592-1032-3　NDC361.86　357P　19cm

障害などの理由で印刷媒体による本書のご利用が困難な方へ

本書の内容を、点訳データ、音読データ、拡大写本データなどに複製することを認めます。ただし、営利を目的とする場合はこのかぎりではありません。

また、本書をご購入いただいた方のうち、障害などのために本書を読めない方に、テキストデータを提供いたします。

ご希望の方は、下記のテキストデータ引換券（コピー不可）を同封し、住所、氏名、メールアドレス、電話番号をご記入のうえ、下記までお申し込みください。メールの添付ファイルでテキストデータを送ります。

なお、データはテキストのみで、写真などは含まれません。

第三者への貸与、配信、ネット上での公開などは著作権法で禁止されていますのでご留意をお願いいたします。

あて先

〒552-0001 大阪市港区波除4-1-37 HRCビル3F 解放出版社

『冬枯れの光景』テキストデータ係

テキストデータ引換券

『冬枯れの光景・上』

1032